AF256576

Antony C. Sutton

Wall Street und
Franklin D. Roosevelt

Antony C. Sutton
(1925-2002)

In Großbritannien geborener amerikanischer Wirtschaftswissenschaftler und Essayist, von 1968 bis 1973 Stanford Fellow an der Hoover Institution. Er lehrte Wirtschaftswissenschaften an der UCLA. Er studierte in London, Göttingen und an der UCLA und promovierte in Naturwissenschaften an der Universität Southampton (England).

Wall Street und Franklin D. Roosevelt

Wall Street and Franklin D. Roosevelt
Erstmals veröffentlicht von New Rochelle, NY:
Arlington House - 1974

Übersetzt und herausgegeben von Omnia Veritas Limited

www.omnia-veritas.com

© Omnia Veritas Ltd - 2025

Über Professor Sutton

"Und wenn einer gegen ihn siegt, so werden zwei ihm widerstehen, und ein dreifacher Strick reißt nicht schnell" (Prediger 4,12).

Professor Sutton (1925-2002).

Obwohl er ein produktiver Autor war, wird Professor Sutton immer durch seine große Trilogie in Erinnerung bleiben: *Die Wall Street und die bolschewistische Revolution*, *Die Wall Street und der Aufstieg Hitlers* und *Die Wall Street und FDR*.

Professor Sutton verließ 1957 das regnerische, wolkenverhangene England und ging ins sonnige Kalifornien. Er war eine Stimme in der akademischen Wildnis, als die meisten US-Hochschulen ihre Seelen für das Geld der Rockefeller-Stiftung verkauft hatten.

Natürlich kam er in dieses Land in dem Glauben, dass es das Land der *Freien* und die Heimat der *Tapferen* sei.

ANTONY C. SUTTON wurde 1925 in London geboren und erhielt seine Ausbildung an den Universitäten von London, Göttingen und Kalifornien. Seit 1962 ist er Staatsbürger der Vereinigten Staaten. Von 1968 bis 1973 war er Research Fellow an der Hoover Institution for War, Revolution and Peace in Stanford, Kalifornien, wo er die monumentale dreibändige Studie *Western Technology and*

Soviet Economic Development verfasste.

Im Jahr 1974 stellte Professor Sutton *National Suicide* fertig: *Military Aid to the Soviet Union (Militärhilfe für die Sowjetunion)*, eine Bestseller-Studie über die westliche, vor allem amerikanische, technologische und finanzielle Unterstützung der UdSSR. *Wall Street and the Rise of Hitler (Wall Street und der Aufstieg Hitlers)* ist sein viertes Buch, das die Rolle amerikanischer Unternehmensinsider bei der Finanzierung des internationalen Sozialismus aufdeckt. Die beiden anderen Bücher in dieser Reihe sind *Wall Street and the Bolshevik Revolution* und *Wall Street and FDR*.

Professor Sutton hat Artikel für Human Events, The Review of the News, Triumph, Ordnance, National Review und viele andere Zeitschriften verfasst. Derzeit arbeitet er an einer zweiteiligen Studie über das Federal Reserve System und die Manipulation des amerikanischen Wirtschaftssystems. Er ist verheiratet und Vater von zwei Töchtern und lebt in Kalifornien.

Kapitel 1

Roosevelts und Delanos

Die wirkliche Wahrheit der Sache ist, wie Sie und ich wissen, dass ein finanzielles Element in den größeren Zentren die Regierung seit den Tagen von Andrew Jackson besitzt - und ich schließe die Regierung von W.W. nicht ganz aus.[1] Das Land macht eine Wiederholung von Jacksons Kampf mit der Bank der Vereinigten Staaten durch - nur auf einer viel größeren und breiteren Basis.

Präsident Franklin Delano Roosevelt an Col. Edward Mandell House, 21. November 1933, F.D.R.: His Personal Letters (New York: Duell, Sloan and Pearce 1950), S. 373.

Dieses Buch[2] porträtiert Franklin Delano Roosevelt als einen Wall-Street-Finanzier, der während seiner ersten Amtszeit als Präsident der Vereinigten Staaten die Ziele der im New Yorker Business-Establishment konzentrierten finanziellen Elemente widerspiegelte. In Anbetracht der langen historischen Verbindung - seit dem späten 18. Jahrhundert - der Familien Roosevelt und Delano mit dem New Yorker Finanzwesen und der Karriere von Franklin Delano

---

[1] W.W. steht für Woodrow Wilson, nicht für den Herausgeber.

[2] Ein früherer Band, Antony C. Sutton, *Wall Street and the Bolshevik Revolution*, (New Rochelle, N.Y., Arlington House, 1974), im Folgenden zitiert als Sutton, *Bolshevik Revolution*, untersuchte die Verbindungen zwischen den Finanziers der Wall Street und der bolschewistischen Revolution. Unter Berücksichtigung von Todesfällen und neuen Gesichtern konzentriert sich dieses Buch zum großen Teil auf dasselbe Segment des New Yorker Finanzestablishments.

Roosevelt selbst, der von 1921 bis 1928 als Bankier und Spekulant am 120 Broadway und in der Liberty Street 55 tätig war, sollte ein solches Thema für den Leser von nicht überraschend sein. Andererseits scheinen die FDR-Biographen Schlesinger, Davis, Freidel und andere akkurate Roosevelt-Kommentatoren es zu vermeiden, sehr weit in die aufgezeichneten und dokumentierten Verbindungen zwischen New Yorker Bankern und FDR einzudringen. Wir beabsichtigen, die Fakten der Beziehung darzustellen, wie sie in den Briefakten von FDR aufgezeichnet sind. Es handelt sich nur insofern um neue Fakten, als sie bisher nicht veröffentlicht wurden; sie sind in den Archiven für die Forschung leicht zugänglich, und die Berücksichtigung dieser Informationen legt eine Neubewertung der Rolle von FDR in der Geschichte des 20.

Vielleicht ist es politisch immer gut, vor den amerikanischen Wählern als Kritiker, wenn nicht gar als offener Feind der internationalen Bankenbrüderschaft aufzutreten. Zweifellos stellen Franklin D. Roosevelt, seine Anhänger und Biographen ihn als Ritter in glänzender Rüstung dar, der das Schwert der gerechten Rache gegen die Raubritter in den Wolkenkratzern von Downtown Manhattan schwingt. Im Präsidentschaftswahlkampf von 1932 griff Roosevelt beispielsweise Präsident Herbert Hoover konsequent an, weil er angeblich mit internationalen Bankern zusammenarbeitete und den Forderungen des Großkapitals nachgab. In einer Wahlkampfrede in Columbus, Ohio, am 20. August 1932, wetterte Roosevelt gegen Hoovers öffentliche Unterstützung der Wirtschaft und des Individualismus inmitten der Großen Depression:

Wenn wir die Situation in der bitteren Morgendämmerung eines kalten Morgens beurteilen, was finden wir dann vor? Zwei Drittel der amerikanischen Industrie sind in einigen hundert Unternehmen konzentriert und werden von nicht mehr als fünf Personen geleitet.

Mehr als die Hälfte der Ersparnisse des Landes ist in Unternehmensaktien und -anleihen investiert und zum Sport des amerikanischen Aktienmarktes geworden.

Es gibt weniger als drei Dutzend private Bankhäuser und Aktien verkaufende Ableger von Geschäftsbanken, die den Fluss des amerikanischen Kapitals steuern.

Mit anderen Worten, wir haben es mit einer konzentrierten wirtschaftlichen Macht in wenigen Händen zu tun, dem genauen Gegenteil des Individualismus, von dem der Präsident von spricht.[3]

Diese Aussage lässt Franklin Delano Roosevelt als einen weiteren Andrew Jackson erscheinen, der das Monopol der Bankiers und ihren Würgegriff über die amerikanische Industrie anfechtete. Aber war Franklin Delano Roosevelt auch ein unwilliges (oder möglicherweise ein williges) Werkzeug der Wall-Street-Banker, wie wir aus seinem Brief an Colonel Edward House schließen können, der im Vorspann zu diesem Kapitel zitiert wird?

Wenn, wie Roosevelt an House schrieb, ein "finanzielles Element in den größeren Städten die Regierung seit den Tagen Andrew Jacksons besitzt", dann waren weder Hoover noch Roosevelt intellektuell ehrlich bei der Darstellung der Probleme in der amerikanischen Öffentlichkeit. Vermutlich ging es um die Identität dieses "finanziellen Elements" und darum, wie und mit welchen Mitteln es seinen "Besitz" an der US-Regierung aufrechterhielt.

Sieht man einmal von dieser spannenden Frage ab, so ist das gängige historische Bild von FDR das eines Präsidenten, der inmitten von Arbeitslosigkeit und finanzieller Depression, die von den mit der Wall Street verbündeten Spekulanten des Großkapitals verursacht wurde, für den kleinen Mann auf der Straße kämpfte. Wir werden feststellen, dass dieses Bild die Wahrheit insofern verzerrt, als es Franklin D. Roosevelt als Feind der Wall Street darstellt, und zwar aus dem einfachen Grund, dass die meisten Historiker, die sich mit den Untaten der Wall Street befassen, nicht bereit waren, an Franklin D. Roosevelt die gleichen Maßstäbe der Redlichkeit anzulegen wie an andere politische Führer. Was für Herbert Hoover oder sogar den demokratischen Präsidentschaftskandidaten von

---

[3] The Public Papers and Addresses of Franklin D. Roosevelt, Band 1 (New York: Random House, 1938), S. 679.

1928, Al Smith, eine Sünde ist, wird im Fall von Franklin D. Roosevelt als Tugend angesehen. Nehmen Sie Ferdinand Lundberg in *The Rich and the Super-Rich*.[4] Lundberg befasst sich auch mit Präsidenten und der Wall Street und stellt die folgende Behauptung auf:

1928 hatte Al Smith seine größte Unterstützung, sowohl finanziell als auch emotional, von seinem katholischen Mitstreiter John J. Raskob, dem Premierminister der Du Ponts. Hätte Smith gewonnen, wäre er weit weniger katholisch gewesen als ein Du Pont-Präsident.[5]

Die Du Ponts waren in der Tat große, sehr große Spender für die demokratische Präsidentschaftskampagne von Al Smith im Jahr 1928. Diese Beiträge werden in diesem Band in Kapitel 8, "Wall Street Buys the New Deal", eingehend untersucht, und diese Behauptung kann nicht bestritten werden. Lundberg geht dann auf Smiths Gegner Herbert Hoover ein und schreibt:

> *Hoover, der Republikaner, war eine Marionette von J. P. Morgan; Smith, sein demokratischer Gegner, steckte in der Tasche der Du Ponts, für die J. P. Morgan & Company der Bankier war.*

Lundberg lässt die finanziellen Details aus, aber die Du Ponts und Rockefellers sind in den Untersuchungen des Kongresses als die größten Spender für die Hoover-Kampagne von 1928 aufgeführt. Aber die Wall Street zog ihre Unterstützung für Herbert Hoover 1932 zurück und wechselte zu FDR. Lundberg unterlässt es, diesen kritischen und entscheidenden Rückzug zu erwähnen. Warum wechselte die Wall Street? Weil, wie wir später sehen werden, Herbert Hoover den von Gerard Swope, dem langjährigen Präsidenten von General Electric, entwickelten Swope-Plan nicht annehmen wollte. Im Gegensatz dazu akzeptierte FDR den Plan, und er wurde zu FDRs National Industrial Recovery Act. Während

---

[4] New York: Lyle Stuart, 1968.

[5] Ebd., S. 172.

Hoover also bei der Wall Street verschuldet war, war dies bei FDR noch viel mehr der Fall. Arthur M. Schlesinger Jr. in *The Crisis of the Old Order*: 1919-1933 kommt der Sache näher als jeder andere Historiker des Establishments, aber wie andere Rooseveltophile versäumt er es, die Fakten zu ihren endgültigen und logischen Schlussfolgerungen zu führen. Schlesinger stellt fest, dass die Demokratische Partei nach den Wahlen von 1928 Schulden in Höhe von 1,6 Millionen Dollar hatte und dass "zwei der führenden Gläubiger, John J. Raskob und Bernard Baruch, philanthropische demokratische Millionäre waren, die bereit waren, die Partei bis 1932 mitzutragen".[6] John J. Raskob war Vizepräsident von Du Pont und auch von General Motors, dem größten Unternehmen der Vereinigten Staaten. Bernard Baruch stand nach eigenen Angaben im Zentrum der Spekulation an der Wall Street. Schlesinger fügt hinzu, dass sie im Gegenzug für das Wohlwollen der Wall Street "natürlich Einfluss auf die Gestaltung der Parteiorganisation und -politik erwarteten."[7] Leider lässt Arthur Schlesinger, der (im Gegensatz zu den meisten Roosevelt-Biographen) den Finger am Puls des Problems hat, die Frage fallen, um mit einer Diskussion über die Oberflächlichkeiten der Politik fortzufahren - Kongresse, Politiker, politisches Geben und Nehmen und die gelegentlichen Zusammenstöße, die die zugrunde liegenden Realitäten verdecken. Es ist offensichtlich, dass die Hand am Geldbeutel letztendlich bestimmt, welche Politiken wann und von wem umgesetzt werden.

Eine ähnliche schützende Haltung gegenüber FDR findet sich auch in der vierbändigen Biografie von Frank Freidel, *Franklin D. Roosevelt*.[8] Bei der Erörterung des erschütternden Zusammenbruchs der Bank of the United States kurz vor Weihnachten 1930

---

[6] Boston: Riverside Press, 1957, S. 273.

[7] Ebd.

[8] Diese Reihe ist: Frank Freidel, Franklin D. Roosevelt: The Apprenticeship. (1952), nachstehend zitiert als Freidel, The Apprenticeship; Freidel, Franklin D. Roosevelt: The Ordeal (1954), im Folgenden zitiert als Freidel, The Ordeal; Freidel, Franklin D. Roosevelt: The Triumph (1956), im Folgenden zitiert als Freidel, The Triumph; Freidel, Franklin D. Roosevelt, Launching The New Deal (1973). Alle vier Bände sind in Boston bei Little, Brown erschienen.

beschönigt Freidel die Nachlässigkeit von FDR als Gouverneur des Staates New York. Die Bank of the United States hatte 450.000 Einleger, von denen 400.000 Konten weniger als 400 Dollar hatten. Mit anderen Worten: Die Bank of the United States war eine Bank für den kleinen Mann. Ein Bericht von Senator Robert Moses über den Zustand einer früheren Bankenpleite - der City Trust - war von Gouverneur F. D. Roosevelt ignoriert worden, der eine andere Kommission einsetzte, die mildere Empfehlungen für eine Bankenreform aussprach. Freidel wirft die Frage auf:

Warum hatte er [FDR] es versäumt, eine Reformgesetzgebung durchzusetzen, die das Debakel der Bank of the United States verhindert hätte? Dies sind scharfe Fragen, die Kritiker von Roosevelt damals und später stellten.[9]

Freidel kommt zu dem Schluss, dass die Antwort in FDRs "persönlichem Vertrauen in die Bankengemeinschaft" liegt. Warum hatte FDR dieses volle Vertrauen? Weil, schreibt Freidel,

> *Herbert Lehman war einer der solidesten und politisch liberalsten Bankiers der Wall Street; in Bankangelegenheiten scheint Roosevelt Lehmans Beispiel gefolgt zu sein, und das hieß, so weit wie möglich mit den Bankentitanen zusammenzuarbeiten.[10]*

Das ist in etwa so, als würde man sagen, wenn Ihr Bankier ein Liberaler ist und Ihr Geld verliert, ist das in Ordnung, denn schließlich ist er ein Liberaler und ein Unterstützer von FDR. Wenn Ihr Bankier jedoch Ihr Geld verliert und zufällig kein Liberaler oder Anhänger von FDR ist, dann ist er ein Gauner und muss den Preis für seine Sünden zahlen.

In der vierbändigen Freidel-Biographie gibt es nur ein einziges Kapitel über FDR als "Geschäftsmann", das ist der größte Raum,

---

[9] Freidel, Der Triumph, op. cit., S. 187.

[10] Ebd., S. 188.

den alle großen FDR-Biographen ihm einräumen. Selbst Freidel reduziert wichtige Unternehmungen auf einen einzigen Absatz. So wird zum Beispiel das Unternehmen American Investigation Corporation nicht genannt, während ein damit verbundenes Unternehmen, General Air Service, zwar erwähnt, aber mit einem Absatz abgetan wird:

> *Zusammen mit Owen D. Young, Benedict Crowell (der unter Wilson stellvertretender Kriegsminister gewesen war) und anderen namhaften Persönlichkeiten organisierte er 1923 den General Air Service, um mit Helium gefüllte Luftschiffe zwischen New York und Chicago einzusetzen.*[11]

Wir werden sehen, dass hinter General Air Service (und vor allem hinter der nicht erwähnten American Investigation Corporation) viel mehr steckte, als dieser Absatz vermuten lässt. Insbesondere die Untersuchung der Freidel-Phrase "and other notables" legt nahe, dass FDR Zugang zu einigen prominenten Elementen der Wall Street hatte und mit ihnen zusammenarbeitete.

Warum weichen Schlesinger, Freidel und andere weniger bedeutende FDR-Biographen diesem Thema aus und zögern, den Spuren nachzugehen? Ganz einfach, weil Roosevelt, wenn man den Tatsachen auf den Grund geht, eine Kreation der Wall Street war, ein integraler Bestandteil der New Yorker Bankenbrüderschaft, und ihm die pekuniären Interessen des Finanzestablishments sehr am Herzen lagen.

Wenn man sich die Informationen im Detail anschaut, ist es absurd zu glauben, dass die Wall Street auch nur eine Sekunde zögern würde, Roosevelt als willkommenen Kandidaten für das Präsidentenamt zu akzeptieren: Er war einer der ihren, während der Geschäftsmann Herbert Hoover 20 Jahre lang im Ausland gearbeitet hatte, bevor er von Woodrow Wilson zurückgerufen wurde, um die

---

[11] Freidel, Die Zerreißprobe, a.a.O., S. 149.

Lebensmittelverwaltung im Ersten Weltkrieg zu übernehmen.

Genauer gesagt war Franklin D. Roosevelt in den 1920er Jahren zu einem bestimmten Zeitpunkt Vizepräsident der Fidelity & Deposit Company (120 Broadway), Präsident eines Branchenverbands, des American Construction Council (28 West 44th Street), Partner von Roosevelt & O'Connor (120 Broadway), Partner von Marvin, Hooker & Roosevelt (52 Wall Street), Präsident von United European Investors, Ltd. (7 Pine Street); ein Direktor der International Germanic Trust, Inc. (im Standard Oil Building am 26 Broadway); Direktor der Consolidated Automatic Merchandising Corporation, einer Papierorganisation; Treuhänder der Georgia Warm Springs Foundation (120 Broadway); Direktor der American Investigation Corporation (37-39 Pine Street); Direktor der Sanitary Postage Service Corporation (285 Madison Avenue); Vorsitzender der General Trust Company (15 Broad Street); Direktor von Photomaton (551 Fifth Avenue); Direktor der Mantacal Oil Corporation (Rock Springs, Wyoming); und Gründer des Federal International Investment Trust.

Das ist eine ziemlich lange Liste von Verwaltungsratsmandaten. Sie bringt FDR sicherlich den Titel "Wall Streeter *par excellence*" ein. Die meisten, die auf der "Straße" arbeiten, erreichen nie eine Bilanz von 11 Verwaltungsratsmandaten in Unternehmen, zwei Anwaltskanzleien und dem Vorsitz eines großen Handelsverbandes und träumen wahrscheinlich nicht einmal davon.

Bei der Untersuchung dieser Vorstandsämter und der damit verbundenen Tätigkeiten stellt sich heraus, dass Roosevelt ein Banker und ein Spekulant war - zwei Berufe, die er bei der Präsidentschaftswahl 1932 nachdrücklich anprangerte. Auch wenn das Bankwesen und die Spekulation in einer freien Gesellschaft eine legitime Rolle spielen - in der Tat sind sie für ein gesundes Währungssystem unverzichtbar -, kann beides missbraucht werden. Die Korrespondenz von FDR in den Akten, die in der FDR-Bibliothek in Hyde Park aufbewahrt werden, liefert Beweise - und man liest sie mit schwerem Herzen -, dass FDR mit den unappetitlicheren Elementen des Bankwesens und der Spekulation an der Wall Street in Verbindung stand, und man kann zu keinem anderen Schluss kommen, als dass FDR die politische Arena und nicht den unparteiischen Markt nutzte, um seine Gewinne zu machen.[12]

So ist es nicht verwunderlich, dass die Wall-Street-Gruppen, die Al Smith und Herbert Hoover unterstützten, beide mit starken Verbindungen zur Finanzwelt, auch Franklin D. Roosevelt unterstützten. Tatsächlich entschied sich die Wall Street am politischen Scheideweg 1932, als die Wahl zwischen Herbert Hoover und FDR anstand, für Roosevelt und ließ Hoover fallen.

Wie lässt sich angesichts dieser Informationen die Karriere von FDR an der Wall Street erklären? Und seinen Dienst an der Wall

---

[12] Dies wirft eine berechtigte Frage nach dem Umfang dieses Buches und der Art der relevanten Beweise auf. Der Autor ist nur daran interessiert, die Beziehung zwischen der Wall Street und FDR nachzuweisen und daraus Schlussfolgerungen zu ziehen. Daher werden Episoden, die sich 1921 ereigneten, während FDR an der Wall Street war, aber nicht direkt mit seinen finanziellen Aktivitäten zusammenhingen, ausgelassen. So veröffentlichte der Senatsausschuss für Marineangelegenheiten 1921 einen Bericht mit 27 Schlussfolgerungen, die fast alle FDR kritisch gegenüberstanden und ernste moralische Fragen aufwarfen. In der ersten Schlussfolgerung des Senatsberichts heißt es: "Dass unmoralische und unzüchtige Handlungen auf Anweisung oder Anregung von einer Reihe von Angehörigen der US-Marine in und außerhalb der Uniform vorgenommen wurden, um Beweise gegen sexuell Perverse zu sichern, und dass die Genehmigung für den Einsatz dieser Angehörigen als Operatoren oder Detektive sowohl mündlich als auch schriftlich von Assistant Secretary Franklin D. Roosevelt mit Wissen und Zustimmung von Josephus Daniels, Secretary of the Navy, an Lieutenant Hudson erteilt wurde." Die 26 diesbezüglichen Schlussfolgerungen und der Minderheitenbericht sind in United States Senate, Committee on Naval Affairs, 67th Congress, 1st Session, Alleged Immoral Conditions at Newport (R.I.) Naval Training Station (Washington: Government Printing Office, 1921) enthalten. Auch wenn das Verhalten von FDR in der US-Marine unentschuldbar gewesen sein mag und seine Moralvorstellungen widerspiegelt oder auch nicht, ist ein solches Verhalten für dieses Buch nicht relevant, und diese Vorfälle werden ausgelassen. Es sei auch darauf hingewiesen, dass in den Fällen, in denen die Korrespondenz von FDR für die Argumentation dieses Buches von entscheidender Bedeutung ist, Abschnitte wörtlich zitiert werden, ohne sie zu paraphrasieren, um dem Leser die Möglichkeit zu geben, seine eigenen Interpretationen vorzunehmen.

Street, als er in Zusammenarbeit mit Herbert Hoover die von der Bankenwelt so sehr gewünschten Handelsverbände der 1920er Jahre gründete? Oder die Freundschaft von FDR mit den wichtigsten Wall Street-Akteuren John Raskob und Barney Baruch? Um dies in die richtige Perspektive zu rücken, müssen wir in der Geschichte zurückgehen und den Hintergrund der Familien Roosevelt und Delano untersuchen, die seit dem 18. Jahrhundert mit dem New Yorker Bankwesen verbunden sind.

Die Familie Delano und die Wall Street

Die Familie Delano ist stolz darauf, dass ihre Vorfahren auf die Actii, eine römische Familie aus dem Jahr 600 v. Chr., zurückgehen. Ebenso stolz sind sie auf Franklin Delano Roosevelt. In der Tat behaupten die Delanos, dass der Einfluss der Delanos der vorherrschende Faktor in Franklin Roosevelts Lebenswerk war und für seine außergewöhnlichen Leistungen verantwortlich ist. Wie dem auch sei, es steht außer Frage, dass die Delano-Seite der Familie FDR mit vielen anderen Herrschern und Politikern in Verbindung bringt. Laut der Delano-Familiengeschichte[13] "teilte Franklin die gemeinsame Abstammung mit einem Drittel seiner Vorgänger im Weißen Haus." Die mit FDR verbundenen Präsidenten auf der Seite der Delanos sind John Adams, James Madison, John Quincy Adams, William Henry Harrison, Zachary Taylor, Andrew Johnson, Ulysses S. Grant, Benjamin Harrison und William Howard Taft. Auf der Roosevelt-Seite der Familie war FDR mit Theodore Roosevelt und Martin Van Buren verwandt, der Mary Aspinwall Roosevelt heiratete. Die Frau von George Washington, Martha Dandridge, gehörte zu FDRs Vorfahren, und Daniel Delano behauptet, dass Winston Churchill und Franklin D. Roosevelt "Cousins achten Grades, once removed" waren.[14] Dies macht die Vereinigten Staaten fast zu einer Nation, die von einer königlichen Familie regiert wird,

---

[13] Daniel W. Delano, Jr., *Franklin Roosevelt and the Delano Influence* (Pittsburgh, Pa.: Nudi Publications, 1946), S. 53.

[14] Ebd., S. 54.

zu einer Mini-Monarchie.

Der Leser muss sich sein eigenes Urteil über Delanos genealogische Behauptungen bilden; dem Autor fehlt die Fähigkeit, die verworrenen und komplexen Familienbeziehungen zu analysieren. Es steht außer Frage, dass die Delanos in den 1920er und 1930er Jahren und lange davor an der Wall Street aktiv waren. Die Delanos waren maßgeblich an der Entwicklung des Eisenbahnwesens in den Vereinigten Staaten und im Ausland beteiligt. Lyman Delano (1883-1944) war ein bekannter Eisenbahnmanager und der Großvater mütterlicherseits von Franklin D. Roosevelt. Wie Franklin D. Roosevelt begann auch Lyman Delano seine Karriere im Versicherungsgeschäft, zunächst bei der Northwestern Life Insurance of Chicago und dann zwei Jahre lang bei Stone & Webster.[15] Die meiste Zeit seines Geschäftslebens war Lyman Delano Mitglied des Vorstands der Atlantic Coast Line Railroad, 1920 als Präsident und von 1931 bis 1940 als Vorstandsvorsitzender. Weitere wichtige Mitgliedschaften von Lyman Delano waren (zusammen mit W. Averell Harriman) als Direktor der Aviation Corporation, der Pan American Airways, der P & O Steamship Lines und eines halben Dutzend Eisenbahngesellschaften.

Ein weiterer Wall-Street-Delano war Moreau Delano, ein Partner von Brown Brothers & Co. (nach 1933 übernahm das Unternehmen Harriman & Co. und wurde zu Brown Brothers, Harriman) und ein Direktor der Cuban Cane Products Co. und der American Bank Note Company.

Der wirklich bemerkenswerte Delano an der Wall Street war FDRs "Lieblingsonkel" (laut Elliott Roosevelt), Frederic Adrian Delano (1863-1953), der seine Karriere bei der Chicago, Burlington and Quincy Railroad begann und später den Vorsitz bei der Wheeling & Lake Erie Railroad, der Wabash Railroad und 1913 bei der Chicago, Indianapolis and Louisville Railway übernahm. "Onkel Fred" wurde

---

[15] Siehe Sutton, *Bolshevik Revolution*, op. cit., S. 128, 130-3, 136 zu Stone & Webster.

1921 an einem kritischen Punkt von FDRs Kinderlähmungsanfall konsultiert, fand schnell Dr. Samuel A. Levine für eine dringend benötigte Diagnose und arrangierte den privaten Sonderzug, der FDR von Maine nach New York transportierte, als er den langen und beschwerlichen Weg zur Genesung begann.[16]

Im Jahr 1914 ernannte Woodrow Wilson Onkel Fred zum Mitglied des Federal Reserve Board. Ein vertraulicher Brief des Zentralbankers Benjamin Strong an Fred Delano, in dem er um vertrauliche Daten der FRB bittet, verdeutlicht die engen Verbindungen der Delanos mit der internationalen Bankenwelt:[17]

(Persönlich)

Dezember 11, 1916

Mein lieber Fred: Wäre es möglich, dass Sie mir die vom Comptroller ermittelten Zahlen über die Bestände an ausländischen Wertpapieren der nationalen Banken streng vertraulich zukommen lassen? Ich wäre in meiner Meinung über die gegenwärtige Situation sehr beeinflusst, wenn ich diese Zahlen in die Hände bekäme, die so vertraulich behandelt würden, wie Sie es vorschlagen.

Wenn Sie einmal für eine Woche wegfahren können, um etwas Abwechslung und Ruhe zu finden, dann schauen Sie sich Denver an und besuchen Sie mich. Es gibt tausend Dinge, die ich gerne mit Ihnen besprechen

---

[16] Elliott Roosevelt und James Brough, *An Untold Story: The Roosevelts of Hyde Park* (New York: Putnam's, 1973), S. 142, 147-8.

[17] United States Senate, Hearings before the Special Committee Investigating the Munitions Industry, 74th Congress, Second Session, Part 25, "World War Financing and United States Industrial Expansion 1914-1915, J. P. Morgan & Company" (Washington: Government Printing Office, 1937), S. 10174, Exhibit No. 3896.

würde.

Mit freundlichen Grüßen,

Benjamin Stark
Hon. F. A. Delano
Federal Reserve Board, Washington, D.C.

Nach dem Ersten Weltkrieg widmete sich Frederic Delano dem, was euphemistisch als öffentlicher Dienst bezeichnet wird, während er gleichzeitig seine Geschäfte weiterführte. Im Jahr 1925 war Delano Vorsitzender des Internationalen Ausschusses des Völkerbundes für die Opiumproduktion; 1927 war er Vorsitzender der Kommission für Regionalplanung in New York; anschließend engagierte er sich für die Gründung der National Park Commission. 1934 ernannte FDR Onkel Fred Delano zum Vorsitzenden des National Resources Planning Board. Das Industriekomitee des National Resources Planning Board, bei dessen Auswahl Frederic Delano vermutlich seine Finger im Spiel hatte, war ein fröhlicher kleiner Kreis von sozialistischen Planern, darunter Laughlin Currie, Leon Henderson, Isador Lublin (der in der Zeit vor dem Koreakrieg beim Transfer von Industrietechnologie in die UdSSR eine wichtige Rolle spielte) und Mordecai Ezekiel.

Der Berater des Verwaltungsrats war Beardsley Ruml.

Von 1931 bis 1936 war Delano neben seiner Beteiligung an sozialistischen Planungsplänen auch Vorsitzender des Vorstands der Federal Reserve Bank von Richmond, Virginia. Kurzum, Frederic Delano war gleichzeitig Kapitalist und Planer.

Delano hinterließ einige Schriften, aus denen wir einen Eindruck von seinen politischen Ideen gewinnen können. Dort finden wir Unterstützung für die These, dass die größten Befürworter staatlicher Regulierung die Geschäftsleute sind, die reguliert werden sollen, obwohl Delano davor warnt, dass staatliches Eigentum an Eisenbahnen zu weit getrieben werden kann:

Staatliches Eigentum an Eisenbahnen ist ein

> *Schreckgespenst, auf das zwar oft hingewiesen wird, das aber von der Öffentlichkeit nicht gefordert wird. Wenn es zu staatlichem Eigentum an Eisenbahnen kommt, dann deshalb, weil die Eigentümer der Eisenbahnen dies einer staatlichen Regulierung vorziehen, und es wird ein trauriger Tag für die Republik sein, wenn die Regulierung so weit getrieben wird, dass die Eigentümer der Eisenbahnen nicht mehr bereit sind, die Verantwortung des Managements zu übernehmen .[18]*

In einem anderen Buch, das etwa 20 Jahre später geschrieben wurde, zeigt sich Delano jedoch wesentlich aufgeschlossener gegenüber der staatlichen Planung:

> *Ein großes Problem bei der Planung ist die Aufklärung der Bevölkerung. Wenn die Öffentlichkeit nur begreifen würde, dass gezielte Anstrengungen zu sozialen Gewinnen führen können und dass die Zeit, in der das meiste durch Planung erreicht werden kann, bevor sich die Notwendigkeit von Veränderungen manifestiert, könnten die anderen Probleme der Planung leichter gelöst werden.[19]*

Weiter:

> *Die oben dargestellte kurze Klassifizierung des Planungsproblems dient als Grundlage für den Hinweis auf die Notwendigkeit einer direkten und indirekten sozialen Kontrolle.*

> *Nur sehr wenige Menschen wissen wirklich, wie sie das Land am besten zu ihrem eigenen Vorteil nutzen können, ganz zu schweigen von der Planung seiner Nutzung für*

---

[18] Frederic A. Delano, Werden unsere Eisenbahnen fair behandelt? Ansprache vor dem Economic Club of New York, 29. April 1913, S. 11.

[19] Frederic A. Delano, Was ist mit dem Jahr 2000? Joint Committee on Bases of Sound Land Policy, n.d., S. 138-9.

> *das Gemeinwohl. Die Institutionen haben viel getan, um den Landwirten beizubringen, wie die einzelnen Betriebe zu planen sind, und dennoch sind viele der Betriebe in diesem Land schlecht organisiert.*[20]

Kurz gesagt, der Delano-Teil der Familie hat kapitalistische Unternehmen gegründet und hat Interessen an der Wall Street, die bis weit ins 19. In den 1930er Jahren hatte Frederic Delano jedoch die kapitalistische Initiative zugunsten einer sozialistischen Planung aufgegeben.

Die Familie Roosevelt und die Wall Street

Franklin Delano Roosevelt entstammte ebenfalls einer der ältesten Bankiersfamilien der Vereinigten Staaten von Amerika (Roosevelt). FDRs Urgroßvater James Roosevelt gründete 1784 die Bank of New York und war von 1786 bis 1791 deren Präsident. Das Investmentbanking-Unternehmen Roosevelt & Son in New York City wurde 1797 gegründet, und in den 1930er Jahren war George E. Roosevelt, FDRs Cousin, das fünfte Familienmitglied in direkter Folge an der Spitze des Unternehmens. Die Wurzeln der Familie Roosevelt im New Yorker Bankwesen reichen also ohne Unterbrechung bis ins späte 18. Im industriellen Bereich baute James Roosevelt in den 1740er Jahren die erste amerikanische Zuckerraffinerie in New York City, und noch in den 1930er Jahren hatten die Roosevelts Verbindungen zur kubanischen Zuckerraffinerie. Der Vater von FDR, der ebenfalls James Roosevelt hieß, wurde 1828 in Hyde Park, New York, in diese alte und angesehene Familie geboren. Dieser James Roosevelt schloss 1851 die Harvard Law School ab, wurde Direktor der Consolidated Coal Company of Maryland und war wie die Delanos in den folgenden Jahren an der Entwicklung des Verkehrswesens beteiligt, zunächst als Generaldirektor der Cumberland & Pennsylvania Railroad, dann als Präsident der Louisville, New Albany & Chicago Railroad, der Susquehanna Railroad Co, der Champlain Transportation Co, der Lake George Steamboat Co und der New

---

[20] Ebd., S. 141.

York & Canada Railroad Co. James Roosevelt war auch Vizepräsident und Manager der Delaware & Hudson Canal Co. und Vorsitzender der Maritime Canal Company of Nicaragua, aber vor allem war er einer der Organisatoren der Southern Railway Security Company, die 1871 gegründet wurde und eine der ersten Sicherheitsholdinggesellschaften war, die zum Aufkauf und zur Konsolidierung von Eisenbahnen gegründet wurden. Die Southern Railway Security Company war ein Konsolidierungs- oder Kartellierungssystem, das in seinem monopolistischen Prinzip den von Franklin D. Roosevelt in den 1920er Jahren gegründeten Handelsverbänden und dem National Recovery Act, einem weiteren Kartellierungssystem, des New Deal ähnelte. James Roosevelts zweite Frau war Sara, die Tochter von Warren Delano, und ihr Sohn war Franklin Delano Roosevelt, der spätere Präsident der Vereinigten Staaten.

Franklin wurde in Groton und Harvard ausgebildet und besuchte dann die Columbia Law School. Nach Angaben seines Sohnes Elliott[21] hat FDR "nie einen Abschluss gemacht, aber er konnte seine Anwaltsprüfung im Staat New York bestehen."[22] Seine erste Anstellung fand FDR bei der alteingesessenen Anwaltskanzlei Carter, Ledyard und Milburn in der Innenstadt, deren wichtigster Klient J. Pierpont Morgan war, und innerhalb von drei Jahren arbeitete sich FDR von kleineren juristischen Recherchetätigkeiten bis zu den Abteilungen Stadtgericht und Admiralität der Kanzlei hoch. Als FDR 1916 zum ersten Mal nach Washington D.C. ging, um stellvertretender Marineminister zu werden, war es Thomas W. Lamont - internationaler Bankier und einflussreichster Morgan-Partner - der das Haus von FDR in New York mietete.[23]

Es gab noch andere Roosevelts an der Wall Street. George Emlen

---

[21] Elliott Roosevelt, An Untold Story, op. cit., S. 43.

[22] Ebd., S. 67.

[23] Siehe Sutton, Bolshevik Revolution, für zahlreiche Zitate zu Thomas Lamonts Verbindungen zur bolschewistischen Revolution im Jahr 1917, während er in FDRs gemietetem Haus in New York wohnte.

Roosevelt (1887-1963) war ein Cousin sowohl von Franklin als auch von Theodore Roosevelt. Im Jahr 1908 wurde George Emlen Mitglied des Familienbankunternehmens Roosevelt & Son. Im Januar 1934, nach der Verabschiedung von FDRs Banking Act von 1933, wurde das Unternehmen in drei einzelne Einheiten aufgeteilt: Roosevelt & Son, bei dem George Roosevelt als Seniorpartner verblieb, Dick & Merle-Smith sowie Roosevelt & Weigold. George Emlen Roosevelt war ein führender Eisenbahnfinanzier, der an nicht weniger als 14 Umstrukturierungen von Eisenbahngesellschaften beteiligt war. Außerdem hatte er Aufsichtsratsposten in mehreren wichtigen Unternehmen inne, darunter die von Morgan kontrollierte Guaranty Trust Company,[24] die Chemical Bank und die Bank for Savings in New York. Die vollständige Liste der Verwaltungsratsmandate von George Emlen (Stand 1930) ist im Poor's *Directory of Directors* auf sechs Zentimeter klein gedruckt.

Ein weiterer mit Morgan verbundener Roosevelt war Theodore Roosevelt, 26. Präsident der Vereinigten Staaten und Enkel von Cornelius Roosevelt, einem der Gründer der Chemical National Bank. Wie Clinton Roosevelt, auf den wir später noch zu sprechen kommen werden, war Theodore Roosevelt von 1882 bis 1884 Abgeordneter des Staates New York. 1889 wurde er zum Mitglied der U.S. Civil Service Commission, 1895 zum Polizeipräsidenten von New York City und 1897 zum stellvertretenden Marineminister ernannt. 1900 wurde er zum Vizepräsidenten gewählt, um nach der Ermordung von Präsident McKinley 1901 Präsident der Vereinigten Staaten zu werden. Theodore Roosevelt wurde 1904 erneut zum Präsidenten gewählt und wurde zum Begründer der Progressiven Partei, die durch das Geld und den Einfluss von J. P. Morgan unterstützt wurde und so die Vereinigten Staaten auf den Weg zum Wohlfahrtsstaat brachte. Der längste Abschnitt des Parteiprogramms der Fortschrittspartei war dem Thema "Wirtschaft" gewidmet und lautete unter anderem:

---

[24] Es ist wichtig, bei der Entwicklung der Geschichte von FDR in Wall Street zu beachten, dass Guaranty Trust in dem früheren Sutton, Bolshevik Revolution, eine wichtige Rolle spielt.

Wir fordern daher eine starke nationale Regulierung der zwischenstaatlichen Unternehmen. Die Aktiengesellschaft ist ein wesentlicher Bestandteil der modernen Wirtschaft. Die Konzentration der modernen Wirtschaft ist bis zu einem gewissen Grad sowohl unvermeidlich als auch notwendig für die Effizienz der nationalen und internationalen Wirtschaft.

Der einzige wirklich signifikante Unterschied zwischen dieser von Morgan-Geld unterstützten Aussage und der Marxschen Analyse besteht darin, dass Karl Marx die Konzentration des Großkapitals als unvermeidlich und nicht als "notwendig" ansah. Doch Roosevelts Progressive Partei, die sich für eine Regulierung der Wirtschaft einsetzte, wurde von der Wall Street finanziert, einschließlich der von Morgan kontrollierten International Harvester Corporation und J. P. Morgan Partners. In Kolkos Worten:

> *In den Finanzunterlagen der Partei für 1912 sind C. K. McCormick, Mr. und Mrs. Medill McCormick, Mrs. Katherine McCormick, Mrs. A. A. McCormick, Fred S. Oliver und James H. Pierce aufgeführt. Die größten Spenden für die Progressiven kamen jedoch von Munsey, Perkins, den Willard Straights der Morgan Company, Douglas Robinson, W. E. Roosevelt und Thomas Plant.*[25]

Natürlich gibt es eine lange politische Tradition der Roosevelts, die sich auf den Staat New York und die Bundesregierung in Washington konzentriert und mit dieser Wall Street-Tradition einhergeht. Nicholas Roosevelt (1658-1742) war im Jahr 1700 Mitglied der New York State Assembly. Isaac Roosevelt (1726-1794) war Mitglied des New Yorker Provinzialkongresses. James I. Roosevelt (1795-1875) war 1835 und 1840 Mitglied der Versammlung des Staates New York und von 1841 bis 1843 Mitglied des US-Repräsentantenhauses. Clinton Roosevelt (1804-1898), der 1841 ein Wirtschaftsprogramm verfasste, das dem New

---

[25] Gabriel Kolko, The Triumph of Conservatism (London: Free Press, 1963), S. 202. Willard Straight war Eigentümer von The New Republic.

Deal von Franklin Roosevelt bemerkenswert ähnlich ist (siehe Kapitel 6), war 1835 Mitglied der New York State Assembly. Robert Barnwell Roosevelt (1829-1906) war 1871-73 Mitglied des US-Repräsentantenhauses und 1888-1890 US-Minister in Holland. Dann war da natürlich noch Präsident Theodore Roosevelt, wie wir bereits erwähnt haben. Franklin setzte die politische Tradition von Theodore Roosevelt als Senator des Staates New York (1910-1913), stellvertretender Marineminister (1913-1920), Gouverneur des Staates New York (1928-1930) und schließlich Präsident (1933-1945) fort.

Während FDR im Amt war, übernahmen andere Roosevelts kleinere Ämter. Theodore Roosevelt, Jr. (1887-1944) war von 1919 bis 1921 Mitglied der New York State Assembly und setzte dann das virtuelle Roosevelt-Marinemonopol als stellvertretender Marineminister von 1921 bis 1924, Gouverneur von Puerto Rico von 1922 bis 1932 und Generalgouverneur der Philippinen von 1932 bis 1933 fort. Nicolas Roosevelt war 1930 Vizegouverneur der Philippinen. Andere Roosevelts haben diese politische Tradition seit der Ära des New Deal fortgesetzt.

In dieser Roosevelt-Tradition ist eine Allianz zwischen Wall Street und politischen Ämtern implizit enthalten. Die von den vielen Roosevelts umgesetzte Politik tendierte zu einer verstärkten Einmischung des Staates in die Wirtschaft, die von einigen Geschäftsleuten erwünscht war, und daher kann das Streben der Roosevelts nach politischen Ämtern ( ) mit Fug und Recht als ein Mittel zur Selbstsucht angesehen werden. Der Euphemismus des "öffentlichen Dienstes" ist ein Deckmantel für die Nutzung der Polizeigewalt des Staates für persönliche Zwecke, eine These, der wir nachgehen müssen. Wäre die Roosevelt-Tradition eine des kompromisslosen *Laissez-faire* gewesen, des Rückzugs des Staates aus der Wirtschaft statt der Förderung von Eingriffen in die Wirtschaftstätigkeit, dann würde unsere Einschätzung zwangsläufig ganz anders ausfallen. Doch zumindest von Clinton Roosevelt im Jahr 1841 bis zu Franklin D. Roosevelt wurde die vom Roosevelt-Clan angehäufte politische Macht zur Regulierung der Wirtschaft eingesetzt, um den Wettbewerb einzuschränken, Monopole zu fördern und so den Verbraucher im Interesse einer Finanzelite auszubluten. Außerdem müssen wir die von Franklin D. Roosevelt an Edward House übermittelte und in der Überschrift zu diesem Kapitel zitierte Feststellung berücksichtigen, dass "ein finanzielles Element in den großen Zentren die Regierung seit den Tagen von Andrew Jackson in der Hand hat." Daher ist es angebracht, dieses Einführungskapitel mit den Beobachtungen von William Allen White aus dem Jahr 1943 abzuschließen, einem ehrlichen Herausgeber, der eine der besten literarischen Kritiken über dieses Finanzestablishment im Zusammenhang mit dem Zweiten Weltkrieg verfasste; dies war wohlgemerkt nach zehn Jahren FDR und auf dem Höhepunkt von Roosevelts politischer Macht:

Man kann sich in Washington nicht bewegen, ohne auf die Tatsache zu stoßen, dass wir zwei Kriege führen - einen ausländischen und einen inländischen. Der inländische Krieg findet in den verschiedenen Kriegsgremien statt. Jede große Rohstoffindustrie in diesem Land ist auf nationaler Ebene organisiert, und viele von ihnen, vielleicht sogar die meisten, sind Teil großer nationaler Organisationen, Kartelle und Vereinbarungen, die auf beiden Seiten der Kriegsfront agieren.

Hier in Washington ist jede Branche daran interessiert, sich selbst zu retten. Sie will mit heiler Haut und ohne Beeinträchtigung ihrer Organisation aus dem Krieg hervorgehen, legal oder illegal.

Man ist überrascht, wenn man in den verschiedenen Kriegsausschüssen Männer findet, die große Rohstofftrusts, -abkommen oder -syndikate vertreten. Es ist albern zu sagen, dass New Dealers diese Show leiten. Sie wird größtenteils von abwesenden Besitzern des zusammengefassten industriellen Reichtums geleitet, von Männern, die entweder direkt oder über ihre Arbeitgeber kleine, eng organisierte Minderheitsblöcke kontrollieren, die die physischen Anlagen dieser Trusts manipulieren.

In den meisten Fällen sind diese Manager-Magnaten anständige, patriotische Amerikaner. Sie haben große

Talente. Wenn man sie in neun von zehn Lebensbereichen anspricht, sind sie freundliche, höfliche, christliche Gentlemen.

Aber in der zehnten Beziehung, wo es um ihre eigene Organisation geht, sind sie völlig verrückt, rücksichtslos, von Gott oder den Menschen nicht kontrolliert, Paranoiker, in der Tat, so böse in ihrem Plan wie Hitler.

Sie sind entschlossen, aus diesem Krieg als Sieger für ihre eigenen Aktionäre hervorzugehen - was nicht überraschend ist. Es ist auch verständlich, dass Hitler aus diesem Krieg um jeden Preis als Sieger für das deutsche Volk hervorgehen möchte.

Aber diese Haltung der Männer, die die großen Rohstoffindustrien kontrollieren und sie nach ihrem eigenen Urteil und ihrer eigenen Moral leiten wollen, gibt kein gutes Bild für das Wohlergehen des einfachen Mannes ab.

Diese internationalen Zusammenschlüsse des Industriekapitals sind wilde, troglodytische Tiere mit enormer Macht und ohne soziales Hirn. Sie schweben wie ein altes silurisches Reptil über unserer anständigen, mehr oder weniger christlichen Zivilisation - wie große Drachen in dieser modernen Zeit, in der Drachen eigentlich tot sein sollten.[26]

---

[26] Zitiert nach George Seldes, *One Thousand Americans* (New York: Boni & Gaer, 1947), S. 149-150.

Kapitel 2

Politik im Bondgeschäft[27]

Ich werde unsere alte Freundschaft nutzen und Sie fragen, ob Sie mir bei meinen Bemühungen helfen können, Treue- und Vertragsgarantien von den zuständigen Stellen in Brooklyn zu erhalten.

Franklin D. Roosevelt an den Kongressabgeordneten
J. A. Maher, 2. März 1922.

Anfang 1921 wurde Franklin D. Roosevelt Vizepräsident der Fidelity & Deposit Company of Maryland und Leiter der New Yorker Niederlassung des Unternehmens am 120 Broadway. Fidelity & Deposit of Maryland war eine etablierte Versicherungsgesellschaft, die sich auf Kautionsversicherungen spezialisiert hatte, die für Regierungs- und Unternehmensverträge sowie für eine Reihe von Einzelarbeitsverhältnissen erforderlich waren, vom Gewerkschaftssekretär bis zum Angestellten eines Börsenmaklers. Überall dort, wo ein Auftragnehmer oder ein Angestellter ein Treuhandverhältnis verletzen oder einen Vertrag nicht erfüllen kann, wie z. B. bei Bauprojekten, besteht ein Potenzial für Bürgschaftsgeschäfte. Kurz gesagt ist die Kautionsversicherung ein spezieller Bereich der Versicherung, der das Risiko der Nichterfüllung von Verträgen abdeckt. Im Jahr 1921 war Fidelity & Deposit das viertgrößte Kautionsversicherungsunternehmen in den Vereinigten Staaten, nicht zu verwechseln mit der Fidelity and Casualty Company of New York, einer anderen

---

[27] Dieses Kapitel basiert auf den *FDR-Papieren in Hyde Park*, New York: insbesondere Gruppe 14, Akte mit dem Titel "Fidelity & Deposit Co. of Maryland, Korrespondenz von FDR als Vizepräsident, 1921-1928".

Versicherungsgesellschaft, in deren Vorstand übrigens W. Emlen Roosevelt, der Cousin von FDR, saß.

Warum stellte Van-Lear Black, Eigentümer der Baltimore Sun und Vorstandsvorsitzender von Fidelity & Deposit, den Versicherungsneuling Franklin D. Roosevelt als Vizepräsidenten des wichtigen New Yorker Büros ein? Mit ziemlicher Sicherheit stellte er FDR ein, weil das Kautionsgeschäft ungewöhnlich stark von politischem Einfluss abhängig ist. Bei der Lektüre von FDRs Fidelity & Deposit-Briefdokumenten aus den Jahren 1921 bis 1928 stellen wir fest, dass Preis oder Service nur selten als Wettbewerbselemente im Kautionsgeschäft auftauchen. Die wichtigsten Wettbewerbsmittel sind "Wen kennen Sie?" und "Was ist Ihre Politik?". Mit anderen Worten: Politik ist ein Ersatz für den Markt. Politik war die Stärke von FDR, und Van-Lear Black kannte seine Bindungswelt, als er FDR akquirierte. Es ist wichtig, auf den politischen Charakter des Bondgeschäfts hinzuweisen, denn FDRs Biographen haben in einigen Fällen angedeutet, dass FDR, ein Geschäftsneuling, für Van-Lear Black relativ nutzlos war. Frank Freidel schreibt zum Beispiel:

> *Ob Van-Lear Black ihn anstellte, weil es ein kluger Geschäftszug war oder nur, um eine Berühmtheit zu sammeln, lässt sich nicht feststellen. Das Schlimmste, was die Roosevelt feindlich gesinnten Wall Streeters ihm vorwerfen konnten, war, dass das Unternehmen die fünfundzwanzigtausend Dollar, die es ihm jährlich als Gehalt zahlte, verschwendete.*[28]

Welche Rolle spielten die Politik und die Politiker in den 1920er-Jahren im Kautionsgeschäft des Staates New York?

---

[28] Freidel, The Ordeal, op. cit., S. 138. Freidel ist unfair gegenüber Roosevelt. Es gibt keine Belege für die Kritik der Wall Street an der Ernennung. Kritik ist unwahrscheinlich - angesichts des politischen Charakters des Geschäfts, der Tatsache, dass Politik FDRs Stärke war, und der langen Roosevelt-Tradition auf "der Straße".

Politiker als Bondschreiber

Der allgegenwärtige politische Charakter des Anleihegeschäfts spiegelt sich in einem zeitgenössischen, aber anonymen Zeitungsausschnitt wider, der in den FDR-Briefakten gefunden und von FDR selbst sorgfältig markiert wurde. Der Zeitungsausschnitt bezieht sich auf Regierungsbeamte des Staates New York, die staatliche Verträge aushandeln und gleichzeitig als Mitglieder privater Firmen fungieren, die Anleihen ausgeben und Sicherheitsanleihen an staatliche Auftragnehmer verkaufen. Die Zeitung betitelte die Kolumne treffend mit "Alle unter einem Dach" und berichtete, dass Daniel P. O'Connell, Mitglied der Albanyer Anleihefirma O'Connell Brothers & Corning und gleichzeitig zuständig für die öffentlichen Angelegenheiten der Stadt und des Landkreises Albany, sich bemühte, einen landesweiten Einfluss auf die Ausgabe seiner Anleihen auszuüben, zum Entsetzen der konkurrierenden Anleiheemittenten:

> *Bisher war Daniel P. damit beschäftigt, die Anleihen verschiedener Wähler zu übernehmen, doch nun wird er sein Möglichstes tun, so heißt es, um seine Anleihen auf andere Personen zu übertragen, insbesondere auf Unternehmer, die mit der Stadt und dem Bezirk Geschäfte machen.*

Sein Eintritt in die Welt der Anleihezeichner war ungefähr so willkommen wie ein Schneesturm für eine errötende Braut an einem sonnigen Junimorgen. Örtliche Versicherungsleute, sowohl Demokraten als auch Republikaner, die seit vielen Jahren mit dem Ausstellen von Schuldverschreibungen für Bauunternehmer beschäftigt sind, nehmen Daniel P. den Eintritt in ihr Gebiet übel, auch wenn sie vielleicht seinen Ehrgeiz und seinen Mut bewundern; und in politischen Kreisen des Staates heißt es, dass Royal K. Fuller, staatlicher Beauftragter für Kanäle und Wasserstraßen, befürchtet, dass der Erfolg von Daniel P. auf dem lokalen Gebiet zu seinem (Mr. Fullers) Nachteil sein wird, oder vielmehr zum Nachteil der Anleihenfirma, mit der er in Verbindung steht und zu deren Gunsten er, wie es heißt, den Einfluss seiner Position nutzt.

Der Kautionsverfasser und Amtsinhaber O'Connell schrieb daraufhin an alle Auftragnehmer in der Stadt und im Landkreis Albany Werbebriefe, in denen er darauf hinwies, dass er im City Savings Bank Building, das zufällig dem Bürgermeister von Albany, Hackett, gehörte und in dem sich auch der Hauptsitz der demokratischen Organisation des Landkreises Albany befand, im Kautionsgeschäft tätig war. O'Connells Brief an die staatlichen Auftragnehmer schloss mit dem Appell:

Ich wäre Ihnen dankbar, wenn Sie diesem Büro die Gelegenheit geben würden, Ihnen zu dienen. Ein Telefonanruf oder ein Brief an mich in diesem Büro wird umgehend bearbeitet.

Es ist wichtig, diesen vorherrschenden und anscheinend akzeptablen Gebrauch von politischen Ämtern und Einfluss zu beachten, um das eigene Nest zu füttern. In Anbetracht der nachstehenden Beweise deutet dies darauf hin, dass FDR lediglich den zeitgenössischen Sitten seines Umfelds gefolgt ist. Die Nutzung der Politik zur Erlangung von Anleihegeschäften spiegelt sich in den Briefakten von FDR wider und ist im Wesentlichen die einzige Art und Weise, wie er während seiner Zeit als Vizepräsident der Fidelity & Deposit Company Anleihegeschäfte erwarb. Natürlich sind seine Briefe an die anderen Wall Street Roosevelts, in denen er um Geschäfte bittet, völlig legitim. Wir finden zum Beispiel einen Brief an "Dear Cousin Emlen" (W. Emlen Roosevelt von Roosevelt & Son, 30 Pine Street) vom 10. März 1922, in dem er sich nach der geplanten Bürgschaft für die Buffalo, Rochester and Pittsburgh Railway Company erkundigt, eine Bürgschaft, die damals von der konkurrierenden National Surety Company übernommen wurde. Emlen antwortete umgehend am 16. März, dass er in der Lage sei, mit dem Präsidenten über die Angelegenheit zu sprechen". Dies muss die Phantasie von FDR angeregt haben, denn am 16. März 1922 schrieb er an "Dear George" (George E. Roosevelt), ebenfalls von Roosevelt & Son, und erkundigte sich nach der von der Firma selbst zu ihrem eigenen Schutz abgeschlossenen Pauschalgarantie.

Gewerkschaften waren für FDR ein besonderes Ziel für Unternehmen; da jeder örtliche Gewerkschaftssekretär und

Schatzmeister eine Anleihe haben muss, war dies ein lukratives Feld. Am 13. Dezember 1921 schrieb Generalsekretär und Schatzmeister E. C. Davison von der International Association of Machinists an FDR:

> *Wir wickeln jetzt den größten Teil unserer Kautionsgeschäfte mit Ihrem Unternehmen ab, wozu uns die Tatsache, dass Sie mit diesem Unternehmen verbunden sind, in hohem Maße veranlasst hat.*

Am 26. Januar 1922 schrieb Joseph F. Valentine, Präsident der International Molder's Union of North America, an FDR, dass er alle Bemühungen FDRs für die Gewerkschaft während seiner Zeit als stellvertretender Marineminister sehr zu schätzen wisse und dass er den Wunsch habe, der Fidelity and Deposit Company of Maryland so viele unserer Geschäfte wie möglich zu übertragen ... sobald unsere bestehenden Anleihen verfallen sind, wird es ihm ein persönliches Vergnügen sein, unsere Geschäfte in Zukunft von Ihrer Gesellschaft abwickeln zu lassen.

Gewerkschaftsfunktionäre in Washington und anderswo forderten ihre Ortsverbände umgehend auf, Aufträge an ihren alten Freund FDR und nicht an andere Kautionsversicherer weiterzuleiten. Im Gegenzug berichteten die örtlichen Gewerkschaftsfunktionäre umgehend über ihre Umleitungsaktionen, die wiederum umgehend an FDR weitergeleitet wurden. So schrieb beispielsweise der Präsident der International Association of Boilermakers an den Sekretär Berres von der Metal Trades Department, A. F. of L., in Washington, D.C.:

... Sie können sicher sein, dass alles, was ich tun kann, um Herrn Roosevelt in seiner neuen Position behilflich zu sein, mir eine Freude sein wird, und ich schreibe Herrn Roosevelt heute.

Natürlich nutzte FDR seine alten politischen Freunde bis zum Äußersten und mit einer lobenswerten Liebe zum Detail aus. In einem Verkaufsgespräch vom 2. März 1922, das an den Kongressabgeordneten J. A. Maher gerichtet war, schrieb FDR nicht einen, sondern zwei Briefe. Der erste Brief lautete auszugsweise:

Howe [Louis Howe, FDRs rechte Hand] hat mir von seinem Telefongespräch mit Ihnen erzählt, und ich füge ein formelleres Schreiben zu Ausstellungszwecken bei. Dies ist eine kleine freundliche Anmerkung, damit Sie nicht denken, ich sei plötzlich förmlich geworden, seit ich die Wall Street als meine Geschäftsadresse angenommen habe.

Kommen Sie vorbei und besuchen Sie mich. Ich weiß, dass es Ihrer Seele gut tun wird, die Sprache zu hören, die Bruder Berres und verschiedene andere, die mit dem Labor Bureau verbunden sind, in Bezug auf die gegenwärtige Regierung im Allgemeinen und die Kongressabgeordneten im Besonderen verwenden. Wenn die Frau zufällig außer Hörweite ist, wenn Sie kommen, werde ich einige der am besten zitierbaren Auszüge wiederholen.

FDR fügte dem Kongressabgeordneten Maher ein förmlicheres Schreiben bei, das offensichtlich den Freunden von Maher gezeigt werden sollte und in dem er genau erklärte, was er wollte: "Treue- und Vertragsgarantien von den Machthabern in Brooklyn".

Ich werde unsere alte Freundschaft nutzen und Sie fragen, ob Sie mir bei meinen Bemühungen helfen können, Treue- und Vertragsgarantien von den zuständigen Stellen in Brooklyn zu erhalten. Es gibt eine große Anzahl von Bürgschaften, die im Zusammenhang mit der Arbeit der Stadtverwaltung benötigt werden, neben den persönlichen Bürgschaften, die jeder Stadtbeamte abgeben muss, und ich hoffe, dass einige meiner alten Freunde bereit sein werden, sich an mich zu erinnern. Leider kann ich diese Angelegenheit im Moment nicht selbst in die Hand nehmen, aber da alle meine Freunde auch Ihre Freunde sind, denke ich, dass Sie mir eine echte Hilfe sein können, wenn Sie die Zeit und die Neigung dazu haben. Ich versichere Ihnen, dass Sie diesen Gefallen nicht so schnell vergessen werden.

Wir werden später sehen, wie erfolgreich dieser Ansatz für F & D war.

Politische Einflussnahme und Auftragsvergabe

FDRs politische Kontakte und Einflüsse waren bei Fidelity & Deposit natürlich gut bekannt, und er wurde von anderen Mitgliedern des Unternehmens immer wieder aufgefordert, sein politisches Fachwissen und seinen persönlichen Kredit zu nutzen, um Anleihegeschäfte auch außerhalb New Yorks zu tätigen. Ein Beispiel dafür ist ein Brief vom 23. August 1928 von F & D-Direktor F. A. Price, der für das Büro in Chicago zuständig war, über Geschäfte mit lokalen Politikern aus Chicago. Price schrieb "Dear Franklin" und teilte mit, dass seit dem Tod des politischen Führers von Chicago, George Brennan, mehrere Namen für die Leitung der lokalen demokratischen Parteimaschine vorgeschlagen worden waren. Brennan habe vor seinem Tod darum gebeten, dass M. L. Igoe sein Nachfolger werde, schreibt Price an FDR:

Sie sind zweifellos in Houston mit ihm in Kontakt gekommen, und falls Sie ihn persönlich kennen, würde ich mich freuen, wenn Sie mir ein möglichst aussagekräftiges Empfehlungsschreiben zukommen lassen würden.

Price merkte an, dass er kürzlich in Baltimore mit dem Präsidenten der Firma F & D, Charles Miller, über den Gedanken gesprochen habe, ein Geschäft mit dem neuen demokratischen Führer in Illinois zu machen. Unter diesem Gesichtspunkt möchte ich das Einführungsschreiben verfassen". Da die maschinelle Politik in Chicago für ihre niedrigen ethischen Standards berüchtigt war, bedarf es wenig Phantasie, um sich vorzustellen, welche Art von Geschäft Price vorschlug und für das FDR seinen Namen und Einfluss einsetzte.

Dass persönliche Freundschaft allein nicht ausreichte, um Geschäfte mit Anleihen zu machen, und dass eine Reihe von Süßungsmitteln eingesetzt wurde, geht aus einem Brief über die politische Situation in New York vom 23. September 1925 hervor, den John Griffin, Leiter der Vertragsabteilung des New Yorker Büros, an "My Dear Mr. Roosevelt" schrieb ( ). Darin werden die komplexen Verflechtungen zwischen den New Yorker Politbüros und dem Anleihemaklergeschäft erörtert. Der Brief lautet zum Teil wie folgt:

> *Der große Sieg von Walker über Hylan wird natürlich zu einer Neuordnung der Situation bei den Anleihemaklern führen. Sinnott & Canty, von denen wir zu Beginn der Hylan-Verwaltung einige Anleihen erhalten haben und die in der letzten Zeit nicht mehr so beliebt waren, werden zweifellos nicht mehr dabei sein, und entweder Charles F. Murphy, Jr., Hyman & McCall, Jim Hoey oder ein Mann namens McLaughlin, ein Bruder des Bankvorstands, wird der Favorit sein. Meiner Meinung nach wird unsere stärkste Verbindung durch Al Smith zu Charlie Murphy oder McCall oder McLaughlin bestehen, da Hoey seine eigene Firma, die Columbia Casualty Company, hat.*

Vielleicht erhält Murphy von der National Surety Company oder der Gesellschaft, der er jetzt Aufträge erteilt, eine höhere Provision, als wir bereit wären, für sein direktes Geschäft zu geben, aber ein Wort an ihn durch Sie und natürlich durch den Gouverneur und möglicherweise Jimmie Walker würde uns zumindest unter die Meistbegünstigungsklausel oder [für] eine Aufteilung dieser Anleihen bringen, da Sie wissen, dass sie alle auf zwei oder mehr Gesellschaften aufgeteilt werden müssen.

Ich kenne all diese Menschen recht gut und wohlwollend, aber bloße persönliche Freundschaft wird nicht ausreichen.

Eine genaue Lektüre dieses internen Firmenschreibens lässt vermuten, dass Schmiergelder der übliche Weg waren, um von New Yorker Regierungsstellen Aufträge für Anleihen zu erhalten; beachten Sie den Absatz: "Vielleicht erhält Murphy von der National Surety Company oder der Gesellschaft, der er jetzt Aufträge erteilt, eine höhere Provision, als wir bereit wären, für sein direktes Geschäft zu zahlen." Der abschließende Satz, "... bloße persönliche Freundschaft wird nicht ausreichen", hat einen unheilvollen Klang.

Die Politisierung des Bürgschaftsgeschäfts, die in Chicago und New York so offensichtlich war, erstreckte sich auch auf den Bereich der Regierungsaufträge in Washington D.C. Am 5. Mai 1926 schrieb der zweite Vizepräsident von F & D, F. A. Bach, in Baltimore an

FDR über ein Gebäude des Veteranenbüros, das im Frühjahr für 11/4 Millionen Dollar gebaut werden sollte:

Lieber Franklin,

Zu den anderen Projekten des Veteranenbüros in diesem Frühjahr gehört ein Projekt in Bedford, Massachusetts, das etwa eine Million und ein Viertel Dollar umfasst, und ich hoffe insgeheim, dass wir durch den Einfluss von Frau Rogers, der Abgeordneten von Massachusetts, die wir kennen, die Chance haben, einen Teil dieses Geschäfts zu bekommen, obwohl das größte Projekt natürlich in North Port, Long Island, sein wird.

In ähnlicher Weise schrieb FDR an einen Kontakt in einer "Firma, die Verträge mit der Marine hält":

Ein beiläufiger Hinweis in einem Brief von einem meiner alten Freunde im Marineministerium auf die Vergabe einiger Schmiedeteile für 8-Zoll-Geschütze an Ihr Unternehmen erinnerte mich an die sehr angenehmen Beziehungen, die wir während meiner Amtszeit als stellvertretender Marineminister unterhielten, und ich fragte mich, ob Sie meine Firma einige der Vertragsgarantien schreiben lassen würden, die Sie der Regierung von Zeit zu Zeit geben müssen. Ich würde mich sehr über einen Besuch eines unserer Vertreter freuen.

Louis Howe, die rechte Hand von FDR, arbeitete ebenfalls in den F & D-Büros, war ebenfalls aktiv in der Anleihenakquise tätig und war keineswegs zurückhaltend bei der Akquise von Geschäften. In einem Brief an Homer Ferguson von der Newport News Shipbuilding Company im Dezember 1921 schrieb Howe, dass das Unternehmen Angebote für den Bau des Schiffes Leviathan abgegeben hatte, und dankte Ferguson für die Anleihe:

Sollte die Tatsache, dass es sich um das Unternehmen von Herrn Roosevelt handelt, Sie bei der Verleihung des Preises beeinflusst haben, so würde es Herrn Roosevelt sehr freuen, wenn Sie ihm eine kleine Zeile in diesem

Sinne schreiben könnten.

Diese politischen Methoden der Geschäftsabwicklung sind natürlich weit entfernt von dem wettbewerbsorientierten Markt, wie er in den Lehrbüchern der Hochschulen beschrieben wird. Es wäre naiv zu glauben, dass politische Präferenzen und persönliche Freundschaften in Geschäftsbeziehungen keine oder nur eine untergeordnete Rolle spielen. Betrachtet man jedoch FDRs Kautionsgeschäft, so fällt es schwer, sich ein anderes Geschäft vorzustellen, in dem die Politik eine so allumfassende Rolle spielt wie im Kautionsgeschäft der 1920er Jahre. Die Moral der Schmiergelder und der Nutzung politischer Ämter zur Erzielung persönlicher Geschäfte ist fragwürdig, und die Rechtmäßigkeit ist definitiv zweifelhaft. Weit weniger offensichtlich ist der daraus resultierende Verlust an wirtschaftlicher Effizienz und der Schaden für die Gesellschaft als Ganzes. Wenn der Kauf und Verkauf solcher Anleihen durch den Preis und die bisherige Leistung bestimmt wird - und persönliche Bekanntschaft kann ein legitimer Faktor bei der Beurteilung der bisherigen Leistung sein -, dann wird der Markt ein Maximum an wirtschaftlichem Nutzen und Effizienz für die Gesellschaft bringen. In einer politisierten Geschäftsatmosphäre werden diese unparteiischen Wettbewerbsfaktoren eliminiert, die wirtschaftliche Effizienz wird aufgegeben und die Vorteile werden reduziert. Wir haben es hier mit einem Mikrokosmos einer sozialistischen Wirtschaft zu tun, in der alle Entscheidungen zum Nachteil der Gesellschaft als Ganzes politisiert werden. Kurz gesagt, die Bondoperationen von FDR waren bis zu einem gewissen Grad unsozial.

Andere Briefe in den Roosevelt-Akten geben jedoch authentische Einblicke in die Hinterzimmer der Politik der 1920er Jahre, in die Machenschaften, die so oft zu offener Korruption ausarteten. Ein Brief von FDR vom 11. Juli 1928 an den ersten Vizepräsidenten George L. Radcliffe in Baltimore bezieht sich auf die Art und Weise, in der John J. Raskob Vorsitzender des Demokratischen Nationalkomitees wurde. Raskob war Vizepräsident von Du Pont und General Motors und damit ein Mitglied des Wall-Street-Establishments, wie man es nirgendwo anders finden kann:

> *Bei einem Treffen gestern Abend entschied sich der Gouverneur [Smith] endgültig für John J. Raskob als Vorsitzenden des Nationalkomitees. Er sagte, er wolle einen Organisator und einen Mann, der die Demokratische Partei in die Gunst der Geschäftsinteressen des Landes bringen würde. Mein erstes Urteil ist, dass dies ein schwerer Fehler ist, da er Katholik ist; zweitens ist er sogar noch feuchter als Smith, da er die Aufhebung des achtzehnten Verfassungszusatzes anstrebt; und drittens ist er der Kopf der größten Wirtschaftsorganisation der Welt. Ich fürchte, dass eine ganze Reihe von Menschen im Süden und Westen sowie im ländlichen Osten, die Smith nicht besonders wohlgesonnen sind, aber bis heute in die Partei zurücksickern, dauerhaft vertreiben wird.*

Ich kenne Raskob nicht sehr gut, rechne aber damit, in den nächsten Tagen ein Gespräch mit ihm zu führen und werde dabei unter anderem die Möglichkeit von V. L. B. [Van-Lear Black] erwähnen.

Später in diesem Buch werden wir über die enormen Mittel berichten, die Raskob in die Demokratische Partei gesteckt hat, und über die Gegenleistung für das Großkapital: den New Deal und die National Recovery Administration (NRA).

Am 24. August 1927 wurde in einem weiteren Schreiben an George Radcliffe dargelegt, wie die Kautionsversicherungsbranche im Auftrag von James Beha, dem damaligen Superintendent für Versicherungen im Staat New York, zusammenkommen konnte. Dieses Zitat bestätigt die Tatsache, dass "regulierte" Industrien nichts weiter als politische Vorrichtungen sind, um unliebsame Konkurrenz in Schach zu halten, und dass die Regulierungsbehörden in die Tasche greifen und im Namen der angeblich regulierten Industrie handeln können:

> *Vic Cullen[29] und ich haben gerade ein Gespräch über*

---

[29] Cullen war Leiter des New Yorker Produktionsbüros.

> *Superintendent Beha geführt. Vic sagt, dass er glaubt,*
> *dass es einen von Joyce initiierten Versuch gibt, Beha in*
> *irgendeiner Funktion in die Nationale zu bringen, und*
> *Cullen macht einen Vorschlag, der mir sehr lohnenswert*
> *erscheint. Es geht darum, dass Beha der Leiter der Surety*
> *Association werden könnte. Wir alle mögen Beha und*
> *vertrauen ihm; er ist ein Mann mit Mut und*
> *Unabhängigkeit, und ich kann mir niemanden vorstellen,*
> *der für diese Position besser geeignet wäre. Natürlich*
> *würde es ein hohes Gehalt kosten - ich denke an 35.000*
> *Dollar pro Jahr -, aber das ist, auf alle Mitglieder*
> *verteilt, nur ein Tropfen auf den heißen Stein.*

Wenn Sie diesen Vorschlag gut finden, sind Cullen und ich beide der Meinung, dass Sie der richtige Mann sind, um sich informell und vertraulich an die Leiter der American, U.S.F.&G. und ein oder zwei andere zu wenden.

Andererseits gab es in New York Versuche, Missbräuche im Bürgschaftsgeschäft zu beseitigen. Einer dieser Versuche war der des Staatsarchitekten Sullivan W. Jones, eine staatliche Anforderung für Bürgschaften abzuschaffen. Gouverneur Al Smith ließ sich zunächst dazu bewegen, dem Jones-Plan zuzustimmen. Daraufhin schrieb R.H. Towner, 160 Broadway, an FDR, dass der Jones-Plan katastrophale Folgen haben würde und dass "Gouverneur Smith in die Irre gegangen ist und einige seiner Freunde ihn zurechtweisen sollten". FDRs prompte Antwort an Towner lautete: "Ich hoffe, den Gouverneur in den nächsten Wochen zu sehen und werde dann mit ihm wie ein holländischer Onkel über Jones' Plan sprechen." In den FDR-Akten ist nichts mehr über die Abschaffung der obligatorischen Bürgschaften im Staat New York zu lesen.

Die Hartnäckigkeit des F & D-Büros in Bezug auf seine eigenen Interessen spiegelt sich auch in relativ unbedeutenden Angelegenheiten wider: So konnte beispielsweise kein New Yorker Wirtschaftsverband für eine finanzielle Unterstützung durch F & D gewonnen werden. Am 5. August 1926 wurde eine Anfrage des Better Business Bureau of New York nach einem Abonnement von F & D abschlägig beschieden. FDR leitete das Schreiben an

Vizepräsident Cullen weiter, der eine "angemessene Antwort" vorbereiten sollte, und Cullen lehnte das Better Business Bureau umgehend ab. Diese Ablehnung wurde von Präsident Charles R. Miller in Baltimore unterstützt: "Ich bin nicht so scharf darauf, dem Better Business Bureau zu diesem Zeitpunkt einen Beitrag zu leisten....". Dann schrieb die Merchants Association of New York am 23. Mai 1925 an FDR wegen der Mitgliedschaft von F & D in ihrem Verband. Wiederum argumentierte Cullen, dass "die Merchants Association absolut keinen Nutzen für uns hat". Kein Gesetz schreibt die Mitgliedschaft in besseren Wirtschaftsverbänden vor, aber diese Abfuhr macht die sozialen Appelle dieser Nichtmitglieder verdächtig.

Die Auszahlung für Fidelity & Deposit Company

Dieser kurze Rückblick auf Franklin D. Roosevelts Karriere von 1921 bis 1928 als Vizepräsident der Fidelity & Deposit Company in New York deutet den philosophischen Weg an, den Roosevelt in den folgenden zwei Jahrzehnten beschritt. Das Bürgschaftsgeschäft war durch und durch politisch, und FDR war in der Politik wie eine Ente im Wasser. Politische Kontakte, die er während seiner Tätigkeit als stellvertretender Marineminister geknüpft hatte, wurden in vollem Umfang genutzt, neue politische Kontakte wurden auf Anregung des Managements von F & D in Baltimore geknüpft, und FDR hatte sieben Jahre lang Zeit, diese Kunst der Politik in der Wirtschaft zu praktizieren. Die Ergebnisse für F & D waren außergewöhnlich gut. Das Geschäft expandierte, vielleicht in gewissem Maße, weil fast alle Unternehmen in den 1920er Jahren expandierten, aber mit ziemlicher Sicherheit zu einem großen Teil aufgrund von FDRs politischen Aktivitäten. Im Zeitraum vom 1. Januar 1923 bis zum 1. Januar 1924 verzeichnete Fidelity & Deposit einen Gewinn von 3 Millionen Dollar im Jahr und rückte damit auf den dritten Platz unter den Kautionsversicherern vor, einen guten Sprung vor der U.S. Fidelity and Casualty Co. dem verdrängten Konkurrenten. Die Zahlen lauten:

Kautionsversicherungen im Staat New York

	1. Januar 1923	1. Januar 1924	Gewinn/Verlust
Fidelity & Deposit Co.	$7,033,100	$10,184,600	+ $3,151,500
National Surety Co.	$14,993,000	$15,677,550	+ $684,550
Fidelity & Casualty Co. Kaution Co. von New York	$3,211,900	$3,215,150	+ $3,250
Aetna Casualty & Surety Co.	$5,517,200	$4,799,500	$ 717-.700
U.S. Fidelity & Casualty Co.	$8,064,500	$6,817,000	$ 1-.247.500
American Surety Co.	$13,263,125	$12,127,400	$ 1-.125.725

Das Büro von Fidelity & Deposit am 120 Broadway war in den 1920er Jahren FDRs Hauptgeschäftsstelle, aber das erfolgreiche Kautionsgeschäft war nicht FDRs einzige geschäftliche Aktivität. Andere interessante Unternehmungen werden in den folgenden Kapiteln behandelt. Diese sieben Jahre in einer politisch aufgeladenen Geschäftsatmosphäre - ein Mikrokosmos einer sozialistischen Gesellschaft, denn auch sozialistische Gesellschaften sind politisch geführte Volkswirtschaften - hatten zweifellos einen entscheidenden Einfluss auf FDRs spätere Ansätze zur Lösung nationaler Wirtschaftsprobleme. Dies war FDRs erste Begegnung mit der Geschäftswelt. Es war keine Begegnung mit den wettbewerbsorientierten Marktelementen Preis und Produkt Qualität; es war eine Begegnung mit der Geschäftswelt auf der Grundlage von "Wen kennst du?" und "Was ist deine Politik?" - Dies ist letztlich die ineffizienteste und unrentabelste Grundlage für Unternehmen.

Kapitel 3

FDR: Internationaler Spekulant

Einer der moralisch schädlichsten Aspekte der Inflation war die "Plünderung Deutschlands", die auf dem Höhepunkt der Inflation [1923] stattfand. Jeder, der Dollar oder Pfund besaß, war in Deutschland König. Mit ein paar amerikanischen Dollar konnte man wie ein Millionär leben. Ausländer strömten ins Land und kauften Familienschätze, Nachlässe, Schmuck und Kunstwerke zu unglaublich niedrigen Preisen auf.

Marjori Palmer, 1918-1923 Deutsche Hyperinflation, (New York: Traders Press, 1967)

Franklin D. Roosevelt war Organisator und Präsident mehrerer spekulativer internationaler Finanzunternehmen, die Deutschland und die Vereinigten Staaten miteinander verbanden, und insbesondere eines Unternehmens, das von der ruinösen deutschen Hyperinflation von 1922-23 profitieren sollte. 1922 wurde FDR Präsident und war einer der Organisatoren der United European Investors, Ltd. mit kanadischer Satzung, aber mit Sitz in 160 Broadway, New York. Im Jahr 1927 war FDR auch einer der Organisatoren der International Germanic Trust Company, Inc. und des Federal International Investment Trust, die jedoch nie zustande kamen. Das bei weitem wichtigste dieser spekulativen Unternehmen in der internationalen Finanzwelt war die United European Investors, Ltd, die gegründet wurde, um in den Vereinigten Staaten hinterlegte deutsche Mark zu akkumulieren und diese Mark in Deutschland zu reinvestieren, indem sie Eigentum von mittellosen Deutschen kaufte. Um Umfang und Bedeutung der United European zu verstehen und die Aktivitäten der International Germanic Trust Company zu verfolgen, müssen wir einen kurzen Überblick über die deutschen Finanzverhältnisse in den frühen 1920er Jahren geben.

Die deutsche Hyperinflation von 1922-23

Lionel Robbins, der bekannte britische Wirtschaftswissenschaftler, hat die deutsche Inflation von 1922-23 beschrieben:

Er war das kolossalste Ereignis seiner Art in der Geschichte und ist wahrscheinlich neben dem Ersten Weltkrieg selbst für viele der politischen und wirtschaftlichen Schwierigkeiten unserer Generation verantwortlich. Sie zerstörte den Wohlstand der solideren Elemente der deutschen Gesellschaft und hinterließ ein moralisches und wirtschaftliches Ungleichgewicht, einen Nährboden für die folgenden Katastrophen. Hitler ist das Ziehkind der Inflation.[30]

Der Vertrag von Versailles erlegte dem besiegten Deutschland eine massive Reparationslast auf, einem Land, das durch den Ersten Weltkrieg mit seinen defizitären Ausgaben und der territorialen Verkleinerung in der Nachkriegszeit bereits finanziell geschwächt war und folglich über weniger natürliche Ressourcen verfügte. Reparationen haben ähnliche Auswirkungen auf die Zahlungsbilanz wie Importe. Sie erfordern entweder Steuern oder Defizitausgaben, um den Abfluss auszugleichen. Wird der Weg des Deficit Spending eingeschlagen, so führt dies zu einer Inflation, wie sie auch in Deutschland zu beobachten war.

Deutschland wurde von den Alliierten verpflichtet, alle Schäden an Privateigentum, außer in Russland, zu ersetzen und alle Kosten der alliierten Truppen auf deutschem Boden zu tragen, wobei jedoch keine Obergrenze für die Forderungen festgelegt wurde. Deutschland musste sofort 100 Milliarden Goldmark abliefern, wobei ab 1921 jährlich eine Milliarde Goldmark zu zahlen war. Der endgültige Zahlungsplan, der auf dem "Londoner Ultimatum" im Mai 1921 ausgearbeitet wurde, spiegelte diese harten und unmöglichen Bedingungen wider und bot somit einen klaren Anreiz

---

[30] Constantino Bresciani-Turroni, The Economics of Inflation: a Study of Currency Depreciation in Post War Germany, 1914-1923 (London: Allen & Unwin, 1937), "Foreword", S. 5.

zur Inflationierung, um die Last der direkten Zahlungen zu beseitigen.

Das Außergewöhnliche an dem Reparationsprogramm ist die Identität der so genannten Experten, die mit der Ausarbeitung der Reparationsvereinbarungen betraut waren und nebenbei das von Lionel Robbins erwähnte finanzielle und soziale Chaos verursachten. Dem Reparationskomitee von 1923 gehörten in den USA Brigadegeneral Charles G. Dawes und Owen D. Young von der General Electric Company an.

Dem Sachverständigenausschuss für den Young-Plan von 1928 gehörten auf amerikanischer Seite Owen D. Young und J.P. Morgan an, mit Thomas N. Perkins und Thomas W. Lamont als Stellvertretern. Auf deutscher Seite waren die Mitglieder Hjalmar Schacht und A. Voegler, mit C. Melchior und L. Kastl als Stellvertretern.

Kurz gesagt, die General Electric-Morgan-Elemente, die in der bolschewistischen Revolution eine wichtige Rolle spielten und, wie wir sehen werden, auch im New Deal eine wichtige Rolle spielten, waren die Verhandlungsführer eines Plans, der allgemein als eine der Hauptursachen für den Zweiten Weltkrieg angesehen wird - und übrigens ein Plan, von dem dieselben Finanziers sowie Franklin Delano Roosevelt profitieren sollten.

Bemerkenswert ist auch, dass die Geschäftsleute auf der deutschen Seite der Reparationsverhandlungen mit dem Aufstieg des Nationalsozialismus in Deutschland in Verbindung gebracht wurden.

So schreibt Hallgarten in seinem Aufsatz "Adolf Hitler und die deutsche Schwerindustrie":.

> ... im November 1918 finanzierte eine Gruppe der prominentesten Geschäftsleute des Reiches, bestehend aus Stinnes, Albert Voegler (damals Direktor der Gelsenkirchener Bergbau AG), Carl Friedrich von Siemens, Felix Deutsche (von German General Electric),

> *Direktor Mankiewitz von der Deutschen Bank und Direktor Salomonsohn von der Diskontogesellschaft, die Bewegung eines Hitler-Vorläufers, eines Dr. Eduard Stadtler, der die Errichtung eines deutschen nationalsozialistischen Staates forderte.[31]*

Der relevante Punkt ist, dass der erwähnte Felix Deutsche ein Direktor der deutschen General Electric war und zu den amerikanischen Reparationsvertretern Owen D. Young von General Electric gehörte, während der von Hallgarten erwähnte Albert Voegler der deutsche Vertreter bei den Young-Plan-Verhandlungen war.

Die Abwertung der Deutschen Mark zu wertlosem Papiergeld als Folge dieser von diesen Männern auferlegten Reparationslast ist in der folgenden Tabelle dargestellt:

Die Deutsche Mark in Bezug auf[32]

Datum	Devisenhandel	Deutsche Großhandelspreise
	(1913=1.00)	
Januar 1913	1.0	1.0
Januar 1920	15.4	12.6
Januar 1921	15.4	14.4
Januar 1922	45.7	36.7
Juli 1922	117.0	101.0

Die Inflation beschleunigte sich nach der Gründung der United European Investors, Ltd. mit Franklin D. Roosevelt als Präsident und John von Berenberg Gossler als Mitglied des deutschen Beirats:

Januar 1923	4,279.0	2,785.0
Juli 1923	84,150.0	74,787.0
August 1923	1,100,100.0	944,041.0

---

[31] George W. F. Hallgarten, "Adolf Hitler and German Heavy Industry" in Journal of Economic History, Sommer 1952, S. 224.

[32] Quelle: Statistisches Jahrbuch für das Deutsche Reich.

Nach der Entlassung des Bundeskanzlers Wilhelm Cuno, der als Präsident der HAPAG zurückkehrte, und der Mitdirektoren John von Berenberg Gossler und Max Warburg geriet die Inflation völlig außer Kontrolle:

September 1923	23,540,000.0	23,949,000.0
Oktober 1923	6,014,300,000.0	7,095,500,000.0
November 1923	1,000,000,000,000.0	750,000,000,000.0

Die Politik, die zu der ruinösen deutschen Inflation führte, wurde unter Bundeskanzler Wilhelm Cuno eingeleitet, der unmittelbar vor seiner Ernennung zum Bundeskanzler Präsident der Hamburg-Amerika-Linie (HAPAG) war. Zwei von Cunos Co-Direktoren bei der HAPAG waren Max Warburg, Hamburger Bankier und Bruder von Paul Warburg, Mitglied des Federal Reserve System Advisory Board in den Vereinigten Staaten, und John von Berenberg Gossler, Mitglied des deutschen Beirats von Franklin D. Roosevelts United European Investors, Ltd.

Cuno wurde im August 1923 als deutscher Bundeskanzler entlassen, aber aus der Tabelle geht hervor, dass die Inflation bereits außer Kontrolle geraten war und die Mark im November desselben Jahres auf Null abgewertet war. Wilhelm Cuno war 1922/23 Bundeskanzler, als die Mark rapide an Wert verlor, und Cuno stammte aus einem Wirtschaftskreis, der in der Lage und willens war, die deutsche Inflation finanziell und persönlich auszunutzen.

Diese erschreckende Geldinflation und der endgültige Zusammenbruch der Deutschen Mark im Jahr 1923 ruinierten den deutschen Mittelstand und kamen drei Gruppen zugute: einigen deutschen Großunternehmern, einigen ausländischen Geschäftsleuten, die in der Lage waren, aus der Inflation Vorteile zu ziehen, und der aufstrebenden Hitlerbewegung. Als Präsident der United European Investors, Ltd. gehörte Franklin D. Roosevelt zu den ausländischen Geschäftsleuten, die das Elend in Deutschland zu ihrem eigenen Vorteil nutzten.

Der Hintergrund von William Schall

Leider hat die Frage nach einer elitären Gruppe, die sich das Unglück der Welt zunutze macht, eine tiefere Bedeutung. Im vorigen Band dieser Reihe, *Wall Street und die bolschewistische Revolution*, haben wir persönliche Verbindungen zwischen den Finanziers der Wall Street und den bolschewistischen Revolutionären festgestellt. Einige dieser persönlichen Verbindungen lassen sich auch auf FDR und die Vereinigten Europäischen Investoren ausdehnen. Die genau ermittelten Verbindungen betrafen den damaligen deutschen Botschafter in den Vereinigten Staaten, Graf von Bernstorff, und seinen Freund Adolph von Pavenstedt, Seniorpartner von Amsinck & Co, der "viele Jahre lang ein Hauptzahlmeister des deutschen Spionagesystems in diesem Land war."[33] Amsinck & Co. wurde über die American International Corporation von J. P. Morgan, John D. Rockefeller und anderen New Yorker Finanzinteressen kontrolliert. Zusammen mit der Guaranty Trust Company bildete die American International Corporation während des Ersten Weltkriegs die zentralen Punkte für die Finanzierung der deutschen und bolschewistischen Spionage in den Vereinigten Staaten und Nordamerika. Adolph von Pavenstedt und Edmund Pavenstedt, die beiden Partner von Amsinck, waren auch Mitglieder eines anderen Finanzhauses, Müller, Schall & Company. Und bei Müller, Schall fanden wir 1922 Franklin D. Roosevelt und seine United European Investors, Ltd.

Nachdem 1918 die Verbindung zwischen Amsinck & Co. und der deutschen Spionage öffentlich gemacht worden war, wurden die deutschen Interessen an Müller, Schall & Co. von Edmund S. Payne, einem New Yorker Anwalt, vertreten. Müller, Schall & Co. wurde formell aufgelöst, und eine "neue" Firma - William Schall & Co. - trat an ihre Stelle unter der gleichen Adresse, 45 William Street, New York City. Die neue Firma, die im Januar 1918 gegründet wurde, umfasste die beiden ursprünglichen Partner William Schall

---

[33] Siehe Sutton, Bolshevik Revolution, op. cit., S. 64-67, und Johann-Heinrich von Bernstorff, My Three Years in America (New York: Scribner's, 1920), S. 261.

und Carl Müller, zu denen nun John Hanway von Harris, Forbes & Co., Frank M. Welty, Vizepräsident der American Colonial Bank of Puerto Rico, und Rechtsanwalt Edmund S. Payne, Partner in der Anwaltskanzlei Rounds, Hatch, Dillingham & Debevoise, der die deutschen Interessen der ehemaligen Müller, Schall & Co. vertrat, hinzukamen.

Die Pavenstedts waren auch "stark an puertoricanischem Zuckerbesitz interessiert und besaßen und kontrollierten die Central Los Canos".[34] William Schall war Präsident der Colonial Bank of Puerto Rico und Präsident der South Puerto Rico Sugar Company. Auch die Familie Roosevelt ( ) hatte Interessen in der karibischen Zuckerindustrie, die bis ins späte 18. Jahrhundert zurückreichen, und George Emlen Roosevelt war 1918 Direktor der Cuban Cane Products Co. in New York. Es ist daher denkbar, dass die Pavenstedts und die Roosevelts durch dieses gemeinsame Interesse am karibischen Zucker miteinander bekannt wurden. Auf jeden Fall war es die Schall-Pavenstedt-Gruppe, die zuvor Teil der deutschen Spionagetätigkeit in den Vereinigten Staaten war, die sich 1921-22 mit Franklin D. Roosevelt und mehreren dubiosen Finanzunternehmern zur United European Investors, Ltd. zusammenschloss, um von der erdrückenden Last der deutschen Inflation zu profitieren.

United European Investors, LTD.

Die ursprüngliche Organisationsgruppe der United European Investors, Ltd. bestand aus den bereits erwähnten William Schall und Franklin D. Roosevelt, denen sich A. R. Roberts, Charles L. Gould und Harvey Fisk & Sons anschlossen. Die 60.000 ausgegebenen Vorzugsaktien wurden von Harvey Fisk & Sons (25.000 $), Franklin D. Roosevelt (10.000 $) und Schall, Roberts und Gould (je 5.000 $) gehalten. Kurzum, FDR war der größte

---

[34] Paul Haber, The House of Roosevelt (New York: Authors Publishing Co., 1936), S. 71.

einzelne Vorzugsaktionär der Gründungsgruppe.

United European Investors, Ltd. erhielt eine ungewöhnliche kanadische Satzung, die das Unternehmen mit einzigartigen Befugnissen ausstattete, darunter das Recht, den Handel zwischen Kanada und anderen Ländern zu fördern, Eigentumsrechte zu erwerben, Anleihen, Aktien und Anteile zu zeichnen oder anderweitig damit zu handeln, als Makler und Vertreter aufzutreten, alle Arten von Aufgaben im Zusammenhang mit dem Kauf, dem Tausch und der Übertragung von Aktien und Anteilen zu übernehmen, Geld zu leihen, jegliche Art von Geschäft zu betreiben, sei es in der Produktion oder anderweitig, sowie Eigentum zu kaufen und zu verkaufen. Wenn man die Satzung liest, fällt es schwer, sich irgendeine Tätigkeit vorzustellen, die nicht im Rahmen der zahlreichen Klauseln ausgeübt werden könnte.[35]

Das Grundkapital wurde in zwei Teile aufgeteilt: 60.000 kanadische Dollar aufgeteilt in 60.000 Vorzugsaktien und 60.000 Stammaktien, die auf 10.000 Deutsche Mark lauteten. Wie in der zeitgenössischen Presse zu lesen war, bestand das Ziel des Unternehmens darin, die vielen Milliarden D-Mark, die sich damals in den Vereinigten Staaten und Kanada befanden, in deutsches Grundvermögen zu investieren:

Sobald die Mark in Immobilien in Deutschland investiert ist, sollten die Mittel sofort Geld verdienen, und die Mittel können nicht verschwinden, da sie durch das Eigentum an materiellen Gütern repräsentiert werden, und es kann immer noch von einem möglichen Anstieg des Wechselkurses profitiert werden. Im Vergleich dazu ist das Halten von Markwährungen oder Wechseln ein höchst riskantes Geschäft, und die Mittel liegen entweder brach oder bringen nur sehr wenig ein. Sollte sich der Wechselkurs dem Nullpunkt nähern, bliebe für die Inhaber von Mark oder Wechseln nichts Greifbares übrig. Das Kapital der Gesellschaft wird in bessere Immobilien,

---

[35] Das Exemplar der U.E.I.-Charta in FDRs Akten enthält einen Zusatz von A. B. Copp, dem kanadischen Außenminister, der den Bau von Eisenbahnen und die Ausgabe von Papiergeld verbietet.

Hypotheken, die Finanzierung von Transportgütern und die Beteiligung an rentablen Industrie- und Handelsunternehmen investiert.[36]

Der Verweis auf die vorangehende Tabelle über die Abwertung der Deutschen Mark (Seite 39) bestätigt die bemerkenswerte Aktualität der United European Investors, Ltd. Im Juli 1922 lag die Mark, ausgehend von einer Basis von 100 im Jahr 1913, bei 117 in Devisen. Dies spiegelt eine starke Inflation der Mark wider, die sich jedoch nicht von der Inflation in vielen anderen Ländern unterscheidet. In der U.E.I.-Broschüre wird jedoch ausdrücklich auf die Möglichkeit hingewiesen, dass sich die Mark "dem Fluchtpunkt nähert", den sie ein Jahr später, im November 1923, tatsächlich erreicht.

Die eigentlichen Investitionen der U.E.I. wurden in Deutschland von einem deutschen Beirat getätigt, der ein Büro in Hamburg unter der Leitung von Senator August Lattman, ehemals Partner bei G. Amsinck & Company in New York, besetzte (siehe Seite 41). Das zweite Mitglied dieses deutschen Gremiums war Senator John von Berenberg Gossler, Leiter des Hamburger Bankhauses Berenberg, Gossler & Co. Berenberg, Gossler war auch Mitglied des Vorstands der Hamburg-Amerika-Linie (HAPAG); weitere Mitglieder waren Wilhelm Cuno, damals Bundeskanzler von Deutschland und verantwortlich für die Wirtschaftspolitik seines Landes, und Max Warburg, Bruder von Paul Warburg, Mitglied des Federal Reserve Board in den Vereinigten Staaten.

In einem Schreiben vom 11. November 1922 an die U.E.I. hielt der deutsche Beirat seine ersten Investitionen fest: "Alle bisher getätigten Investitionen sind erstklassige Industrieaktien". Der in den USA herausgegebene Prospekt betonte jedoch die Investition in Immobilien, woraufhin der deutsche Beirat schrieb:

---

[36] Dies geht aus einer Pressemitteilung mit dem Vermerk "From Hon. Franklin D. Roosevelt" in den FDR-Akten hervor.

> *Was die Investition in Hypotheken anbelangt, so verstehen wir Ihren Standpunkt, werden aber eventuell auf die Frage zurückkommen, ob wir Ihnen Hypotheken mit einer Goldklausel anbieten können, was möglich wäre und jedes zusätzliche Risiko ausschließen würde, falls der Kurs weiter fallen sollte.*

In der Akte von United European Investors wird nirgends der Erwerb von Immobilien oder anderen Sachwerten erwähnt, die in der Satzung und den öffentlichen Bekanntmachungen genannt werden.

Die Investitionen, die das Board in den nächsten Jahren tätigte, waren Aktien deutscher Unternehmen. Außerdem wurden die Investitionspreise auf ungewöhnliche Weise angegeben, nicht in D-Mark oder in absoluten Zahlen, sondern als prozentualer Anstieg, vermutlich ausgehend von einer Basis von 1913, was es dem German Board ermöglichte, nach New York zu schreiben: "Die Aktien, die Sie bisher gekauft haben, sind durch die Abwertung der Mark erheblich gestiegen."

Zu diesen Anteilen und dem genannten prozentualen Anstieg gehören zum Beispiel:

Deutsche Maschinen A.G.	gekauft bei 1350% jetzt notiert 1805%
Allgemeine Elektricitäts Gesellschaft	gekauft bei 740% jetzt notiert 5000%
Nobel-Dynamit	gekauft bei 1119% jetzt notiert 3975%

Der deutsche Vorstand erwähnte nicht, dass die Abwertung der Mark gegenüber dem US-Dollar größer war als der Kursanstieg der von ihm gekauften und in D-Mark notierten Aktien. Die Behauptung, die Aktienkurse seien gestiegen, war also illusorisch. Ein früherer Autor hat dies so beschrieben: "unwahr und eine reine Mogelpackung, die offensichtlich darauf abzielte, andere Inhaber von D-Mark zu verleiten, sie bei einem Unternehmen anzulegen, das solche Wunder vollbringen konnte."[37]

Dies war jedoch für den New Yorker Vorstand nicht von Belang. Auf der regulären Vorstandssitzung am 15. Januar 1923 berief Franklin D. Roosevelt die Sitzung ein, und George W. Muller fungierte als Schriftführer. Es wurde festgehalten, dass der Wert der von der Gesellschaft bisher getätigten Investitionen in deutsche Aktien bei etwa 73 Millionen Mark lag und dass diese Investitionen derzeit mit 420 Millionen Mark angegeben wurden.

In den Akten von FDR findet sich ein interessanter Brief von Professor Homer B. Vanderblue, Professor für Betriebswirtschaft an der Harvard University, der um Erläuterungen zum Investitionsprogramm der U.E.I. bat. Der Brief war an FDR als Präsident des Unternehmens gerichtet, wurde aber von Edmund S. Paine beantwortet, der erklärte, dass sich die ursprüngliche Idee, in Sachwerte wie Immobilien zu investieren, als undurchführbar erwiesen habe, da dies "aufgrund der notwendigen Überwachung und des Betriebs einen sehr hohen Aufwand mit sich bringen würde", weshalb man beschlossen habe, nur in deutsche Aktien zu investieren, "die den indirekten Besitz an Sachwerten repräsentieren". Paine fügte hinzu, dass sich die Theorie in einem "bemerkenswerten Maße" rechtfertigte: "

Betrachtet man die ersten von der Gesellschaft investierten 60.000.000 Mk, so stellt man fest, dass der Kursanstieg der Wertpapiere den Wertverlust der Mark etwas überstiegen hat. Mit anderen Worten, die erworbenen Wertpapiere könnten heute wahrscheinlich zu einem Preis in Mark verkauft werden, der in Dollar etwas mehr einbringen würde, als die Inhaber von Mark erhalten hätten, wenn sie sie zum Zeitpunkt der Investition verkauft hätten, obwohl der Wert ihrer Mark enorm gesunken ist.

Ein "Statement of Conditions as of January 31st 1923", das sich in den Akten von FDR befindet, zeigt jedoch, dass der Buchwert pro

---

[37] Haber, *The House of Roosevelt*, a.a.O., S. 81-2.

Stammaktie zu diesem Zeitpunkt 2,62 $ pro Aktie betrug, während der durchschnittliche Buchwert zum Zeitpunkt der Investition bei 2,64 $ lag - mit anderen Worten, ein leichter Rückgang.

Auf der Vorstandssitzung vom 19. September 1923 wurde bestätigt, dass der Gesamtwert der Investitionen etwa 120.000 Dollar betrug, und im Mai 1925 entsprach dies immer noch ungefähr dem in der Kasse verzeichneten Betrag. In den dazwischen liegenden Jahren nach der Stabilisierung der Marke verbesserten sich die Bedingungen jedoch, und ein Auszug vom 12. Mai 1926 weist ein Nettovermögen von 147.098,07 $ aus, wobei 17.275 Aktien im Umlauf waren, was damals 8,50 $ pro Aktie entsprach. Am 21. Mai 1926 bot das Unternehmen an, alle innerhalb von 90 Tagen angebotenen Aktien zum Preis von 7,50 $ pro Aktie zu kaufen. Im Mai 1926 trat FDR als Präsident zurück und nahm das Angebot von 7,50 $ pro Anteil für seine 1005 Stammaktien an.

Haben die amerikanischen D-Mark-Inhaber, die in die Vereinigten Europäer investierten, mit ihrer Investition gewonnen oder verloren? Wenn wir annehmen, dass sie ihre Aktien bis 1926 hielten und das Angebot des Unternehmens zu 7,50 Dollar pro Stammaktie annahmen, dann hätten sie beim Kauf zum Ausgabepreis von 10.000 Mark im September 1922 (dem angebotenen Datum) beträchtlich verloren. Im September 1922 lag der Wechselkurs zwischen Dollar und Mark bei 1,00 Dollar für 764 Deutsche Mark. Eine Aktie zu 10.000 Mark entspräche also 13,00 $ pro Aktie, und eine Aktie, die von 1922 bis 1926 gehalten wurde, hätte einen Verlust von etwa 5,50 $ pro Aktie erlitten; andererseits hätte ein Aktionär durch das Festhalten an der Aktie eine vollständige Wertminderung und den Verlust seines gesamten Vermögens vermieden.

Untersuchung der United European Investors, LTD.

Das Roberts-Gould-Element, das zusammen mit FDR und Schall im Vorstand der U.E.I. saß, hatte auf der "Straße" einen schlechten Ruf. Tatsächlich wurde gegen Roberts und Gould wegen des Verdachts auf kriminelle Aktivitäten ermittelt. Im Juli 1922, als sich United European in der Anfangsphase der Gründung befand, wandte sich ein Mr. Crary, ein altgedienter Ermittler der Proudfoot's Mercantile

Agency - der ranghöchsten Ermittlungsagentur , die von angesehenen Wall-Street-Firmen genutzt wurde - an FDRs Sekretärin, Miss Le Hand. Crary übermittelte "Missy" Informationen über eine, wie er es nannte, "Gaunerbande mit Büros in der Pine Street 7" und mit einem Namensschild an der Tür, auf dem "United European Investors, Ltd. Missy Le Hand gab die Informationen an FDRs rechte Hand Louis Howe weiter, der wiederum Schall's früheren Partner Müller auf das Problem aufmerksam machte. Von Müller und anderen Quellen erfuhr Howe, dass Roberts und Gould zu dieser angeblichen "Gaunerbande" gehörten, die, so Crary, "in alle Arten von anrüchiger Werbung verwickelt waren und ... er ist sicher, dass sie als Mitglied ihrer Truppe einen ehemaligen Sträfling unter einem angenommenen Namen mit einem höchst unappetitlichen Ruf haben."[38] Als der Name United European Investors, Ltd. an der Bürotür in der Pine Street 7 angeschlagen wurde, begann Ermittler Crary, der das Büro seit einem Jahr routinemäßig beobachtet hatte, Roberts und Gould leise zu befragen. Obwohl Roberts sich nie im Büro in der Pine Street 7 aufhielt, stellte Crary fest, dass Gould "seit mindestens einem Jahr die Gewohnheit hatte, dieses Büro zu benutzen, und als einer ihrer (d. h. der Gauner) bewährten Freunde angesehen wurde". Goulds Verbindung zu "den Gaunern" machte Crary misstrauisch, denn die Proudfoot Agency hatte Gould zwar zuvor "eine saubere Akte" gegeben, ihn aber auch in die "Klasse der professionellen Promoter" eingestuft.

Crarys Nachforschungen erfolgten im Auftrag der Eigentümer des Gebäudes in der Pine Street 7, "die die Absicht haben, den ganzen Haufen in kurzer Zeit zu enteignen". Während der Ermittlungen stieß die Proudfoot Agency auf ein Rundschreiben, in dem der Name Franklin D. Roosevelt als Präsident der United European Investors, Ltd. und William Schall als deren Bankier aufgeführt waren. Die von der Proudfoot Agency ausgegrabenen Beweise wurden Louis Howe von einem Herrn Hanway, einem Mitglied der Börsenmaklerfirma Harris, Forbes, bestätigt. Hanway sagte, er sei

---

[38] Informationen aus dem Brief Howe-FDR, 29. Juni 1922 in den Akten der United European Investors, Ltd.

"mit Herrn Howe vertraut gewesen.

Goulds Aktivitäten seit einigen Jahren, und dass er ihm so gründlich misstraute, dass er alles tat, um zu verhindern, dass ursprünglich mit Schall zusammentraf."

Darüber hinaus vermutete die Proudfoot-Agentur, dass Gould versucht hatte, vertrauliche Informationen von ihnen zu erhalten, und dass Gould als "Spion für die Gauner fungierte, um herauszufinden, welches Wissen Proudfoot & Company über ihre krummen Geschäfte hatten".

All diese Informationen wurden von Howe in einem Brief ("Dear Boss") an FDR (29. Juli 1922) ordnungsgemäß wiedergegeben. Wahrscheinlich würden die meisten Geschäftsleute, die sich mit einem Partner dieses Kalibers konfrontiert sehen, eine geplante Operation wie United European Investors aufgeben, aber Howes Memorandum an FDR empfiehlt nichts dergleichen. Es lautet auszugsweise:

> *Meine Empfehlungen lauten wie folgt: Gould und Roberts sollten angewiesen werden, sich unverzüglich neue Ämter zu suchen, vorzugsweise in einer Kirche oder an einem anderen respektablen Ort. Dass wir Roberts loswerden, der ohnehin nur auf Publicity aus ist und keine wichtige Funktion in diesem Spiel hat, und dass wir Gould genauestens im Auge behalten. Wenn Mr. Crary tatsächlich das Rundschreiben aufschlägt, würde ich das Dach darüber abreißen und dafür sorgen, dass es nicht mehr benutzt wird, bis wir bereit sind, eine offizielle Ankündigung zu machen. Ich halte es für klug, darauf zu bestehen, daß ich während des Sommers Mitglied des Verwaltungsrats werde, zumal sowohl Jenks als auch Rogers die meiste Zeit abwesend sein werden und jemand jede Handlung überwachen möchte.*

Mit anderen Worten: Howe schlägt vor, dass Vorkehrungen gegen Doppelgeschäfte ausreichen und dass dies am besten dadurch erreicht werden kann, dass Louis Howe in den Vorstand berufen wird.

Roberts wurde Sekretär der U.E.I., und Gould, der angebliche Spion der Gauner, behielt seine Rolle als aktiver Förderer bei und berichtete FDR weiterhin in regelmäßigen Abständen per Brief über die Fortschritte bei der Mittelbeschaffung. Am 20. Juli, noch bevor Howe FDR den Inhalt der Proudfoot-Untersuchung mitteilte, hatte Gould FDR aus dem Southern Hotel in Baltimore über seine Gespräche mit den Baltimore-Bankiers Edward Clark & Co. geschrieben, deren Partner Herbert Clark FDR seit ihrer gemeinsamen Zeit in Harvard kannte. Am 13. August 1923 schrieb Gould an FDR aus dem Canadian Club of New York, um Telegramme weiterzuleiten, die er von William Schall in Europa erhalten hatte, und schloss damit:

> *Es tut mir leid zu hören, dass es Ihnen wieder schlecht geht. Wahrscheinlich haben Sie sich zu sehr verausgabt, man darf nach einer solchen Krankheit nicht zu (sic) schnell gehen. Auf jeden Fall hoffe ich, Sie noch vor meiner Rückkehr nach Europa Anfang September zu sehen.*

Es gibt keinen Hinweis darauf, dass FDR in irgendeiner Weise mit Gould kommuniziert hat. Der nächste Brief in den Akten ist von Gould an FDR, datiert auf den 14. September 1923 und ebenfalls vom Canadian Club of New York aus geschrieben. Dieser Brief kritisiert die

> *"Eifersüchtige Banker, deren Plan wir verletzt und deren Pläne durcheinander gebracht haben. Hätten wir heute nicht emittiert, wären wir gescheitert".*

Gould kommt zu dem Schluss,

> *"Ich danke Ihnen für die großartige und edle Art und Weise, in der Sie hinter uns gestanden haben, und ich persönlich glaube, dass es Ihre starke Haltung war, die unser Projekt zu einem vollen Erfolg gemacht hat", und fügte hinzu, dass er (Gould), als er die großen Banken und Treuhandgesellschaften aufforderte, "ihren Vorschlag" zu präsentieren, feststellte, dass "überall Ihr Name [FDR] als der führende Kopf bei der*

Sicherstellung der richtigen Operation zur Unterstützung des unglücklichen amerikanischen Anlegers beklatscht wurde", und dass es ihm "große Genugtuung" bereitet hätte, wenn FDR diese Kommentare von "den größten Finanzhäusern" hätte hören können.

Auf der Grundlage dieser Briefe müssen wir zu dem Schluss kommen, dass FDR wissentlich eine geschäftliche Vereinbarung mit Personen einging, deren Ruf, gelinde gesagt, zweifelhaft war, und dass diese geschäftliche Vereinbarung fortgesetzt wurde, nachdem Missy Le Hand und Louis Howe FDR auf die Unregelmäßigkeiten aufmerksam gemacht hatten.

Es gibt nur oberflächliche Hinweise darauf, dass die gesamte Operation "United European Investors" von Roosevelt konzipiert wurde. Wenn Gould FDR mitteilt, dass sein "Name als der führende Kopf beklatscht wurde", kann man davon ausgehen, dass Gould Roosevelt für seine eigenen Zwecke geschmeichelt hat. Weder in den Akten noch an anderer Stelle gibt es wirklich Beweise dafür, dass Roosevelts Hintergrund- und Finanzkenntnisse ausreichten, um einen so genialen Plan wie die U.E.I. zu entwickeln.

Bundeskanzler Wilhelm Cuno und HAPAG

Die katastrophale Abwertung der Deutschen Mark, die die Existenzberechtigung der Vereinigten Europäischen Investoren darstellte, konzentrierte sich auf den Zeitraum von Mitte 1922 bis November 1923. Die Tabelle zeigt, wie die Inflation nach Mitte 1922 völlig aus dem Ruder lief. Der deutsche Bundeskanzler zwischen Mitte 1922 und August 1923 war Wilhelm Cuno (1876-1933). Cuno war ursprünglich Beamter, stets politisch aktiv und wurde im November 1917 zum Direktor der Hamburg-Amerika-Linie (HAPAG) gewählt.

Als Ballin, der Präsident der HAPAG, 1918 Selbstmord beging, wurde Cuno ihr Präsident. Nach dem 10. Mai 1921 war Karl Wirth deutscher Bundeskanzler und Walter Rathenau, der Präsident der Deutschen Allgemeinen Elektrizitätsgesellschaft (A.E.G.), war Minister für Wiedergutmachung. Dann folgte eine Reihe von dramatischen Ereignissen. Der deutsche Finanzminister Matthias Erzberger wurde am 26. August 1921 ermordet. Im Januar 1922 wurde Rathenau Außenminister und wurde am 24. Juni 1922 ebenfalls ermordet. Im Oktober 1922 war Friedrich Ebert Reichskanzler und Wilhelm Cuno von der HAPAG wurde zum Bundeskanzler ernannt. Unter Cuno setzte die Abwertung der Mark ein, die in der Finanzkrise und seiner Entlassung im August 1923 gipfelte. Cuno kehrte an die Spitze der Hamburg-Amerika-Linie zurück. Am Rande sei erwähnt, dass es in der zeitgenössischen Politik häufig Konzernpräsidenten gibt: z. B. Rathenau von General Electric und Cuno von HAPAG. Owen D. Young von General Electric in den USA war auch der Schöpfer des Young-Plans für deutsche Reparationen, und der Präsident der deutschen General Electric (A.E.G.), Rathenau, war 1922 deutscher Reparationsminister. Diese Ernennungen werden in der Regel mit "der beste Mann für den Job" erklärt, aber angesichts der im letzten Kapitel über die Politik im Klebegeschäft dargelegten Beweise können wir dieser Erklärung gegenüber berechtigterweise skeptisch sein. Es ist viel wahrscheinlicher, dass die Youngs, Cunos, Rathenaus - und die Roosevelts - Geschäft und Politik zu ihrem eigenen finanziellen Vorteil vermischten. Leider müssen wir die Schlüsselfrage unbeantwortet lassen, inwieweit diese elitären Gruppen den Staatsapparat für ihre eigenen Zwecke nutzten, doch es ist klar, dass wir, wenn wir den Hintergrund von Wilhelm Cuno untersuchen, wieder bei Franklin D. Roosevelt und der Gründung der United European Investors, Ltd. landen. Cuno, unter dessen Schirmherrschaft die große deutsche Inflation wütete, war Direktor der Hamburg-Amerika-Linie; John von Berenberg Gossler, der Berater von United European Investors in Deutschland, war ebenfalls Mitglied des Vorstands dieser Gesellschaft.

Cuno und Gossler saßen also im selben Verwaltungsrat der HAPAG. Cunos Politik war im Wesentlichen für die deutsche Inflation von 1922-23 verantwortlich, während sein Co-Direktor Gossler in Zusammenarbeit mit Franklin D. Roosevelt aus eben dieser Inflationspolitik Profit schlug. Das bringt einen zum Nachdenken.

Die Internationale Germanische Treuhandgesellschaft

Die 1927 gegründete International Germanic Trust Company wurde nach Angaben ihrer Gründer durch die Nachfrage nach amerikanischen Bankinstituten in Mitteleuropa veranlaßt. Zu den Organisatoren der vom Banking Department des Staates New York genehmigten Treuhandgesellschaft gehörten Franklin D. Roosevelt, Herman A. Metz, ein Direktor der I. G. Farben, James A. Beha, Superintendent of Insurance für den Staat New York, und E. Roland Harriman von der internationalen Bankgesellschaft W. A. Harriman & Co. Präsident der angeschlossenen International Germanic Company und Vorsitzender des Exekutivkomitees der Treuhandgesellschaft war Harold G. Aron, der mehr als seinen Anteil an Gerichtsverfahren im Zusammenhang mit der Aktienförderung hatte. Die Hauptbüros der International Germanic Trust befanden sich im Erdgeschoss des 26 Broadway, dem Standard Oil Building in New York. Das genehmigte Kapital bestand aus 30.000 Aktien, die ein Kapital von 3 Millionen Dollar und einen Überschuss von 2 Millionen Dollar bilden sollten. Bei ihrem Antrag an das Bankendepartement wurde die Gesellschaft von Senator Robert F. Wagner vertreten; obwohl er nicht zu den Organisatoren gehörte, wurde FDRs alter Freund James A. Beha, Superintendent of Insurance des Staates von New York, Mitglied des Verwaltungsrats.

Die Ziele des Unternehmens wurden von seinem Präsidenten, Harold G. Aron, wie folgt formuliert:

> *Es scheint ein echter Bedarf an einer Institution von ausreichender Größe und Rückendeckung zu bestehen, die an die Stelle der Institutionen tritt, die vor dem Krieg bestanden und sich hauptsächlich mit der Finanzierung des Handelsverkehrs zwischen Amerika und der mitteleuropäischen Geschäftswelt befassten. Durch ihre Gründer wird die Treuhandgesellschaft Beziehungen sowohl zu deutschstämmigen Amerikanern im ganzen Lande als auch zu Geschäfts- und Bankinstituten in Deutschland unterhalten und entwickeln. Es ist die Absicht der Gesellschaft, die Entwicklung ihrer Auslands- und Treuhandabteilungen besonders*

> *hervorzuheben und eine wirksame steuerliche Vertretung bei der erwarteten Liquidation von deutschen Besitztümern und Treuhandgesellschaften, die sich noch in staatlicher Obhut befinden, zu bieten.*

Das Unternehmen wird sich von Anfang an der Unterstützung wichtiger Organisationen und Gesellschaften in diesem Land sicher sein, und der kleine Einleger in und außerhalb von New York City wird willkommen sein. Das Unternehmen wird bestrebt sein, seine Aktien breit und in vergleichsweise kleinen Beträgen zu verteilen. Es wird weder einen stimmberechtigten Trust noch eine Einzel- oder Gruppenkontrolle geben.

Roosevelt war an der Börseneinführung der geplanten Gesellschaft beteiligt. In einem auf den 7. April 1927 datierten Telegramm von Julian Gerrard, dem Präsidenten der Treuhandgesellschaft, an Roosevelt wird dieser gebeten, Frank Warder, dem Superintendent der Banken im Staat New York, telegrafisch mitzuteilen, dass er (Roosevelt) an der Treuhandgesellschaft interessiert sei. Man ging davon aus, dass diese Intervention die Verzögerung bei der Erteilung der Charta beseitigen würde. Die Vorstandssitzungen fanden im Standard Oil Building, in Roosevelts Büro und im Bankers Club statt, die sich beide am 120 Broadway befanden. Die erste Sitzung des Organisationskomitees fand am Freitag, dem 27. Mai 1927, im Bankers Club statt; obwohl FDR nicht teilnehmen konnte, schrieb er Julian M. Gerrard: "Was gibt es Neues von der Treuhandgesellschaft?" Am 15. August 1927 fragte FDR Gerrard erneut: "Wie kommen die Organisationsarbeiten voran und was wird in Bezug auf die Aktienzeichnungen getan ?"

Ein beträchtlicher Teil der FDR-Briefsammlung zu dieser Werbeaktion besteht aus Bitten um eine Anstellung, um Anteile an der geplanten Gesellschaft oder um damit verbundene Gefälligkeiten. So schrieb beispielsweise die National Park Bank of New York am 26. Juli 1927 an FDR, dass sie an der Gründung der International Germanic Trust Company interessiert sei und sich freuen würde, "wenn einer unserer Angestellten vor diesem Gremium sprechen und unsere Einrichtungen im Detail erläutern würde". Mit anderen Worten: Die National Park Bank war auf der

Suche nach Einlagengeschäften. FDR versprach, die Angelegenheit mit dem Organisationsausschuss der neuen Treuhandgesellschaft zu besprechen. Am 12. August 1927 schickte Roosevelts Partner Basil O'Connor ihm eine Nachricht: "Lieber Franklin, sieh zu, dass du mir 100 Aktien der Germanic Bank besorgen kannst." Die Aktienemission selbst war stark überzeichnet. Geplant war die Ausgabe von 30.000 Aktien, doch bis zum 12. September wurden insgesamt mehr als 109.000 Aktien angefordert, und bis zum 20. September übertrafen die Anträge von etwa 1900 Einzelpersonen 200.000 Aktien. Die Treuhandgesellschaft teilte FDR am 3. Oktober 1927 mit, dass ihm 120 Aktien zu 170 Dollar pro Aktie zugeteilt wurden, die bis zum 5. Oktober gezeichnet werden mussten. Das Telegramm fügte hinzu, dass die Emission stark überzeichnet war und bei 187 Bietern und 192 Nachfragern notierte, was FDR bei einem sofortigen Wiederverkauf einen Gewinn bescheren würde. Dieses Telegramm von Howe fügte hinzu: "Ich hätte gerne zehn Ihrer Aktien für Grace, wenn Sie dazu bereit sind".

FDR wurde ordnungsgemäß in den Vorstand gewählt und am 4. November 1927 benachrichtigt, dass die erste Vorstandssitzung am Freitag, dem 11. November, im Bankers Club am 120 Broadway stattfinden würde. Basil O'Connor, Roosevelts Anwaltspartner, hatte jedoch offenbar kalte Füße oder erhielt negative Informationen über die Beförderung, denn er schrieb FDR am 14. November:

Ich weiß nicht, wie unsere Position in dieser Angelegenheit jetzt ist, aber wenn sie so ist wie zum Zeitpunkt meiner Trennung, fühle ich mich sehr schlecht dabei. Der Vorschlag hat uns in keiner Weise geholfen (mit) anderen Bankverbindungen, an denen ich ein Jahr lang gearbeitet habe, und offen gesagt hat er alle Anzeichen dafür, dass Gerrard (sic) denkt, er könne "Sie verarschen".

O'Connor schlug vor, dass FDR aus dem Vorstand zurücktreten solle, denn "bisher konnte ich sagen, dass wir keine Bankverbindungen haben, das war falsch. Jetzt kann ich das nicht mehr sagen." Offenbar befolgte FDR diesen Rat nicht sofort, denn am 19. Januar 1928 wurde ihm die Wiederwahl als Direktor für das kommende Jahr mitgeteilt, aber in einem Brief vom 27. Januar 1928 schrieb FDR an Gerrard wie folgt:

Lieber Julian,

> *Je mehr ich über mein Direktorenamt, die Treuhandgesellschaft und die Internationale Germanische Gesellschaft nachdenke, desto mehr bin ich geneigt zu glauben, dass es irgendwie sinnlos ist. Ich habe Ihnen bereits gesagt, was mein Partner und ich von fremden Verbindungen halten, die nur die Teilnahme an gelegentlichen Treffen und nichts weiter beinhalten. Es ist natürlich etwas schwierig für mich, zu den Versammlungen am Broadway 26 zu gehen, aber ehrlich gesagt habe ich das Gefühl, dass ich mit der Beibehaltung meines Direktorenpostens weder für mich selbst noch für die Trust Company oder die International Germanic Company etwas bewirke.*

Daraufhin bot FDR seinen Rücktritt an. Bemerkenswerterweise lautete die Begründung für seinen Rücktritt: "Ich bringe weder für mich noch für die Treuhandgesellschaft etwas zustande." In Anbetracht des eher schlechten Rufs der Promotoren ist diese Erklärung ein wenig schwach.

Kapitel 4

FDR: Unternehmensförderer

Die Maschen unserer Bankgesetze sind so locker gewebt, dass die gemeinsten aller Verbrecher entkommen können, die die Gelder von Hunderten von Kleinanlegern in rücksichtslosen Spekulationen zum eigenen Vorteil verschleudern. Das gesamte Bankengesetz muss überarbeitet werden, und die Bankaufsichtsbehörde braucht unverzüglich weitaus angemessenere Kontrollmöglichkeiten.

Franklin Delano Roosevelt, Jahresbotschaft an die Legislative des Staates New York, 1. Januar 1930.

Abgesehen von spekulativen Unternehmungen im Bereich der internationalen Finanzen war FDR auch an inländischen Börsengängen beteiligt, von denen zumindest einer von einiger Bedeutung war. Die wichtigste dieser Unternehmungen wurde von einer prominenten Gruppe organisiert, zu der auch Owen D. Young von General Electric (der allgegenwärtige Young des im letzten Kapitel beschriebenen Young-Plans für deutsche Reparationen) und S. Bertron von Bertron Griscom, Investmentbanker in New York, gehörten. Dieses Syndikat gründete 1921 die American Investigation Corporation. Im Jahr 1927 folgte Photomaton, Inc. und 1928 die Sanitary Postage Service Corporation. Dann wurde Roosevelt Direktor der CAMCO, der Consolidated Automatic Merchandising Corporation, aber nur für kurze Zeit, da er nach seiner Wahl zum Gouverneur des Staates New York zurücktrat. Wie in der obigen Epigraphik zu lesen ist, hatte Roosevelt 1930 Bedenken, mit dem Geld anderer Leute zu spielen.

Amerikanische Ermittlungsgesellschaft

Deutsche Wissenschaftler und Ingenieure begannen früh und erfolgreich mit der Nutzung von Luftschiffen für den Personen- und Gütertransport. Bereits 1910 wurde in Deutschland ein Linienverkehr mit Luftschiffen eingerichtet. Die Patente für Luftschiffe wurden im Ersten Weltkrieg von der US-Regierung unter dem Trading with the Enemy Act von 1917 beschlagnahmt, und nach dem Krieg wurde Deutschland von der Reparationskommission der Bau von Luftschiffen verboten. Damit war das Feld für amerikanische Unternehmen offen. Die Möglichkeiten, die sich durch die deutschen Arbeits- und Entwicklungsbeschränkungen in Deutschland boten, wurden von einer Gruppe von Wall-Street-Finanziers beobachtet: S.R. Bertron von Bertron, Griscom & Co. (40 Wall Street) und - wenig überraschend, da er eng mit den deutschen Reparationen befasst war - Owen D. Young von General Electric (120 Broadway). Diese Gruppe interessierte sich besonders für die profitablen Entwicklungsmöglichkeiten des Luftschiffverkehrs in den Vereinigten Staaten. Am 10. Januar 1921, als FDR in den Büros der Fidelity & Deposit Company am 120 Broadway seine Koffer auspackte, erhielt er einen Brief von Bertron, in dem es unter anderem hieß:

Mein lieber Mr. Roosevelt:

> *Als Vertreter der kleinen Gruppe prominenter Männer hier, die sich sehr für die Frage des Lufttransports interessieren, hatte ich letzte Woche in Washington eine lange Konferenz mit Beamten der Armee zu diesem Thema. Mir wurde mitgeteilt, dass Sie als stellvertretender Marineminister mit diesem Thema sehr vertraut sind, und ich würde es sehr gerne mit Ihnen besprechen....*

FDR und Bertron trafen sich bei einem Mittagessen in der Down Town Association, um über den Luftverkehr zu sprechen. Wir können davon ausgehen, dass Bertron Roosevelt über die technischen Entwicklungen bis zu diesem Zeitpunkt informierte.

Aus den Akten wissen wir, dass es auch ein Treffen zwischen Owen D. Young, S.R. Bertron und dem Ingenieur-Anwalt Fred S. Hardesty gab, der die deutschen Patentinhaber vertrat und gute Verbindungen nach Washington hatte, wo sich die beschlagnahmten Patente in der Obhut des Alien Property Custodian befanden und noch nicht freigegeben worden waren.

Dieses zweite Treffen führte zu einer vorläufigen Vereinbarung vom 19. Januar 1921, die als Hardesty-Owen-Bertron-Abkommen bekannt wurde und auf den Weg zur Entwicklung des kommerziellen Luftschiffbetriebs in den USA plante. Hardesty und seine Mitarbeiter übergaben dem Syndikat alle ihre Daten und Rechte im Austausch gegen eine Erstattung ihrer bis dahin entstandenen Auslagen in Höhe von 20.000 Dollar und eine Beteiligung an dem Syndikat. FDR spielte die Rolle des Geldbeschaffers und nutzte seine zahlreichen politischen Kontakte in den Vereinigten Staaten. Am 17. Mai 1921 schrieb Bertron an FDR, dass er versucht habe, in St. Louis, Cincinnati und Chicago Spenden zu sammeln, während Stanley Fahnestock, ein Partner seiner Firma, in Kalifornien und Chicago unterwegs gewesen sei. Lewis Stevenson, ein weiteres Mitglied des Syndikats, arbeitete mit seinen Kontakten im Mittleren Westen. Bertron wandte sich also an FDR mit der Bitte um eine Reihe persönlicher Kontakte zu potenziellen Geldgebern:

> *Stevenson ist sehr darauf bedacht, dass Sie ihm einen Brief an Edward Hurley, E. F. Carey und Charles Piez schicken, die Sie alle kennen. Er hätte auch gerne einen Brief an Edward Hines, R.P. Lamont und H.C. Chatfield-Taylor. Ich fürchte, das ist ein großer Auftrag. Wollen Sie nicht Ihr Bestes tun?*

FDR bestätigte Bertrons Anfrage, indem er Stevenson Briefe schickte, in denen er ihm Edward Hurley, Charles Piez und E.F. Carey vorstellte. Ich fürchte, die anderen kenne ich nicht." Charles Piez, Präsident der Link-Belt Company in Chicago, entschuldigte sich für seine Teilnahme mit der Begründung, dass "... ich die strengste Sparsamkeit praktiziere und den einladendsten und verlockendsten Aussichten ein taubes Ohr schenke", und verwies auf den "beklagenswerten Zustand" der Industrie. (Dieses Armutszeugnis wurde durch Piez' Brief an FDR untermauert, der auf altem Briefpapier verfasst war, wobei die neue Adresse über die alte gedruckt war - nicht gerade typisch für einen Präsidenten eines großen Unternehmens wie der Link-Belt Company). Edward N. Hurley schrieb, er sei "geschäftlich nicht sehr aktiv", aber wenn er das nächste Mal in New York sei, "werde ich es zu einem Punkt machen, Sie zu besuchen und die Vergangenheit zu überprüfen".

Am 1. Juni berichtete Lewis Stevenson Roosevelt über seine Fortschritte bei der Mittelbeschaffung im Mittleren Westen. Er bestätigte, dass Piez nicht genügend Mittel zur Verfügung hatte und dass Hurley später mit ihm sprechen wollte, dass aber Carey Interesse haben könnte:

> *Charles Swift und Thomas Wilson, beides Packer, erwägen jetzt den Vorschlag, ebenso wie Potter Palmer, Chauncey McCormick und ein Dutzend anderer. Seit ich Marshall Field gewinnen konnte, habe ich unsere Liste um C. Bai Lehme, einen Zinkschmelzer mit sehr großen Mitteln, Mr. Wrigley, Juniormitglied der großen Kaugummifirma, John D. Black von Winston, Strawn & Shaw, B.M. Winston und Hampton Winston von Winston & Company und Lawrence Whiting, Präsident der neuen Boulevard Bridge Bank, erweitert. Allmählich stelle ich eine wünschenswerte Gruppe zusammen, aber ich muss zugeben, dass es entmutigend langsam und harte Arbeit ist. Ich habe die Erfahrung gemacht, dass ich einen Menschen von der Durchführbarkeit dieses Vorhabens überzeugen kann, aber sobald er es mit seinen Freunden bespricht, die nichts von dem Vorschlag wissen, entwickeln sich bei ihm ernsthafte Zweifel, die ich von neuem bekämpfen muss. Aufgrund meiner Beobachtungen im Ausland bin ich fest davon überzeugt, dass dieses Projekt ein Erfolg werden kann.*

Abschließend bat Stevenson um ein Empfehlungsschreiben an den prominenten Chicagoer Anwalt Levy Meyer. Es ist klar, dass Stevenson bis Ende Juni 1921 eine Reihe prominenter Chicagoer Bürger, darunter Marshall Field, Philip N. Wrigley und Chauncey

McCormick, zur Unterschrift auf der gepunkteten Linie bewegt hatte.

Was FDR anbelangt, so würden seine Verkaufsbriefe zu diesem Projekt einem professionellen Verkäufer zur Ehre gereichen. Ein Beispiel ist sein Brief an Colonel Robert R. McCormick vom Chicagoer Zeitungsimperium:

Lieber Bert:

Da Sie zufällig ein fortschrittlich denkender Mensch sind, bitte ich Herrn Lewis G. Stevenson, mit Ihnen über etwas zu sprechen, das auf den ersten Blick eine völlig verrückte Idee zu sein scheint. In Wirklichkeit handelt es sich jedoch um etwas ganz anderes, und ich kann Ihnen nur sagen, dass viele von uns hier, wie z. B. Young von der General Electric Company, Bertron von Bertron Griscom & Co. und eine Reihe anderer durchaus respektabler Bürger genug Interesse gezeigt haben, um die Frage weiter zu untersuchen. All dies steht im Zusammenhang mit der Einrichtung von kommerziellen Luftschifflinien in den Vereinigten Staaten...

Ähnliche Briefe gingen an Chauncey McCormick, Frank S. Peabody von Peabody Coal und Julius Rosenwald von Sears, Roebuck. Auf diese Initiativen folgten persönliche Abendessen. So schrieb FDR beispielsweise am 21. April 1921 an Frank Peabody:

... besteht die Möglichkeit, dass Sie mit Herrn Bertron, Herrn Snowden Fahnestock und einigen anderen von uns am nächsten Montagabend um 19.30 Uhr im Union Club zu Abend essen können? Bertron ist gerade von der anderen Seite zurück und hat einige sehr interessante Daten über diese kommerziellen Luftschiffe, die sich in Deutschland als erfolgreich erwiesen haben.

FDR fügte hinzu, dass die Gruppe "versprechen wird, Sie nicht gegen Ihren Willen zu überfallen". Daraufhin telegrafierte ein widerwilliger Peabody: "Unmöglich, dabei zu sein, hätte überhaupt keine Angst, aufgehalten zu werden, hätte den Besuch bei Ihnen sehr genossen."

An Edsel B. Ford schrieb FDR: "Ich schicke diese Notiz von Mr. G. Hall Roosevelt, meinem Schwager, der mit der ganzen Angelegenheit vertraut ist." G. Hall Roosevelt, der zufällig als Abteilungsleiter bei General Electric arbeitete, erwies sich als aufmerksamer Verhandlungsführer, aber nicht genug, um Ford in der Anfangsphase zu überzeugen.

Bis zum 18. Februar 1922 hatte die American Investigation Corporation jedoch eine sehr gesunde Liste von Abonnenten zusammengestellt, wie die folgende Teilliste bestätigt :[39]

Name	Zugehörigkeit	Standort
W.E. Boeing	Präsident, Boeing Airplane Co.	Seattle
Edward H. Clark	Präsident, Homestake Mining Co.	New York
Benedict Crowell	Crowell & Little Construction Co.	Cleveland
Arthur V. Davis	Präsident, Aluminum Co. of America	Pittsburgh
L.L. Dunham	Gerechter Bauverein	New York
Snowden A. Fahnestock	Bertron, Griscom & Co.	New York
Marshall Field, III	Kapitalistisch	Chicago
E.M. Herr	Präsident, Westinghouse Electric & Mfg. Co.	Pittsburg
J.R. Lovejoy	Vizepräsident, General Electric Company	New York
John R. McCune	Präsident, Union National Bank	Pittsburgh
Samuel McRoberts	Kapitalistisch	New York
R.B. Mellon	Präsident, Mellon National Bank	Pittsburgh
W.L. Mellon	Präsident, Gulf Oil Co.	Pittsburgh
Theodore Pratt	Standard Oil Company	New York

[39] Liste vom 18. Februar 1922 in den FDR-Akten.

Franklin D. Roosevelt	Vizepräsident, Fidelity & Deposit Co.	New York
Philip N. Wrigley	Vizepräsident, Wm. Wrigley Co.	Chicago
Owen D. Young	Vizepräsident, General Electric Co.	New York

Dem ersten Vorstand gehörten der Vizepräsident der National City Bank, Samuel McRoberts[40] , William B. Joyce, Präsident der National Surety Company - einer von FDRs Konkurrenten im Kautionsgeschäft - und Benedict Crowell, ehemaliger stellvertretender Kriegsminister und Vorstandsvorsitzender des Bauunternehmens Crowell & Little Construction ( ) aus Cleveland, an. Snowden A. Fahnestock von Bertron, Griscom war der Sohn des New Yorker Finanziers Gibson Fahnestock und Partner in der Börsenmaklerfirma Fahnestock & Company. Gibsons Bruder William Fahnestock, ein Partner derselben Firma, war Direktor mehrerer großer Unternehmen, darunter Western Union und, zusammen mit Allen Dulles, der Gold Dust Corporation. David Goodrich, ein weiterer Abonnent, war Vorsitzender des Vorstands der B.F. Goodrich Company und Direktor der American Metals Company of New Mexico.

Es sei darauf hingewiesen, dass es sich bei diesem Unternehmen um eine private Unternehmung handelte, bei der das Risiko und der Gewinn von erfahrenen und weitsichtigen Kapitalisten getragen wurden. Die Finanzierung dieses Unternehmens ist nicht zu kritisieren, wohl aber die Art und Weise, wie es seinen wichtigsten Vermögenswert, die deutschen Patente, erworben hat.

Der Bericht des Präsidenten für das Jahr 1922, der am 8. Januar 1923 veröffentlicht wurde, fasst die Leistungen des A.I.C. bis zu diesem Zeitpunkt zusammen.

Die deutsche Reparationskommission weigerte sich, den Bau großer

---

[40] Samuel McRoberts spielt eine herausragende Rolle in Sutton, Bolshevik Revolution, op. cit.

Luftschiffe in Deutschland zuzulassen, und die Fertigstellung und Erprobung des neuen, vom U.S. Bureau of Mines für die wirtschaftliche Herstellung von Heliumgas entworfenen Apparats verzögerte sich, aber man war der Ansicht, dass die A.I.C. in wenigen Monaten an die Öffentlichkeit um finanzielle Unterstützung appellieren würde. Diesem Bericht zufolge wurde die erste Phase der Arbeiten mit der Unterzeichnung eines Vertrags am 11. März 1922 zwischen der American Investigation Corporation und der Schuette-Lanz Company abgeschlossen, mit dem sich die American Investigation Corporation die weltweiten Patentrechte an den Schuette-Entwürfen und Konstruktionsmethoden für Starrluftschiffe sicherte. Der Vertrag sah Ratenzahlungen vor und beinhaltete eine Vereinbarung mit Schuette-Lanz, entweder ein Luftschiff zu bauen oder die Dienste der Experten für den Bau in den USA zur Verfügung zu stellen.

Das Unternehmen hatte "durch das Außenministerium definitiv festgestellt, dass die Wiedergutmachungskommission und der Botschafterrat dem Bau des von der American Investigation Corporation in Betracht gezogenen Schiffes in voller Größe in Deutschland nicht zustimmen würden", und so wurde Dr. Schuette gebeten, die USA zu besuchen, um eine endgültige Vereinbarung zu treffen. Das Endziel, so heißt es in dem Bericht weiter, ist die Errichtung einer Luftschiffindustrie in den USA und "wird nie aus den Augen verloren; dennoch ist es höchst wünschenswert, das erste Schiff aus Deutschland zu geringeren Kosten und von den besten Fachleuten gebaut zu erhalten."

Die Zerstörung der britischen R. 38 und der italienischen Roma-Luftschiffe machte deutlich, wie wichtig es war, die Versorgung mit Heliumgas für Luftschiffe sicherzustellen. Nach Rücksprache mit dem Helium Board und dem Chefchemiker des Bureau of Mines wurde eine Entscheidung in der Heliumfrage bis zur Fertigstellung der verbesserten Apparatur verschoben, die das Bureau für die Produktion von kommerziellem Helium konzipierte. Gemäß der Vereinbarung zwischen der American Investigation Corporation und dem Washingtoner Ingenieur Hardesty und seinen Mitarbeitern sollten zusätzlich zu den 20.000 Dollar, die für ihre Arbeit vor der Gründung der American Investigation Corporation bereitgestellt wurden, bestimmte tatsächliche Auslagen für die Unterstützung bei der Organisation der Gesellschaft erstattet werden. Die endgültige Vereinbarung war jedoch an die Bedingung geknüpft, dass ein Vertrag über die Beteiligung von Herrn Hardesty und seinen Mitarbeitern an der American Investigation Corporation und ihren Tochtergesellschaften als Gegenleistung für ihre Werbetätigkeit unterzeichnet wird: Vor allem sollten die deutschen Patente, die die Alien Property Custodian für die amerikanische Öffentlichkeit verwahrt, an die A.I.C. freigegeben werden.

Politik, Patente und Landerechte

Folglich hatte das A.I.C.-Syndikat eine große Hürde zu überwinden, bevor es mit der kommerziellen Entwicklung von Luftschiffen in den USA beginnen konnte. Diese politische Hürde - der Erwerb der Rechte an den Luftschiffbaupatenten von Schütte-Lanz - erforderte die kluge politische Unterstützung von FDR. Diese Rechte waren zwar deutsch, standen aber unter der Kontrolle der US-Regierung. Nach amerikanischem Recht kann beschlagnahmtes ausländisches Eigentum nur durch Versteigerung und Ausschreibung veräußert werden. Im Bericht des Präsidenten der A.I.C. vom 26. Mai 1922 heißt es jedoch, dass die A.I.C. zu diesem Zeitpunkt "Eigentümerin der gegenwärtigen Schuette-Lanz-Patente" war und 24 Patente und 6 Patentanmeldungen mit Ursprung in Deutschland, 6 Anmeldungen mit Ursprung in England und 13 Patente und 6 Anmeldungen mit Ursprung in den Vereinigten Staaten aufführte. Der Bericht fuhr fort: "In den Vereinigten Staaten unterliegen 7 Patente der Rückgabe durch den Alien Property Custodian. Durch die Abtretung von Anmeldungen werden alle neuen US-Patente direkt von der A.I.C. ausgestellt. Wie also kam das A.I.C.-Syndikat in den Besitz der deutschen Patente, die von den USA treuhänderisch verwaltet werden? Dies ist besonders wichtig, weil es keine Aufzeichnungen über Auktionen oder Ausschreibungen gibt. Der A.I.C.-Bericht vermerkt lediglich:

Die Interessen der A.I.C. wurden durch die Mitarbeit von J. Pickens Neagle (Solicitor des Marineministeriums), Franklin Roosevelt, Mr. Howe und Blackwood Brothers bei der Ausarbeitung der Verträge und Abtretungen geschützt.

Dies wirft natürlich die Frage auf, ob es angemessen ist, dass ein Anwalt des US-Marine-Ministeriums im Namen eines privaten Konsortiums handelt. Die deutschen Patente wurden durch das persönliche Eingreifen von Franklin D. Roosevelt von der US-Regierung für die A.I.C. freigekauft. Schauen wir uns an, wie er dabei vorging.

Franklin D. Roosevelt war ehemaliger stellvertretender Marineminister, einer von mehreren Roosevelts, die dieses Amt innehatten, und verfügte folglich über gute politische Kontakte im Marineministerium. Mitte 1921 begann Roosevelt, sich bei seinen alten Marinefreunden über zwei Fragen zu erkundigen: (1) die Position der Schuette-Patente und (2) die Möglichkeit, für das A.I.C.-Syndikat die private Nutzung des Marinestützpunkts Lakehurst für A.I.C.-Luftschiffe zu erwerben. Am 4. Mai 1921 bestätigte Admiral R.R. Byrd vom Office of Naval Operations eine Einladung zum Besuch von FDRs Anwesen in Campobello. Neun Monate später, am 23. Mai 1922, bestätigte Commander E.S. Land vom Navy Bureau of Aeronautics ebenfalls eine Einladung, FDR bei seinem nächsten Besuch in New York zu besuchen. Land fügte hinzu, dass es "unwahrscheinlich erscheint, dass ich in den nächsten drei oder vier Wochen nach New York komme. Wenn Sie mich über die Art Ihrer Anfragen informieren könnten, wäre ich vielleicht in der Lage, Ihnen einige Informationen in der gewünschten Richtung zu geben.

FDR antwortete Commander Land in einem als *persönlich* gekennzeichneten, aber an das Marineministerium gerichteten Schreiben, dass seine Anfrage nicht per Telefon oder Brief gestellt werden könne. FDR gab daraufhin einen kurzen Überblick über die Lage der A.I.C. und erklärte, dass das Unternehmen "im Begriff ist, mit dem eigentlichen Bau und Betrieb von Luftschiffen zu beginnen", aber mehr über das Programm der US-Regierung für solche Luftfahrzeuge wissen müsse: "Ich bin nicht auf der Suche nach vertraulichen Informationen, sondern lediglich nach solchen Fakten, die ich ohne große Schwierigkeiten erhalten könnte, wenn ich selbst nach Washington reisen könnte."

Diese Informationen, so schrieb FDR an Land, seien "für das Wohl der Sache im Allgemeinen", und er bot daraufhin an, die Kosten für Commander Land zu übernehmen, wenn er New York besuchen würde. Dies hatte offenbar wenig Erfolg, denn am 1. Juni forderte FDR die Informationen erneut an und drängte sogar noch weiter: "Hätten Sie übrigens etwas dagegen, wenn wir eine Kopie des Zeppelin-Vertrags erhielten? Theoretisch sind das alles öffentliche Dokumente."

Letzten Endes war es Pickens Neagle vom Judge Advocate Generals Office der Marine, der die erforderlichen deutschen Patente für A.I.C. erwirkte; Neagle machte sich offensichtlich auch in anderen Bereichen für FDR nützlich. Am 15. Mai 1922 schrieb FDR an Neagle über Hardesty, den Ingenieur-Anwalt, der die Patentverhandlungen in Washington führte:

> *Sowohl Herr Fahnestock als auch ich haben den sehr bescheidenen Betrag, den Hardesty für Sie [Neagle] vorgeschlagen hat, ohne Frage genehmigt, und ich bin sicher, dass die Direktoren dies bei ihrer nächsten Sitzung, die nicht mehr lange dauern wird, billigen werden.*

Navy Solicitor Neagle antwortete darauf am 16. Juni, um FDR Informationen über mögliche Kautionsgeschäfte zu geben:

> *Ich schäme mich, eine so kleine Sache wie die Bürgschaft zu erwähnen, die mit einem Vertrag über 29.000 Dollar einhergeht, aber die Dinge sind gerade sehr langweilig in der Branche der Regierungsaufträge. Die Midvale Steel and Ordnance Company hat soeben einen Auftrag über 8"-Gewehrschmiedestücke im Gesamtwert von etwas weniger als 29.000 Dollar erhalten. Die Bürgschaft beläuft sich auf einen Betrag, der etwa 15 bis 20 % der Auftragssumme entspricht.*

Am 9. August 1922 schrieb Neagle erneut an Louis Howe und verwies unter auf FDRs Navy-Papiere, die offenbar vor der Freigabe an FDR die übliche Prüfung innerhalb des Ministeriums durchliefen. FDRs Problem bestand darin, zu verhindern, dass die

Papiere "durch die Hände von Sachbearbeitern oder neugierigen Leuten mit wenig Verantwortungsbewusstsein oder aufdringlichen Neulingen gehen". Das Marineministerium wollte die Papiere nicht ohne ordnungsgemäße Prüfung freigeben, auch nicht nach Neagles persönlichem Eingreifen. Schreibt Neagle an FDR:

> *Ich sah keine Möglichkeit, Herrn Curtis dazu zu bewegen, seine Meinung zu diesem Thema zu ändern, also beließ ich es dabei, allerdings mit dem mentalen Vorbehalt, dass Sie bald selbst hier unten sein und ihn vielleicht abschütteln werden.*

Die Akte bis zu diesem Punkt lässt vermuten, dass Pickens Neagle, Solicitor im Büro des Judge Advocate General of the Navy, eher für FDR als für den Steuerzahler und das Navy Department tätig war. Der Inhalt dieser Akte verlagert sich dann auf den Versuch, die Nutzung der deutschen Patente für A.I.C. zu erwerben; diese Briefe sind nicht mehr auf Marine-Briefpapier, sondern auf einfachem Papier, ohne gedruckte Adresse, aber von Neagle unterzeichnet. Am 16. Februar 1922 heißt es in einem Brief von Neagle an Howe, dass unser Büro den Vertragsvorschlag mit dem Vermerk, dass die Station an die A.I.C. verpachtet und [Navy]-Mitarbeiter für die Gesellschaft beurlaubt werden könnten, an das Aeronautics Bureau zurückgeschickt hat.

Neagle fügte hinzu, dass Marineoffiziere zwar keine A.I.C.-Mitarbeiter anweisen und beaufsichtigen könnten, dass sie aber in der Privatindustrie eingesetzt werden könnten, um das Geschäft des Luftschiffbaus zu erlernen. Auf diese private Information folgt ein förmliches Schreiben von Neagle (der nun seinen offiziellen Hut als Solicitor in der US-Marine trug) an Fahnestock von der A.I.C., in dem er bestätigt, dass die Marine bereit war, die Station und das Werk in Cape May zu pachten, eine Erlaubnis, die fristlos widerrufen werden konnte. In einem weiteren Schreiben vom 6. Januar 1923 heißt es, Hardesty habe einen Vertrag unterzeichnet, der "für die Corporation akzeptabel sein dürfte".

Es ist klar, dass die Schuette-Patente ohne öffentliche Versteigerung und Ausschreibung übertragen wurden, sondern durch eine private

Vereinbarung zwischen der US-Regierung und Anwälten, die im Auftrag eines privaten Unternehmens handelten. Dies war ein Verstoß gegen den Trading with the Enemy Act.

In den Akten findet sich auch ein weiterer Mitarbeiter des Marineministeriums, der FDR zu Hilfe eilte. In einem Schreiben vom 31. März 1923 von M.N. McIntyre, dem Leiter des Navy News Bureau, an Louis Howe wird vorgeschlagen, dass die A.I.C. das "deutsche Luftschiff, das für die Marine gebaut wird", sowie den Zugang zum Marinestützpunkt in Lakehurst in die Hände bekommt. McIntyre ist erfrischend offen, was seine vorgeschlagene politische Unterstützung angeht: "Wenn Sie mich wissen lassen, wie Sie zum Lakehurst-Vorschlag stehen, kann ich vielleicht etwas tun, um den Weg zu 'schmieren'. Das Gleiche gilt für den anderen Vorschlag."

Aus den Akten geht hervor, dass FDR und sein Syndikat auf Informationsquellen und Unterstützung innerhalb des Marineministeriums zurückgreifen konnten. Wie genau kam die A.I.C. dann in den Besitz der Schuette-Lanz-Patente? Diese waren angeblich öffentliches Eigentum, das durch Ausschreibungen veräußert werden sollte. Der Hardesty-Bericht vom Februar 1921 erklärt den rechtlichen Status der Patente und wirft mehr Licht auf ihre Übertragung.

Die Patente waren vom Alien Property Custodian beschlagnahmt und bis zu diesem Zeitpunkt nur an das Kriegs- und Marineministerium lizenziert worden. Am 10. Januar 1921 reichte Fred Hardesty einen Antrag ein, in dem er angab, dass eine Gesellschaft (vermutlich die A.I.C.) gegründet werden sollte, die die Patente benötigte, aber Hardesty bestritt, "dass die Patente selbst von großem Wert sind". Mit anderen Worten: Hardesty bewegte sich auf einem schmalen Grat. Die A.I.C. benötigte die Patente unbedingt, um sich vor Außenstehenden zu schützen. Gleichzeitig, so Hardesty, hätten die Patente keinen wirklich großen Wert. Sie seien erforderlich, schrieb er an den Alien Property Custodian, "um für uns ein moralisches Bollwerk gegen Aggressionen von außen zu bilden." Hardesty argumentierte, dass das öffentliche Interesse von entscheidender Bedeutung sei und dass er "gerne Informationen über den Wert der Patente erhalten würde, falls ihr Wert geschätzt wurde, und über die Bedingungen, zu denen sie an uns verkauft werden könnten."

Diesem Schreiben ist in den FDR-Akten ein "Memorandum für Mr. Hardesty" über die Johann-Schütte-Patente beigefügt, das offenbar aus dem Alien Property Custodian's Office stammt. Das Memorandum bestätigt die Tatsache, dass die Patente unter dem Trading with the Enemy Act von 1917 gehalten wurden, dass das einzige Recht, das dem deutschen Inhaber verblieb, das Recht war, die Freigabe zu fordern, und dass solche Ansprüche auf Anweisung des Kongresses geregelt werden müssen. Es sei unwahrscheinlich, so das Memorandum, dass die Patente von der Alien Property Custodian verkauft würden, aber wenn die Patente zum Verkauf angeboten würden, "gäbe es nur wenig oder gar keinen Wettbewerb, da es wahrscheinlich nur sehr wenige bestehende oder geplante Unternehmen gibt, die diese Patente zu nutzen gedenken, und dass daher die angebotenen Preise nicht sehr hoch wären". Das Memorandum kommt dann zum Kern des Problems, vor dem A.I.C. steht:

Das A.P.C. veräußert Patente, mit Ausnahme von Verkäufen an die Regierung, nur an amerikanische Staatsbürger, und zwar nach öffentlicher Ausschreibung an den Meistbietenden, sofern der Präsident nichts anderes bestimmt. Der Erwerb von Eigentum des A.P.C. für einen nicht genannten Auftraggeber oder zum Weiterverkauf an eine Person, die kein Bürger der Vereinigten Staaten ist, oder zum Vorteil einer Person, die kein Bürger der Vereinigten Staaten ist, ist unter strenger Strafe verboten.

Dies lässt die Möglichkeit offen, dass der Kriegs- oder Marineminister dem Präsidenten den sofortigen Verkauf "im Sinne einer vernünftigen Geschäftspolitik im öffentlichen Interesse" empfehlen kann.

Das Syndikat versuchte daraufhin, den Weg über den Präsidenten einzuschlagen, offenbar mit Erfolg. Am 4. Februar 1921 schrieb FDR in New York an Hardesty in Washington, D.C.: "Ich stimme mit Ihnen überein, dass wir in Bezug auf die Schuette-Patente sofort etwas unternehmen und zumindest den Versuch unternehmen sollten, bevor die derzeitige Regierung abtritt."

In einem Vermerk über die erbrachten Leistungen in den Akten ist dann festgehalten, dass FDR sowohl am 9. als auch am 17. Februar 1921 nach Washington reiste und sich zumindest mit dem Alien Property Custodian traf. Daraufhin erteilte Schuette Hardesty eine Vollmacht, und die Patente wurden vom Alien Property Custodian freigegeben, wenn auch nicht sofort. Die FDR-Akten enthalten keine unterzeichneten Originaldokumente über die Freigabe, sondern nur Entwürfe von Dokumenten, aber da die Patente schließlich an die A.I.C. freigegeben wurden, kann man davon ausgehen, dass diese Arbeitsentwürfe dem endgültigen unterzeichneten Dokument recht nahe kommen. Ein Dokument, das sowohl von , dem Alien Property Custodian, als auch vom deutschen Patentinhaber Johann Schuette unterzeichnet wurde, lautet wie folgt:

> *Es wird hiermit von und zwischen den Parteien vereinbart, dass der Preis oder die Preise, zu dem/denen die oben aufgezählten Patente von Johann Schuette an die American Investigation Corporation durch den Alien Property Custodian verkauft werden können, nur ein von und zwischen den Parteien festgelegter und vereinbarter Nennwert der besagten Patente und ihr tatsächlicher Wert sind und als solche betrachtet werden; und dass der besagte Bevollmächtigte eine uneingeschränkte Freistellung von und seitens des besagten Johann Schuette und seines besagten Bevollmächtigten sowie ihrer und jeder ihrer Erben und Rechtsnachfolger und gesetzlichen Vertreter von allen Ansprüchen, Forderungen usw. erteilt, ausführt und an den Verwalter für fremdes Eigentum liefert.*

Aus diesem Dokument geht eindeutig hervor, (1) dass die Alien Property Custodian die Patente an A.I.C. verkaufte, (2) dass sie A.I.C. nur einen "nominalen Preis" berechnete, (3) dass es keine Ausschreibung für die Patente gab und (4) dass dem ehemaligen deutschen Inhaber Schuette entweder direkt oder indirekt eine Beteiligung gewährt wurde. Alle vier Maßnahmen scheinen gegen die Anforderungen des Trading with the Enemy Act von 1917 (siehe

S. 100) zu verstoßen, selbst wenn es für die Verfahren (1) und (2) eine Ermächtigung des Präsidenten gab.

In der Folge wurde am 9. Mai 1922 ein Vertrag zwischen der American Investigation Corporation und Johann Schuette geschlossen. Darin wurde Schuette 30.000 $ in bar gezahlt, weitere 220.000 $ waren in monatlichen Raten zu zahlen, wobei die letzte Zahlung spätestens am 1. Juli 1923 fällig war. Sollte A.I.C. die Zahlung nicht leisten, würden alle Rechte an den Patenten auf Schuette übergehen. In den FDR-Akten befindet sich auch ein internes Memorandum, das auf der Schreibmaschine geschrieben zu sein scheint, die normalerweise für FDRs Briefe verwendet wird; es handelt sich also möglicherweise um ein Memo, das entweder von FDR oder wahrscheinlicher von Louis Howe verfasst wurde. Dieses Memorandum fasst die Strategie der A.I.C. zusammen. Es listet auf, "was wir zu verkaufen haben" und beantwortet diese Frage wie folgt:

> 1. Die Schuette-Lanz-Patente, die von den Ford-Ingenieuren, die ebenfalls am Luftschiffbau arbeiteten, als grundlegend und notwendig bezeichnet wurden.
> 2. "Ein vorläufiger Vertrag mit der Marine, durch den über eine Million Dollar für den Bau einer Anlage und eines Hangars eingespart werden. Dies ist unser Eigentum, da der vorgeschlagene Vertrag im Austausch für die Lizenz zur Nutzung der Schuette-Patente durch die Navy erfolgt." Mit anderen Worten: Die A.I.C. konnte die Patente nicht nur ohne öffentliche Ausschreibung in einem politischen Manöver hinter den Kulissen erwerben, sondern erwarb auch das Recht, sie an die Marine zurückzuverkaufen. Das ist die Art von Geschäft, von der die meisten armen Steuerzahler nicht einmal träumen, obwohl sie am Ende die Rechnungen bezahlen.
> 3. Alle Daten, Entwürfe und Tests der Schuette-Lanz-Patente.
> 4. Eine Anlage zur Herstellung von Helium.
> 5. "Eine Liste von Aktionären, die aus Männern mit öffentlichem Geist und beträchtlichen Mitteln besteht."
> 6. Das war noch nicht genug, denn der nächste Abschnitt ist

mit "Was wir brauchen" überschrieben und listet (1) Mittel und (2) Arbeit auf. Das Memo schlägt dann eine Zusammenlegung der A.I.C.-Arbeiten mit denen der Ford-Ingenieure vor.

Wir können das Geschäft der FDR mit der American Investigation Corporation wie folgt zusammenfassen:

Erstens gelang es der A.I.C. durch das persönliche Eingreifen von Franklin D. Roosevelt, beschlagnahmte Patente als Geschenk oder zu einem geringen Preis zu erhalten. Das Gesetz verlangte, dass solche beschlagnahmten Patente öffentlich ausgeschrieben werden mussten und nicht zum Vorteil des ehemaligen deutschen Eigentümers. In der Praxis wurden sie hinter verschlossenen Türen freigegeben, als Ergebnis einer privaten Absprache zwischen FDR und dem Alien Property Custodian, möglicherweise mit Unterstützung des Präsidenten, obwohl sich keine Spur einer solchen Unterstützung finden lässt. Diese Patente, die zuvor als wertlos bezeichnet worden waren, wurden dann Gegenstand eines Vertrages, der die Zahlung von 250.000 Dollar an den deutschen Staatsbürger Schuette vorsah, und der Hauptbestandteil eines Unternehmens zur Förderung des Luftschiffbaus in den USA. Aus den Unterlagen in den Akten geht hervor, dass sowohl FDR als auch der Alien Property Custodian gegen das Gesetz verstoßen haben.

Zweitens scheinen diese Patente zum indirekten Nutzen einer ausländischen Partei freigegeben worden zu sein, ein Verfahren, das nach dem Gesetz mit schweren Strafen belegt ist.

Drittens konnte die A.I.C. Einrichtungen der Marine im Wert von 1 Million Dollar nutzen und offizielle Informationen aus dem Marineministerium erhalten.

Viertens bestand das einzige Risiko, das die Wall-Street-Akteure eingingen, darin, das Unternehmen zu gründen. Die Patente wurden nominell erworben, die Gelder kamen von außerhalb von New York

City, und das Fachwissen war deutsch oder das der Ford Motor Company. Franklin Delano Roosevelt lieferte das politische Druckmittel, um ein Geschäft zustande zu bringen, das auf den ersten Blick illegal und mit Sicherheit weit von dem "öffentlichen Vertrauen" entfernt war, für das FDR und seine Partner in ihren Schriften und Reden so gerne warben.

FDR im Automatengeschäft

Der Verkauf von Briefmarkenautomaten begann 1911, war aber bis zur Entwicklung der Shermack-Maschinen in den 1920er Jahren kein wirklich effizienter Absatzmarkt. Im Jahr 1927 wurde die Sanitary Postage Stamp Corporation gegründet, um Shermack-Maschinen für die automatische Ausgabe von Briefmarken zu vermarkten, die zuvor in Geschäften in loser Form verkauft wurden, wodurch der Benutzer, wie es in den Verkaufsunterlagen des Unternehmens hieß, der Übertragung von Krankheiten ausgesetzt war. Der Vorstand des Unternehmens bestand aus dem Erfinder Joseph J. Shermack, Edward S. Steinam, J.A. de Camp (120 Broadway), dem Bankier George W. Naumburg, A.J. Sach, Nathan S. Smyth und Franklin D. Roosevelt.

Bis April 1927 verkaufte das Unternehmen etwa 450 Maschinen pro Woche. Einem Schreiben von FDR an A.J. Sach, den Vizepräsidenten des Unternehmens, zufolge gab es große Probleme mit dem Inkasso; tatsächlich hatte man von zehn Briefmarkenstellen seit mehr als sechs Monaten nichts mehr gehört, und das Bargeld war knapp. FDR machte den äußerst vernünftigen Vorschlag, dass die Verkäufer eine Woche lang den Verkauf einstellen und die freigewordene Zeit mit dem Inkasso verbringen sollten. Abgesehen von solchen gelegentlichen Vorschlägen spielte FDRs Rolle bei Sanitary Postage Stamp eine untergeordnete Rolle. Henry Morgenthau, Jr. hatte ihn ursprünglich dazu überredet und zahlte sogar die ursprüngliche Zeichnung von 812,50 Dollar für FDRs erste 100 Anteile: "Sie können mir in aller Ruhe einen Scheck über den gleichen Betrag schicken." FDR schickte seinen Scheck noch am selben Tag ab. Die Sponsoren gaben FDR 3000 Stammaktien "in Anbetracht der von Ihnen geleisteten Dienste" aus, offensichtlich um seinen Namen als Köder für Investoren zu verwenden. FDR trat

Ende 1928 nach seiner Wahl zum Gouverneur von New York zurück.

FDR war auch Direktor der CAMCO (Consolidated Automatic Merchandising Corporation), beteiligte sich aber nie aktiv an deren Börsengang. Die CAMCO war eine Holdinggesellschaft, die 70 % des ausstehenden Aktienkapitals einer Reihe von Unternehmen übernehmen sollte, darunter auch die Sanitary Postage Stamp Corporation, und ist insofern bemerkenswert, als dem Vorstand nicht nur FDR, sondern auch Saunders Norwell angehörte, der von 1926 bis 1933 Präsident der Remington Arms Company war. Im Jahr 1933 wurde Remington Arms an die Du Pont Company verkauft. In Kapitel 10 werden wir die Butler-Affäre untersuchen, einen fehlgeschlagenen Versuch, eine Diktatur im Weißen Haus zu errichten. Sowohl Remington Arms als auch Du Pont werden in den unterdrückten Zeugenaussagen des Untersuchungsausschusses des Kongresses genannt. Dennoch finden wir 1928 FDR und Saunders Norvell als Co-Direktoren in CAMCO.

Georgia Warm Springs Stiftung

FDRs persönlicher und sehr lobenswerter Kampf um die Wiederherstellung seiner Beine nach einem Polio-Anfall im Jahr 1921 führte ihn zu den Mineralquellen von Georgia Warm Springs. Nachdem er wieder zu Kräften gekommen war, beschloss FDR, die verfallenen und fast ungenutzten Quellen in ein Geschäft umzuwandeln, um anderen Polio-Opfern zu helfen.

Leider lässt sich die genaue Quelle der für die Entwicklung von Georgia Warm Springs verwendeten Mittel aus den heute vorhandenen FDR-Akten nicht ermitteln. Der FDR-Ordner zu Georgia Warm Springs ist relativ spärlich, und es ist äußerst unwahrscheinlich, dass er alle Unterlagen zur Entwicklung des Projekts enthält. Der Ordner erweckt den Eindruck, als sei er vor der Freigabe an das Hyde Park-Archiv gesichtet worden. Es gibt keine öffentlichen Aufzeichnungen über die Finanzierung von Georgia Warm Springs. In Anbetracht der knappen persönlichen Finanzen von FDR während der 1920er Jahre ist es unwahrscheinlich, dass die Mittel aus seinen persönlichen Ressourcen stammten. Wir haben einige Hinweise auf drei Geldquellen. Erstens ist es mehr als wahrscheinlich, dass seine Mutter, Mrs. James Roosevelt, eine davon war. Tatsächlich schrieb Eleanor Roosevelt an FDR: "Lass dich nicht auf zu viel Geld ein, und lass Mama nicht zu viel reinstecken, denn wenn sie verlieren würde, käme sie nie darüber hinweg!"[41] Zweitens soll Edsel B. Ford Gelder für den Bau des Swimmingpools beigesteuert haben, war aber kein Treuhänder der Stiftung. Drittens, und das ist das Wichtigste, gehörte das ursprüngliche Grundstück dem Unternehmenssozialisten George Foster Peabody. Nach Angaben von FDRs Sohn Elliott Roosevelt gab es eine beträchtliche persönliche Note auf dem Grundstück selbst, und diese Note wurde wahrscheinlich von Peabody gehalten:

Am 29. April 1926 erwarb er das baufällige Anwesen, in dem Loyless sich immer mehr verschuldete. Auf dem Höhepunkt seiner Verpflichtungen als neuer Eigentümer hatte Pater Loyless genau 201.667,83 $ in Form eines Schuldscheins in das Anwesen investiert, der erst nach seinem Tod vollständig zurückgezahlt wurde, und dann auch nur aus einer Lebensversicherung, die er zu Gunsten von Warm Springs abgeschlossen hatte. Die mehr als 200.000 Dollar entsprachen mehr als zwei Dritteln seines gesamten Besitzes. Es war das einzige Mal, dass er ein so großes Risiko einging. Mutter hatte Angst, dass, wenn es so weiterginge wie bei so vielen seiner geschäftlichen Unternehmungen, keiner von uns Jungen aufs College gehen könnte, ein Schicksal, das ich mehr als bereit war, auf mich zu nehmen.[42]

Es ist bezeichnend, dass Elliott Roosevelt von der Existenz eines Schuldscheins über 200 000 Dollar berichtet, der erst nach dem Tod von FDR beglichen wurde. Außerdem ist die Vermutung naheliegend, dass die Mittel von einigen oder allen Treuhändern aufgebracht wurden. Damit befand sich FDR in der gleichen Lage wie Woodrow Wilson, der seinen Gläubigern an der Wall Street verpflichtet war. Da diese Treuhänder zu den mächtigsten Männern

---

[41] Elliott Roosevelt, *The Untold Story*, op. cit., S. 232.

[42] Ebd.

der Wall Street gehörten, ist der Vorwurf, dass FDR "in den Fängen der Banker" war, zumindest plausibel. Es liegt daher die Vermutung nahe, dass die Mittel für Georgia Warm Springs von den Treuhändern der Georgia Warm Springs Foundation und der zugehörigen Meriweather Reserve aufgebracht wurden bzw. unter deren Kontrolle standen. Die Treuhänder der Stiftung im Jahr 1934 und ihre wichtigsten Geschäftsverbindungen sind im Folgenden aufgeführt:

Georgia Warm Springs Stiftung: Treuhänder im Jahr 1934[43]

Name des Treuhänders[44]	Wichtigste Zugehörigkeiten
Franklin D. Roosevelt	Präsident der Vereinigten Staaten von Amerika
Basil O'Connor	Rechtsanwalt, 120 Broadway, ehemaliger Rechtspartner von FDR
Jeremiah Milbank	Direktor, Chase National Bank of N.Y.
James A. Moffett	Vizepräsident und Direktor, Standard Oil of New Jersey
George Foster Peabody	Ursprünglicher Eigentümer der Immobilie und Inhaber des Schuldscheins auf Georgia Warm Springs
Leighton McCarthy	Direktor von Aluminum, Ltd (kanadische Tochtergesellschaft von ALCOA)
Eugene S. Wilson	Präsident, American Telephone & Telegraph (195 Broadway)
William H. Woodin	Finanzminister unter FDR
Henry Pope	Direktor der Link-Belt Company
Cason J. Callaway	Präsident von Callaway Mills, Inc. in New York

Die Treuhänder von Georgia Warm Springs bringen FDR

---

[43] Aus einem Brief vom 5. März 1932 von Fred Botts, Geschäftsleiter von Warm Springs, an FDR im Weißen Haus.

[44] Zu den Treuhändern gehörten auch Frank C. Root aus Greenwich, Connor, Keith Morgan aus New York City und der ansässige Treuhänder Arthur Carpenter.

offensichtlich mit der Wall Street in Verbindung. Der prominenteste von ihnen war Eugene Smith Wilson (1879-1973), ein Vizepräsident von American Telephone and Telegraph, 195 Broadway, New York City. Wilson war auch im Vorstand zahlreicher anderer Telefongesellschaften tätig, darunter Northwestern und Southwestern Bell sowie die Wisconsin Telephone Company. Im Jahr 1919 war er als Anwalt für Western Electric tätig, dann wurde er Rechtsberater für A. T. & T., bevor er 1920 zum Vizepräsidenten ernannt wurde. Wilson engagierte sich lange Zeit im Kampf gegen die Kinderlähmung, wurde mit Franklin D. Roosevelt in Verbindung gebracht und war Mitte der 1930er Jahre Mitglied des Investitionsausschusses der Georgia Warm Springs Foundation. Zu seinen Vorstandskollegen bei A.T. & T. gehörte John W. Davis, der in der Butler-Affäre auftaucht (siehe Kapitel 10).

Ein weiterer Treuhänder von Georgia Warm Springs war James A. Moffett, ein Vizepräsident von Standard Oil of New Jersey. Walter Teagle vom selben Unternehmen war einer der wichtigsten Verwalter der NRA. Treuhänder Jeremiah Milbank war Direktor der von Rockfeller kontrollierten Chase National Bank und der Equitable Trust Company.

Der Treuhänder William H. Woodin war von 1926 bis 1931 Direktor der Federal Reserve Bank of New York und wurde von Franklin D. Roosevelt zum Finanzminister ernannt, nachdem er dessen Wahlkampagne von 1932 nachdrücklich unterstützt hatte. Woodin trat innerhalb von sechs Monaten zurück, allerdings aus gesundheitlichen Gründen und nicht wegen mangelnden Interesses am Amt des Finanzministers. Der Treuhänder George Peabody wurde bereits im vorigen Band[45] erwähnt und war maßgeblich an der bolschewistischen Revolution 1917 in Russland und der Federal Reserve Bank of New York beteiligt.

---

[45] Sutton, *Bolschewistische Revolution*, op. cit.

Kapitel 5

Die Entstehungsgeschichte des Unternehmenssozialismus

Während die Gesellschaft nach Freiheit strebt, sind diese berühmten Männer, die sich an ihre Spitze stellen, vom Geist des siebzehnten und achtzehnten Jahrhunderts erfüllt. Sie denken nur daran, die Menschheit der philanthropischen Tyrannei ihrer eigenen sozialen Erfindungen zu unterwerfen.

Frederic Bastiat, Das Gesetz, (New York: Stiftung for Economic Education, 1972), S. 52

Wir haben Franklin D. Roosevelts siebenjährige Karriere auf der "Straße" beschrieben, die mit seiner Wahl zum Gouverneur von New York im Jahr 1928 endete. Diese Beschreibung stammt aus FDRs eigenen Briefakten. Um mögliche Fehlinterpretationen zu vermeiden, wurden Teile dieser Briefe wortwörtlich und in voller Länge wiedergegeben. Auf der Grundlage dieser Briefe steht außer Frage, dass FDR während seiner Zeit als Vizepräsident der Fidelity & Deposit Co. politischen Einfluss fast ausschließlich zur Erlangung von Bürgschaftsgeschäften nutzte; dass bedeutende und fragwürdige internationale finanzielle und politische Verbindungen im Fall der United European Investors und des International Germanic Trust auftauchen; und dass seine vertrauten Mitarbeiter von Owen D. Young, dem Präsidenten von General Electric, einem Mitglied des elitären Finanzestablishments, bis zu Männern reichten, die von einem Vertreter der Proudfoot Agency als eine "Bande von Gaunern" beschrieben wurden.

Es gibt einen roten Faden, der sich durch FDRs Geschäftsgebaren zieht: Er nutzte den politischen Weg in einem außergewöhnlichen

Maße. Mit anderen Worten: FDR nutzte die Polizeigewalt des Staates, wie sie von den Aufsichtsbehörden, der Regierung und den Regierungsbeamten ausgeübt wird, für seinen persönlichen Vorteil, indem er sich zum Beispiel an den Alien Property Custodian, die U.S. Navy, das Federal Reserve System und den Insurance Superintendent of the State of New York wandte. All diese politischen Kontakte, die er während seiner Zeit im öffentlichen Dienst knüpfte, verschafften FDR einen Wettbewerbsvorteil in der Wirtschaft. Es handelt sich dabei um politische Instrumente, nicht um solche, die dem Markt entsprungen sind. Sie sind Ausdruck von politischem Zwang, nicht von freiwilligem Austausch auf dem freien Markt.

In den folgenden vier Kapiteln des zweiten Teils dieses Buches wird dieses Thema der Politisierung von Unternehmen weiter vertieft. Zunächst werfen wir ein größeres Netz aus, um die These des Unternehmenssozialismus zu formulieren und einige prominente Unternehmenssozialisten zu identifizieren, die meist mit FDR in Verbindung gebracht werden. Dann gehen wir in der Zeit zurück bis in die 1840er Jahre zu einem der Vorfahren von FDR, dem Abgeordneten Clinton Roosevelt aus New York und seiner frühen Version der NRA. Dieses System wird mit Baruchs War Industries Board von 1917, der Funktionsweise des Federal Reserve System und dem Roosevelt-Hoover American Construction Council der 1920er Jahre verglichen. Im letzten Kapitel dieses Teils wird schließlich die finanzielle Beteiligung der Wall Street am New Deal ausführlich dargestellt.

Die Ursprünge des Unternehmenssozialismus

Der alte John D. Rockefeller und seine Kapitalistenkollegen aus dem 19. Jahrhundert waren von einer absoluten Wahrheit überzeugt: dass unter den unparteiischen Regeln einer wettbewerbsorientierten Laissez-faire-Gesellschaft kein großer monetärer Reichtum angehäuft werden konnte. Der einzig sichere Weg zur Erlangung großen Reichtums war das Monopol: Verdrängen Sie Ihre Konkurrenten, schränken Sie den Wettbewerb ein, beseitigen Sie das Laissez-faire, und sichern Sie sich vor allem staatlichen Schutz für Ihre Branche durch willfährige Politiker und staatliche

Regulierung. Dieser letzte Weg führt zu einem legalen Monopol, und ein legales Monopol führt immer zu Reichtum.

Dieses Raubritterschema ist auch, unter anderen Bezeichnungen, der sozialistische Plan. Der Unterschied zwischen einem korporativen Staatsmonopol und einem sozialistischen Staatsmonopol besteht im Wesentlichen nur in der Identität der Gruppe, die die Machtstruktur kontrolliert. Das Wesen des Sozialismus ist die Monopolkontrolle durch den Staat mit Hilfe von angeheuerten Planern und akademischen Schwämmen. Andererseits wollten Rockefeller, Morgan und ihre Freunde aus der Wirtschaft ihr Monopol erwerben und kontrollieren und ihre Gewinne durch Einflussnahme auf den politischen Apparat des Staates maximieren; dies ist zwar immer noch ein Prozess, der angeheuerte Planer und akademische Schwämme benötigt, aber ein diskreter und weitaus subtilerer Prozess als die völlige Übernahme durch den Staat im Sozialismus. Der Erfolg des Rockefeller-Gambits hängt vor allem davon ab, die öffentliche Aufmerksamkeit auf weitgehend irrelevante und oberflächliche historische Kreationen wie den Mythos eines Kampfes zwischen Kapitalisten und Kommunisten zu lenken und die politischen Kräfte des Großkapitals sorgfältig zu pflegen. Wir nennen dieses Phänomen des legalen Unternehmensmonopols - die durch politische Einflussnahme erlangte Marktkontrolle - Unternehmenssozialismus.

Die klarste und freimütigste Beschreibung des Unternehmenssozialismus und seiner Sitten und Ziele findet sich in einer Broschüre von Frederick Clemson Howe aus dem Jahr 1906, *Confessions of a Monopolist*.[46]

Frederick Howes Rolle in der bolschewistischen Revolution von 1917 und deren Folgen wurde in *Wall Street and the Bolshevik*

---

[46] Frederic C. Howe, *Bekenntnisse eines Monopolisten* (Chicago: Public Publishing Co. 1906). Der Sponsor von Howes Buch war derselbe Verlag, der 1973 ein kollektivistisches Klagelied von John D. Rockefeller III mit dem Titel *The Second American Revolution* herausbrachte.

Revolution beschrieben.[47] Howe taucht auch in Roosevelts New Deal als Verbraucherberater in der Agricultural Adjustment Administration auf. Howes Interesse an der Gesellschaft und ihren Problemen erstreckt sich also über das frühe 20. Jahrhundert, von seiner Zusammenarbeit mit Newton D. Baker, dem späteren Kriegsminister, bis zum Kommunisten Lincoln Steffens. Als Sonderbeauftragter der USA untersuchte Howe das kommunale Eigentum an öffentlichen Versorgungseinrichtungen in England und wurde 1914 von Präsident Wilson zum US-Kommissar für Einwanderung ernannt.

Was ist das Geheimnis, um zu großem Reichtum zu gelangen? Howe beantwortet die Frage wie folgt: "Mr. Rockefeller mag denken, dass er seine Hunderte von Millionen durch Sparsamkeit, durch Einsparungen bei den Gasrechnungen, verdient hat, aber das hat er nicht. Er hat es geschafft, die Menschen auf der ganzen Welt dazu zu bringen, für ihn zu arbeiten...."[48]

Kurz gesagt, der Unternehmenssozialismus ist eng damit verbunden, die Gesellschaft für einige wenige arbeiten zu lassen.

Die Gesellschaft für die Wenigen arbeiten lassen

Dies ist das wichtigste Thema in Howes Buch, das immer wieder mit detaillierten Beispielen für das System "Lass andere für dich arbeiten" zum Ausdruck kommt. Wie brachten Herr Rockefeller und seine Mitmonopolisten den Globus dazu, für sie zu arbeiten? Laut Howe lief es folgendermaßen ab:

> *Dies ist die Geschichte von etwas für nichts - den anderen zahlen zu lassen. Dieses "den anderen zahlen lassen", etwas für nichts zu bekommen, erklärt die Gier nach Konzessionen, Bergbaurechten, Zollprivilegien, Eisenbahnkontrolle, Steuerhinterziehung. All diese*

---

[47] Sutton, *Bolschewistische Revolution*, op. cit.

[48] Howe, op. cit., S. 145.

Dinge bedeuten Monopol, und alle Monopole basieren auf der Gesetzgebung.

Und Monopolgesetze werden in Korruption geboren. Die Kommerzialisierung der Presse oder des Bildungswesens, ja sogar der süßen Nächstenliebe, ist Teil des Preises, den wir für die besonderen Privilegien zahlen, die das Gesetz geschaffen hat. Der Wunsch, etwas für nichts zu bekommen, den anderen zahlen zu lassen, das Monopol in der einen oder anderen Form, ist die Ursache der Korruption. Monopol und Korruption sind Ursache und Wirkung.

Gemeinsam arbeiten sie im Kongress, in unseren Commonwealths, in unseren Gemeinden. Das ist immer so. Das war schon immer so. Privilegien gebären Korruption, so wie die giftige Kanalisation Krankheiten hervorbringt. Gleiche Chancen, ein faires Umfeld und keine Vergünstigungen, die "ehrlichen Leute" sind niemals korrupt. Sie tauchen weder in den Parlamenten noch in den Ratssälen auf. Denn diese Dinge bedeuten Arbeit für Arbeit, Wert für Wert, etwas für etwas. Deshalb sind der kleine Geschäftsmann, der Einzel- und Großhändler, der Jobber und der Hersteller nicht die Geschäftsleute, deren Geschäfte die Politik korrumpieren.[49]

Howes Gegenstück zu diesem System des korrupten Monopols wird als "Arbeit für Arbeit, Wert für Wert, etwas für etwas" beschrieben. Aber diese Werte sind auch die wesentlichen Kennzeichen eines Marktsystems, d. h. eines reinen Wettbewerbssystems, in dem die Markträumungspreise durch ein unparteiisches Zusammenspiel von Angebot und Nachfrage auf dem Markt festgelegt werden. Ein solches unparteiisches System kann natürlich nicht von der Politik beeinflusst oder korrumpiert werden. Das von Howe beschriebene monopolistische Wirtschaftssystem, das auf Korruption und Privilegien beruht, ist eine politisch gesteuerte Wirtschaft. Es ist

---

[49] Howe, op. cit., S. V-VI.

gleichzeitig auch ein System der verdeckten Zwangsarbeit, das Ludwig von Mises als *Zwangswirtschaft* bezeichnete, ein System des Zwangs. Dieses Element der Zwangswirtschaft ist allen politisch geführten Volkswirtschaften gemeinsam: Hitlers Neue Ordnung, Mussolinis Korporationsstaat, Kennedys New Frontier, Johnsons Great Society und Nixons Creative Federalism. Zwang war auch ein Element in Herbert Hoovers Reaktion auf die Depression und noch viel deutlicher in Franklin D. Roosevelts New Deal und der National Recovery Administration.

Es ist dieses Element des Zwangs, das es einigen wenigen - den Inhabern und Nutznießern des gesetzlichen Monopols - ermöglicht, in der Gesellschaft auf Kosten der vielen zu leben. Diejenigen, die die Gesetzgebungsbefugnisse und die Regulierung kontrollieren oder davon profitieren und die gleichzeitig Einfluss auf die Regierungsbürokratie haben, bestimmen die Regeln und Vorschriften, um ihren gegenwärtigen Reichtum zu schützen, den Reichtum anderer auszunutzen und neue Marktteilnehmer von ihrem Geschäft fernzuhalten. Ein Beispiel: Die Interstate Commerce Commission, die 1880 gegründet wurde, existiert, um den Wettbewerb in der Transportindustrie einzuschränken, und nicht, um den Verladern das bestmögliche Angebot zu machen. Auch die Zivilluftfahrtbehörde (Civil Aeronautics Board) hat die Aufgabe, die heimische Luftfahrtindustrie zu schützen, nicht die Flugreisenden. Ein aktuelles Beispiel von Hunderten ist die Beschlagnahmung einer DC-10 der Philippines Air Lines (PAL) auf dem Flughafen von San Francisco durch das CAB im Juli 1974. Welche Sünde hatte PAL begangen? Die Fluggesellschaft hatte lediglich ein DC-10-Flugzeug, für das die CAB keine Genehmigung erteilt hatte, gegen eine DC-8 ausgetauscht. Wer hat davon profitiert? Die inländischen US-Fluggesellschaften, da sie weniger Konkurrenz hatten. Wer hat verloren? Der Reisende, dem Sitzplätze und die Wahl der Ausrüstung verweigert wurden. Jegliche Zweifel, auf wessen Seite das CAB stehen könnte, wurden einige Wochen später durch einen Artikel im *Wall Street Journal* (13. August 1974) mit dem Titel "CAB Is an Enthusiastic Backer of Moves to Trim Airline Service, Increase Fares" (CAB ist ein begeisterter Befürworter von Maßnahmen zur Reduzierung des Flugdienstes und zur Erhöhung der Flugpreise) ausgeräumt. Dieser Artikel enthielt eine Bemerkung des stellvertretenden CAB-Vorsitzenden Whitney Gillilland: "Wir haben in der Vergangenheit zu viel Wert auf die Bequemlichkeit der Passagiere gelegt". Gillilland fügte hinzu, dass das CAB mehr Toleranz gegenüber überfüllten Flugzeugen zeigen müsse, "selbst wenn das bedeutet, dass jemand einen Tag auf einen Flug warten muss".

Kurz gesagt, Regulierungsagenturen sind Vorrichtungen, mit denen die Polizeigewalt des Staates genutzt wird, um begünstigte Industrien vor dem Wettbewerb zu schützen, ihre Ineffizienzen zu bewahren und ihre Gewinne zu garantieren. Und natürlich werden diese Instrumente von ihren Schützlingen vehement verteidigt: den regulierten Geschäftsleuten oder, wie wir sie nennen, "den Unternehmenssozialisten".

Dieses System des gesetzlichen Zwangs ist der moderne Ausdruck von Frederic Bastiats Diktum, dass der Sozialismus ein System ist, in dem jeder versucht, auf Kosten aller anderen zu leben. Folglich ist der Unternehmenssozialismus ein System, in dem einige wenige, die die gesetzlichen Monopole der finanziellen und industriellen Kontrolle besitzen, auf Kosten aller anderen in der Gesellschaft profitieren.

Im modernen Amerika ist das bedeutendste Beispiel dafür, dass die Gesellschaft als Ganzes für einige wenige arbeitet, der Federal Reserve Act von 1913. Das Federal Reserve System ist faktisch ein privates Bankenmonopol, das weder dem Kongress noch der Öffentlichkeit Rechenschaft schuldig ist, sondern die legale Monopolkontrolle über die Geldmenge ausübt, ohne dass der Rechnungshof dies zulässt oder behindert oder gar prüft.[50] Es war die unverantwortliche Manipulation der Geldmenge durch dieses Federal Reserve System, die die Inflation der 1920er Jahre, die Depression von 1929 und damit die vermeintliche Notwendigkeit eines New Deal unter Roosevelt verursachte. Im nächsten Kapitel werden wir uns näher mit dem Federal Reserve System und seinen

---

[50] Eine sehr begrenzte Prüfung des Federal Reserve System wurde 1974 vom Kongress beschlossen.

Urhebern befassen. Für den Moment wollen wir uns die Argumente der Wall-Street-Finanzphilosophen genauer ansehen, mit denen sie ihr Credo "die Gesellschaft für die wenigen arbeiten lassen" rechtfertigen.

Die Unternehmenssozialisten argumentieren ihre Argumente

Man kann einen literarischen Weg nachzeichnen, auf dem prominente Finanziers auf nationale Planung und Kontrolle zu ihrem eigenen Vorteil gedrängt haben und der schließlich in den New Deal von Roosevelt mündete.

In den Jahren nach der Veröffentlichung von Howes *Bekenntnissen eines Monopolisten* im Jahr 1906 verfassten die Finanziers der Wall Street buchfüllende literarische Beiträge, von denen keiner so spezifisch war wie Howe, die aber alle auf die Schaffung von Rechtsinstitutionen drängten, die das gewünschte Monopol und die aus diesem Monopol resultierende Kontrolle gewährleisten würden. Aus diesen Büchern lassen sich die Ideen des New Deal und die theoretische Grundlage ableiten, auf der der Unternehmenssozialismus später gerechtfertigt wurde. Zwei Themen sind diesen literarischen Bemühungen der Wall Street gemeinsam. Erstens, dass Individualismus, individuelle Anstrengung und individuelle Initiative nicht mehr zeitgemäß sind und dass der "destruktive" Wettbewerb, der gewöhnlich als "blinder Wettbewerb" oder "Hund-frisst-Hund-Wettbewerb" bezeichnet wird, veraltet, unerwünscht und zerstörerisch für menschliche Ideale ist. Zweitens können wir ein Thema erkennen, das sich aus diesem Angriff auf Individualismus und Wettbewerb ergibt, nämlich dass die Zusammenarbeit große Vorteile mit sich bringt, dass die Zusammenarbeit die Technologie voranbringt und dass die Zusammenarbeit die "Verschwendung des Wettbewerbs" verhindert. Daraus folgern diese Finanzphilosophen, dass Handelsvereinigungen und letztlich wirtschaftliche Planung - mit anderen Worten, erzwungene "Kooperation" - ein vorrangiges Ziel für verantwortungsbewusste und aufgeklärte moderne Geschäftsleute sind.

Diese Themen der Zusammenarbeit und der Ablehnung des Wettbewerbs werden auf unterschiedliche Weise und mit unterschiedlichem Grad an Klarheit ausgedrückt. Geschäftsleute sind keine überzeugenden Schriftsteller. Ihre Bücher neigen dazu, schwülstig, oberflächlich selbstsüchtig und etwas schwerfällig pedantisch zu sein. Anhand einiger solcher Beispiele soll jedoch gezeigt werden, wie die Unternehmenssozialisten der Wall Street ihre Argumente vortragen.

Bernard Baruch war der herausragende Unternehmenssozialist, dessen Ideen wir im nächsten Kapitel untersuchen werden. Nach Baruch und den Warburgs, auf die wir ebenfalls im nächsten Kapitel eingehen werden, war der einflussreiche Bankier Otto Kahn von Kuhn, Loeb & Co. der nächste produktive Autor.

Kahn ist bekannt für seine Unterstützung sowohl der bolschewistischen Revolution als auch Benito Mussolinis, die er in so totalitären Äußerungen wie "Der tödlichste Feind der Demokratie ist nicht die Autokratie, sondern die rasende Freiheit" zum Ausdruck brachte.[51] Was den Sozialismus betrifft, so bekundete Otto Kahn bei vielen Gelegenheiten seine Sympathie für dessen Ziele. In seiner Rede vor der sozialistischen Liga für industrielle Demokratie im Jahr 1924 sagte er beispielsweise Folgendes:

> *Ich möchte darauf hinweisen, dass Maßnahmen wie z.B. die progressive Einkommenssteuer, Tarifverhandlungen der Arbeitnehmer, der Achtstundentag, die staatliche Aufsicht und Regulierung der Eisenbahnen und ähnlicher natürlicher Monopole oder Halbmonopole vom Rechtsempfinden der Wirtschaft gebilligt werden, sofern sich die Anwendung solcher Maßnahmen in den Grenzen der Vernunft hält, und dass sie von der Wirtschaft nicht aufgehoben werden würden, wenn sie die Macht hätte, sie aufzuheben.*

---

[51] Otto H. Kahn, Frenzied Liberty: The Myth of a Rich Man's War, Ansprache an der Universität von Wisconsin, 14. Januar 1918, S. 8.

Worin ihr Radikalen und wir, die wir gegenteilige Ansichten vertreten, uns unterscheiden, ist nicht so sehr das Ziel als vielmehr das Mittel, nicht so sehr das, was erreicht werden sollte, sondern wie es erreicht werden sollte und kann, da wir glauben, dass das Streben nach dem Utopischen nicht nur fruchtlos und unwirksam ist, sondern den Fortschritt zur Verwirklichung erreichbarer Verbesserungen behindert und verzögert.

Bei allem Respekt wage ich die Behauptung, dass der Radikalismus allzu oft dazu neigt, sich mehr mit theoretischer Perfektion als mit konkreter Verbesserung zu befassen; mit Phantom-Klagen oder Klagen aus der Vergangenheit, die ihre Realität verloren haben, statt mit den tatsächlichen Angelegenheiten des Tages; mit Slogans, Dogmen, Bekenntnissen statt mit Fakten.[52]

Eine Reihe dieser Finanzphilosophen von der Wall Street waren Treuhänder der Brookings Institution in Washington D.C., die für viele der politischen Leitfäden zur Verwirklichung dieses gewünschten Systems verantwortlich ist. Robert S. Brookings, der Gründer der Brookings Institution, wird im Allgemeinen als Wirtschaftswissenschaftler bezeichnet, aber Brookings selbst schrieb: "Ich habe sicherlich keinen Anspruch auf diesen Berufstitel. Ich schreibe nur als jemand, der durch eine lange Geschäftserfahrung von mehr als sechzig Jahren viel mit Herstellung und Vertrieb zu tun hatte...".[53] In seiner selbst beschriebenen Rolle als Geschäftsmann veröffentlichte Brookings drei Bücher: *Industrial Ownership, Economic Democracy* und *The Way Forward*. In diesen drei Büchern argumentiert Brookings, dass die klassische politische Ökonomie, wie sie sich in den Arbeiten von Adam Smith und seiner Schule widerspiegelt, zwar logisch überzeugend, aber insofern unvollständig war, als sie weder die moralische und intellektuelle Entwicklung des Menschen und seine

---

[52] Otto H. Kahn, Of Many Things, (New York: Boni & Liveright, 1925), S. 175.

[53] R. S. Brookings, Economic Democracy, (New York: Macmillan, 1929), S. xvi.

Abhängigkeit vom Nationalismus als Ausdrucksform, die später von Adam Müller und Frederick List so gekonnt dargestellt wurde, noch den wirtschaftlichen Einfluss der mechanischen Produktion auf das Verhältnis von Kapital und Arbeit berücksichtigte.[54]

Infolgedessen lehnt Brookings die Ideen des freien Unternehmertums von Adam Smith ab und akzeptiert die etatistischen Ideen von List - die sich übrigens auch im Hitlerschen Unternehmensstaat widerspiegeln -, ohne jedoch Beweise vorzulegen. Aus der Ablehnung des freien Unternehmertums kann Brookings ganz einfach ein "moralisches" System ableiten, das den Markt ablehnt und durch eine Annäherung an die marxistische Arbeitswerttheorie ersetzt. Zum Beispiel schreibt Brookings:

> *Ein gesundes System wirtschaftlicher Moral verlangt daher, dass wir der Arbeit nicht nur einen Marktlohn zahlen, das Minimum, das notwendig ist, um ihre Dienste zu sichern, sondern dass das Kapital den Marktlohn erhält, der notwendig ist, um seine Dienste zu sichern, und dass der Rest an die Arbeit und die konsumierende Öffentlichkeit geht.*[55]

Aus dieser quasi marxistischen Argumentation konstruiert Brookings recht vage und ohne detaillierte Belege die Umrisse der Vorschläge, die zur Bekämpfung der "Übel" des vorherrschenden Marktsystems erforderlich sind. Der erste dieser Vorschläge ist die Überarbeitung der Kartellgesetze in einer Weise, die eine umfassende Zusammenarbeit ermöglicht.[56] Dies, so argumentiert Brookings, hätte zwei Auswirkungen: Förderung von Forschung und Entwicklung und Abflachung des Konjunkturzyklus. Wie sich diese Ziele aus der "Zusammenarbeit" ergeben, wird von Brookings nicht dargelegt, aber er zitiert ausführlich Herbert Hoover, um sein Argument zu untermauern, und insbesondere Hoovers Artikel "If

---

[54] Ebd., S. XXI-XXII.

[55] R. S. Brookings, Industrial Ownership (New York: Macmillan, 1925), S. 28.

[56] Ebd., S. 44.

Business Doesn't, Government Will".[57]

Dann, wie jeder gute Sozialist, schließt Brookings: "Effizient geführte Unternehmen haben nichts von einer intelligenten öffentlichen Aufsicht zu befürchten, die darauf abzielt, die Öffentlichkeit und den Handel gleichermaßen vor habgierigen und widerspenstigen Minderheiten zu schützen."[58] Dies sei notwendig, weil, so argumentiert Brookings an anderer Stelle, Statistiken darauf hinweisen, dass die meisten Unternehmen ineffizient arbeiten: "Wir wissen also aus trauriger Erfahrung, dass blinder oder ignoranter Wettbewerb nicht in der Lage ist, seinen angemessenen Beitrag zu unseren nationalen wirtschaftlichen Bedürfnissen zu leisten."[59]

1932 trat Brookings aus seinem Schneckenhaus in *The Way Forward* hervor und äußerte sich noch deutlicher zu den Entwicklungen im Sowjetkommunismus:

> *Die verbale Verdammung des Kommunismus, die heute in den Vereinigten Staaten weit verbreitet ist , wird uns nicht weiterbringen. Die Entscheidung zwischen Kapitalismus und Kommunismus hängt von einem Punkt ab. Kann sich der Kapitalismus an dieses neue Zeitalter anpassen? Kann er sich von seinem alten, vom egoistischen Profitstreben beherrschten Individualismus lösen und eine neue, kooperative Epoche mit sozialer Planung und sozialer Kontrolle schaffen, so dass er besser als bisher dem Wohl aller Menschen dienen kann? Wenn sie das kann, kann sie überleben. Wenn nicht, wird unseren Kindern eine Form des Kommunismus aufgezwungen werden. Seien Sie sich dessen sicher![60]*

Und im gleichen Buch findet Brookings gute Worte für ein anderes

---

[57] The Nation's Business, 5. Juni 1924, S. 7-8.

[58] Brookings, Industrial Ownership, op. cit., S. 56.

[59] Brookings, Economic Democracy, op. cit., S. 4.

[60] R. S. Brookings, The Way Forward (New York: Macmillan, 1932), S. 6.

Zwangsarbeitssystem, den italienischen Faschismus:

> *Obwohl Italien unter der Diktatur des Duce eine Autokratie ist, wird allen wirtschaftlichen Interessengruppen des Landes Gelegenheit zur Diskussion und Verhandlung gegeben, damit sie in gegenseitigem Einvernehmen zu einem gerechten Kompromiss ihrer Differenzen gelangen können. Die Regierung wird jedoch weder durch Aussperrungen noch durch Streiks eine Beeinträchtigung der Produktivität der Nation zulassen, und wenn sich die Gruppen letztlich nicht untereinander einigen können, bestimmt die Regierung durch ihren Minister oder das Arbeitsgericht die Lösung aller Probleme. In Italien wie auch anderswo scheint jedoch die Autokratie des Kapitals zu bestehen, und das allgemeine Gefühl unter den Arbeiterklassen ist, dass die Regierung die Arbeitgeber begünstigt.[61]*

Was also in Brookings' Schriften überwiegt, ist seine Vorliebe für jedes soziale System - Kommunismus, Faschismus, wie auch immer -, das die individuelle Initiative und Anstrengung reduziert und durch kollektive Erfahrung und Arbeit ersetzt. Was Brookings und seine Finanzphilosophen-Kollegen unerwähnt lassen, ist die Identität der wenigen, die das Kollektiv der Zwangsarbeiter leiten.

In ihren Argumenten ist implizit enthalten, dass die Betreiber des Systems die Unternehmenssozialisten selbst sein werden.

Von den rein theoretischen Vorschlägen von Brookings können wir zu denen von George W. Perkins übergehen, der parallele Vorschläge mit einigen effektiven, aber kaum moralischen Wegen zu ihrer Umsetzung in die Praxis verband.

George W. Perkins war der energische und tatkräftige Erbauer der großen New York Life Insurance Company. Zusammen mit Kahn und Brookings war Perkins auch ein wortgewandter Verfechter der

---

[61] Ebd., S. 8.

Übel des Wettbewerbs und der großen Vorteile, die sich aus einer geordneten Zusammenarbeit in der Wirtschaft ergeben. Perkins predigte dieses kollektivistische Thema im Rahmen einer Reihe von Vorlesungen von Geschäftsleuten an der Columbia University im Dezember 1907. Seine Rede war kaum ein durchschlagender Erfolg; der Biograph John Garraty behauptet, dass sie zu Ende war:

> *... Der Präsident der Columbia, Nicholas Murray Butler, eilte ohne ein Wort der Gratulation davon, offenbar in dem Glauben, so Perkins, dass er unwissentlich einen gefährlichen Radikalen nach Morningside Heights eingeladen hatte. Denn Perkins hatte einige der grundlegenden Konzepte des Wettbewerbs und des freien Unternehmertums angegriffen.*[62]

Garraty fasst die Geschäftsphilosophie von Perkins zusammen:

> *Das Grundprinzip des Lebens ist Kooperation statt Konkurrenz - das war der Gedanke, den Perkins in seinem Vortrag entwickelte. Wettbewerb ist grausam, verschwenderisch, zerstörerisch und veraltet; Zusammenarbeit, die in jeder Theorie eines wohlgeordneten Universums enthalten ist, ist menschlich, effizient, unvermeidlich und modern.*[63]

Wie bei Brookings finden wir auch hier Vorschläge für die "Beseitigung von Verschwendung" und mehr "Planung" für materielle und personelle Ressourcen und das Konzept, dass große Unternehmen "Verantwortung gegenüber der Gesellschaft" haben und sich eher fair gegenüber den Arbeitnehmern verhalten als kleine Unternehmen. Diese hochtrabenden Phrasen sind natürlich beeindruckend - vor allem, wenn die New York Life Insurance ihren sozialen Gutmenschen-Predigten gerecht geworden wäre. Leider finden wir bei näherer Betrachtung Beweise für ein Fehlverhalten

---

[62] John A. Garraty, *Right Hand Man: Das Leben von George W. Perkins*, (New York: Harper & Row, n.d.), S. 216.

[63] Ebd.

der New York Life Insurance und eine Untersuchung dieses Fehlverhaltens durch den Staat New York, die einen ausgesprochen unsozialen Klang im Unternehmensverhalten von New York Life feststellte. In den Jahren 1905-06 stellte der Armstrong-Ausschuss (der gemeinsame Ausschuss der Legislative des Staates New York zur Untersuchung von Lebensversicherungen) fest, dass die New York Life Insurance Company in den Jahren 1896, 1900 und 1904 großzügige Beiträge an das republikanische Nationalkomitee geleistet hatte. Diese finanziellen Beiträge dienten zweifellos der Förderung der Interessen des Unternehmens in politischen Kreisen. Im Jahr 1905 wurde John A. McCall, Präsident der New York Life Insurance, vor den New Yorker Untersuchungsausschuss geladen und vertrat die Auffassung, dass die Niederlage von Byran und die freie Silbermünzprägung für ihn eine *moralische* Frage sei. McCall sagte: "....Ich habe einer Zahlung zugestimmt, um das Freie Silber zu besiegen, nicht um die Demokratische Partei zu besiegen, sondern um die Irrlehre des Freien Silbers zu besiegen, und ich danke Gott, dass ich es getan habe."[64]

Bei der gleichen Anhörung vertrat der Vizepräsident der Mutual Life Insurance die interessante Auffassung, dass die Wirtschaft die "Pflicht" habe, unliebsame Ideen und politische Maßnahmen zu "verjagen". Die Geschichte der Unternehmensfinanzierung in der Politik hat die Grundsätze der Verfassung und einer freien Gesellschaft kaum aufrechterhalten. Genauer gesagt besteht ein grober Widerspruch zwischen den von Perkins und seinen Geschäftskollegen vertretenen Grundsätzen der Zusammenarbeit zum Wohle der Gesellschaft und dem heutigen unsozialen Verhalten seiner eigenen New York Life Insurance Company.

Kurz gesagt, die Grundsätze des Unternehmenssozialismus sind nur eine dünne Hülle für die Aneignung von Reichtum durch einige wenige auf Kosten der vielen.

Wir können nun einen Blick auf die Predigten der Finanziers

---

[64] Zitiert in Louise Overacker, *Money in Elections*, (New York: Macmillan, 1932), S. 18.

werfen, die enger mit Roosevelt und dem New Deal verbunden sind. Einer dieser Finanzphilosophen, der seine kollektivistischen Ideen schriftlich zum Ausdruck brachte, war Edward Filene (1860-1937). Die Filenes waren eine Familie hochinnovativer Geschäftsleute, Eigentümer des großen Kaufhauses William Filene's Sons Co. in Boston. Ein Vizepräsident von Filene's wurde einer der drei Musketiere, die 1933 die National Recovery Administration leiteten; die beiden anderen des Triumvirats waren Walter Teagle, Präsident von Standard Oil, und John Raskob, Vizepräsident von Du Pont und General Motors.

Seit der Jahrhundertwende beschäftigte sich Edward Filene mit öffentlichen Angelegenheiten. Er war Vorsitzender der Metropolitan Planning Commission of Boston, Förderer von Volksbanken und unterstützte verschiedene Genossenschaftsbewegungen. Filene engagierte sich im Roten Kreuz und in der US-Handelskammer, war Gründer der League to Enforce Peace, Gründer und später Präsident der Cooperative League, die später in Twentieth Century Fund umbenannt wurde, und Mitglied der Foreign Policy Association und des Council on Foreign Relations. In der Ära Roosevelt war Filene Vorsitzender des Massachusetts State Recovery Board und aktiv an der Kampagne zur Wiederwahl Roosevelts 1936 beteiligt. Filene schrieb mehrere Bücher, von denen zwei, *The Way Out* (1924)[65] und *Successful Living in this Machine Age*, (1932)[66] , seine philosophischen Neigungen zum Ausdruck bringen. In *The Way Out* betont Filene das Thema der Reduzierung von Verschwendung und der Kurzsichtigkeit des Wettbewerbs und hebt den Wert der Zusammenarbeit zwischen Unternehmen und Regierung hervor. Filene fasst seine Argumente wie folgt zusammen:

> *Zwei Dinge sind klar. Das erste ist, dass das Geschäft,*
> *um ein gutes Geschäft zu sein, selbst als öffentlicher*

---

[65] Edward A. Filene, *The Way Out*, (A Forecast of Coming Changes in American Business and Industry) (New York: Doubleday, Page, 1924).

[66] Edward A. Filene, *Successful Living in this Machine Age* (New York: Simon & Schuster, 1932).

> *Dienst betrieben werden muss. Zweitens ist der bestmögliche öffentliche Dienst von Geschäftsleuten derjenige, der in und durch die privaten Unternehmen der Welt geleistet wird.[67]*

Das Thema "Öffentlicher Dienst ist Privatsache" wird in einem anderen seiner Bücher vertieft:

> *Ich bin der Meinung, dass die Wirtschaft Sozialplanung betreiben muss, aber weder um neue Theorien auszulöschen noch um alte zu bewahren, sondern weil es eine soziale Revolution gegeben hat. Die alte Ordnung ist verschwunden, und wir können sie auf keinen Fall wiederherstellen. Wir leben in einer neuen Welt. Es ist eine Welt, in der die Massenproduktion jeden mit jedem in Verbindung gebracht hat, und unsere Pläne müssen daher alle berücksichtigen.[68]*

Bei Filene finden wir auch das Argument "der Weg zum Frieden ist das Gleichgewicht der Kräfte" - eine Wiederholung einer Formel aus dem 19. Jahrhundert, die von Henry Kissinger in den 1970er Jahren wiederbelebt wurde und die letztlich immer zu Krieg und nicht zu Frieden geführt hat. Filene formuliert seine Version wie folgt:

> *Kein Wunder, dass es Krieg gab. Der Frieden, so stellte sich bald heraus, konnte nur durch ein Machtgleichgewicht zwischen den größeren Konkurrenten aufrechterhalten werden, und dieses Machtgleichgewicht wurde häufig gestört. Schließlich explodierte die ganze unmögliche Situation in dem größten Krieg der Menschheitsgeschichte. Der Weltkrieg führte nicht zu den Veränderungen in der Welt, die wir in letzter Zeit beobachtet haben. Er war vielmehr eines der Phänomene dieses Wandels, so wie die Französische*

---

[67] Filene, *Der Ausweg*, op. cit., S. 281.

[68] Filene, Erfolgreiches Leben im Maschinenzeitalter, op. cit., S. 269.

Revolution ein Phänomen der Ersten Industriellen Revolution war.[69]

Dieses Thema der Förderung des öffentlichen Interesses als eine Angelegenheit, die in erster Linie der Wirtschaft selbst zugute kommt, findet sich auch bei Myron C. Taylor, dem Vorsitzenden der United States Steel Company. Das öffentliche Interesse, so argumentiert Taylor, erfordert die Zusammenarbeit mit der Wirtschaft, um eine rationelle Produktion zu ermöglichen. Die Blindheit des Großkapitals wird deutlich, wenn Taylor bestreitet, dass dies auch eine Beschränkung des Handels wäre. Taylor unterlässt es zu erklären, wie wir die Produktion an den Verbrauch anpassen können, ohne diejenigen zu zwingen, die vielleicht nicht kooperieren wollen. Taylor fasst seine Vorschläge wie folgt zusammen:

> *Es geht also darum, zu entdecken, was wir als Nation besitzen, und zu lernen, es zu nutzen, anstatt nach Neuem zu suchen, nur weil es neu ist. Die Hauptverantwortung liegt bei der Industrie, Wege zu finden, um das öffentliche Interesse und die Interessen ihrer eigenen Produzenten, Angestellten, Händler und Kunden zu fördern, indem sie alle konstruktiven Pläne ausarbeitet und durchführt, die nach den derzeitigen Gesetzen zulässig sind, und dabei offen und, soweit möglich, in Zusammenarbeit mit der Regierung handelt. Ich gestehe, dass es mir sehr schwer fällt zu glauben, dass konstruktive, kooperative Pläne, die von einer Grundstoffindustrie aufrichtig unternommen werden, um die Produktion rationell an die Nachfrage in dieser Industrie anzupassen, und die jeden Versuch vermeiden, die Preise künstlich festzulegen oder zu kontrollieren, fairerweise als Beschränkung von Handel und Gewerbe angesehen werden können. Denn die einzige Wirkung bestünde darin, wesentliche Beeinträchtigungen von Produktion, Handel und Gewerbe zu beseitigen und die öffentlichen Interessen zu*

---

[69] Ebd., S. 79.

fördern.[70]

Der Beitrag von Standard Oil zu dieser Liturgie stammt von Walter C. Teagle, dem Präsidenten der Standard Oil Company of New Jersey, der von Präsident Roosevelt in eine Spitzenposition in seiner NRB berufen wurde. Teagle formuliert seine Version des Unternehmenssozialismus wie folgt:

> *Die Missstände in der Ölindustrie sind eine Besonderheit dieser Branche und erfordern besondere Abhilfemaßnahmen. Dazu gehören die Änderung der Kartellgesetze, die Zusammenarbeit zwischen den Produzenten und die Ausübung der Polizeigewalt der Staaten.*[71]

Noch unverblümter als die anderen will Teagle die Polizeigewalt des Staates nutzen, um die freiwillige Zusammenarbeit zu erzwingen:

> *Die freiwillige Zusammenarbeit innerhalb der Branche reicht nicht aus, um ihre Missstände zu beheben. Sie würde auch dann nicht ausreichen, wenn rechtliche Beschränkungen der Zusammenarbeit aufgehoben würden, obwohl die Beseitigung solcher Beschränkungen enorme Fortschritte mit sich bringen würde.*

> *Zum Schutz der entsprechenden Rechte der Erzeuger und zur Durchsetzung angemessener Erhaltungsvorschriften muss die Polizeigewalt des Staates eingesetzt werden. Dies ist eher eine Angelegenheit der Bundesstaaten als des Bundes, aber die Zusammenarbeit zwischen den verschiedenen Bundesstaaten und zwischen den Betriebseinheiten der Industrie wird ebenfalls*

---

[70] Aus Samuel Crowther, *A Basis for Stability*, (Boston: Little, Brown, 1932), S. 59.

[71] Ebd., S. 111.

erforderlich sein, wenn die Produktion im ganzen Land auf die nationalen Märkte beschränkt werden soll.

Die Lösung des Problems hängt daher von der freiwilligen Zusammenarbeit innerhalb der Branche, von der Ausübung der Polizeigewalt des Staates und von der Zusammenarbeit zwischen den verschiedenen betroffenen Staaten und zwischen den Verbänden der Branche in den verschiedenen Staaten ab. Um dies zu ermöglichen, müssen sowohl die staatlichen als auch die bundesstaatlichen Kartellgesetze überarbeitet werden.[72]

Diese Auszüge spiegeln die Grundeinstellung unserer Wall Street-Finanzphilosophen wider. Sie waren keine unbedeutenden Figuren auf der Straße. Im Gegenteil, sie waren die mächtigsten und einflussreichsten Elemente und in wichtigen Fällen mit Roosevelt und dem New Deal verbunden. Otto Kahn war eine der treibenden Kräfte beim Federal Reserve System. Lamont und Perkins waren Schlüsselfiguren im Banken- und Versicherungsbereich. Der Geschäftsmann Brookings gab seinen Namen und sein Geld dem einflussreichen Forschungsinstitut, das die Berichte erstellte, auf die sich ein Großteil der Politik stützte. Louis Kirstein, ein Vizepräsident der Firma Filene's, und Walter Teagle von Standard Oil wurden zwei der drei führenden Männer, die die National Recovery Administration unter Bernard Baruchs Schützling Hugh Johnson leiteten.

Bernard Baruch war wahrscheinlich der angesehenste Wall Streeter aller Zeiten und übertraf vielleicht sogar Morgan und Rockefeller an Einfluss. Wir werden uns als nächstes mit Baruch und den Warburgs befassen.

Welche Philosophie verfolgten die bisher beschriebenen Finanziers? Sicherlich alles andere als ein Laissez-faire-Wettbewerb, der das letzte System war, das ihnen vorschwebte. Sozialismus, Kommunismus, Faschismus oder ihre Varianten waren

---

[72] Ebd., S. 113.

akzeptabel. Das Ideal für diese Finanziers war "Kooperation", notfalls auch erzwungen. Individualismus war out, und Wettbewerb war unmoralisch. Andererseits wurde die Zusammenarbeit durchweg als moralisch und würdig befürwortet, und nirgendwo wird Zwang als unmoralisch abgelehnt. Warum? Wenn man von den hochtrabenden Phrasen absieht, war der Zwang zur Zusammenarbeit der goldene Weg zu einem legalen Monopol. Unter dem Deckmantel des öffentlichen Dienstes, sozialer Ziele und diverser Wohltaten heißt es im Grunde "Lasst die Gesellschaft für die Wall Street arbeiten".

Kapitel 6

Vorspiel zum New Deal

Unabhängig davon, welche Partei den Sieg davonträgt, sind Tyrannen oder Demagogen in den Ämtern am sichersten.

Abgeordneter Clinton Roosevelt aus New York, 1841.

Die vollständige Geschichte des Aufbaus des Unternehmenssozialismus in den Vereinigten Staaten, wie er von den im vorangegangenen Kapitel genannten Finanzphilosophen angestrebt wurde, würde den Rahmen dieses Buches sprengen, aber wir können durch einen kurzen Blick auf einige Facetten des historischen Prozesses eine größere Perspektive gewinnen: zum Beispiel Clinton Roosevelts System ein Jahrhundert vor FDR, Bernard Baruchs War Industries Board und Paul Warburgs Federal Reserve System.

1841 schlug FDRs entfernter Cousin, der Abgeordnete Clinton Roosevelt aus New York, ein dem New Deal ähnliches System zur wirtschaftlichen Planung und Kontrolle der Gesellschaft durch einige wenige vor. Unter Präsident Woodrow Wilson folgte Bernard Baruch, der Unternehmenssozialist *schlechthin*, 1918 den Grundzügen des Rooseveltschen Plans, mit ziemlicher Sicherheit unwissentlich und wahrscheinlich aufgrund einer unbewussten Parallelität der Handlungen, als er das War Industries Board gründete, den organisatorischen Vorläufer der National Recovery Administration von 1933. Einige der von Baruch ernannten Unternehmenselite des WIB von 1918 - zum Beispiel Hugh Johnson - fanden administrative Nischen in Roosevelts NRA. Im Jahr 1922 taten sich der damalige Handelsminister Herbert Hoover und der aufstrebende Wall Streeter Franklin D. Roosevelt zusammen, um

Wirtschaftsverbände zu fördern und Bernard Baruchs Vorschläge zur Wirtschaftsplanung für die Nachkriegszeit umzusetzen. Kurz darauf marschierte der ehemalige sozialistische Redakteur Benito Mussolini in Rom ein und gründete - mit großzügiger Hilfe der J.P. Morgan Company - den italienischen Unternehmensstaat, dessen Organisationsstruktur deutlich an Roosevelts NRA erinnert. In den Vereinigten Staaten wurde die Verherrlichung Mussolinis und seiner italienischen Errungenschaften von den allgegenwärtigen Finanziers Thomas Lamont, Otto Kahn und anderen gefördert. Die Verstrickungen der Wall Street mit dem bolschewistischen Russland und Hitler-Deutschland - beides totalitäre Staaten, die von einer selbst ernannten Elite regiert wurden - werden wir nur kurz erwähnen, da diese Aspekte in anderen Bänden ausführlich behandelt werden.[73] Kurz gesagt, der Aufbau von FDRs National Recovery Administration war nur eine Facette eines umfassenderen historischen Prozesses - des Aufbaus von Wirtschaftssystemen, in denen die Wenigen auf Kosten der Vielen, der Bürger-Steuerzahler auf der Straße, profitieren konnten - und das alles natürlich unter dem Deckmantel des Gemeinwohls, ob es nun Stalins Russland, Mussolinis Italien, Hitlers Deutschland oder Roosevelts New Deal war.

NRA des Abgeordneten Clinton Roosevelt - 1841

Der New Yorker Abgeordnete Clinton Roosevelt war im 19. Jahrhundert ein Cousin von Franklin Delano Roosevelt und im Übrigen auch mit Präsident Theodore Roosevelt, John Quincy Adams und Präsident Martin Van Buren verwandt. Clinton Roosevelts einziges literarisches Werk ist in einem seltenen Büchlein aus dem Jahr 1841 enthalten.[74] Im Wesentlichen handelt

---

[73] Zu Wall Street und den frühen Bolschewiken siehe Sutton, *Bolshevik Revolution*, op. cit. Die Verwicklung der Wall Street in den Aufstieg Hitlers und des deutschen Nationalsozialismus ist das Thema eines in Kürze erscheinenden Buches.

[74] Clinton Roosevelt, *The Science of Government Founded on Natural Law* (New York: Dean & Trevett, 1841). Von diesem Buch sind zwei Exemplare bekannt: eines in der Library of Congress, Washington D.C., und ein weiteres

es sich um eine sokratische Diskussion zwischen dem Autor Roosevelt und einem "Produzenten", der vermutlich den Rest von uns (d. h. die vielen) repräsentiert. Roosevelt schlägt eine totalitäre Regierung nach dem Vorbild von George Orwells Gesellschaft von 1984 vor, in der alle Individualität einem Kollektiv untergeordnet ist, das von einer elitären aristokratischen Gruppe (d. h. den wenigen) geführt wird, die alle Gesetze erlässt. Roosevelt forderte die endgültige, aber nicht sofortige Abschaffung der Verfassung P. [Produzent] Aber ich frage noch einmal: Würden Sie die alten Doktrinen der Verfassung sofort aufgeben?

A. [Autor] Auf keinen Fall. Genauso wenig, wie man in einem undichten Schiff über Bord springen sollte, um sich vor dem Ertrinken zu retten. Es ist ein Schiff, das in aller Eile zusammengebaut wurde, als wir die britische Flagge verließen, und man hielt es damals für ein Experiment mit sehr zweifelhaftem Ausgang.[75]

Dieser frühe Ausdruck der Skepsis der Familie Roosevelt gegenüber der Verfassung erinnert an die Ablehnung eines anderen Roosevelt'schen Gesetzes, das nach Ansicht des Gerichts eine "uneingeschränkte" Abweichung von den Regeln einer verfassungsmäßigen Gesellschaft darstellte, durch den Supreme Court im Oktober 1934 (*Schechter Poultry Corp. v. U.S.*): das National Recovery Act, das seinerseits eine unheimliche Kopie von Clinton Roosevelts Programm für eine kollektive Wirtschaft von 1841 war.

Das frühere Rooseveltsche System beruhte "erstens auf der Kunst und Wissenschaft der Zusammenarbeit. Dies bedeutet, das Ganze zu

---

in der Harvard University Library. Die Existenz des Buches ist in der neuesten Ausgabe des Katalogs der Library of Congress nicht verzeichnet, wurde aber in der früheren Ausgabe von 1959 (Seite 75) aufgeführt. Eine Faksimile-Ausgabe wurde von Emanuel J. Josephson als Teil seines *Roosevelt's Communist Manifesto* (New York: Chedney Press, 1955) veröffentlicht.

[75] Ebd.

unserem gegenseitigen Vorteil zu nutzen."[76] Diese Zusammenarbeit, d.h. die Fähigkeit, das Ganze im Interesse der Wenigen zur Geltung zu bringen, ist, wie wir gesehen haben, das übergreifende Thema der Schriften und Predigten von Otto Kahn, Robert Brookings, Edward Filene, Myron Taylor und den anderen in Kapitel 5 behandelten Finanzphilosophen. Im Roosevelt-Schema steigt jeder Mensch durch bestimmte Stufen im sozialen System auf und wird zu der Klasse von Arbeit ernannt, für die er am besten geeignet ist, wobei die Berufswahl streng begrenzt ist. Mit den Worten von Clinton Roosevelt:

P. Wer hat die Aufgabe, die Termine für die einzelnen Klassen festzulegen?

A. Die des Großmarschalls.

P. Wer wird dafür verantwortlich sein, dass die ernannten Männer die besten Qualifikationen besitzen?

A. Ein Gericht aus Physiologen, Moralphilosophen, Landwirten und Mechanikern, die vom Großmarschall ausgewählt werden und ihm gegenüber verantwortlich sind.

P. Würden Sie einen Bürger zwingen, sich ihren Entscheidungen bei der Auswahl einer Berufung zu unterwerfen?

A. Nein. Wenn jemand mit gutem Charakter darauf besteht, kann er es so lange versuchen, bis er den Beruf gefunden hat, der seinem Geschmack und seinen Gefühlen am meisten entspricht.[77]

Die Produktion musste in diesem System mit dem Verbrauch gleichgesetzt werden, und der Umgang mit "Exzessen und

---

[76] Ebd.

[77] Ebd.

Defiziten" spiegelte die im Swope-Plan verfolgten Ideen wider,[78] die literarische Grundlage von Roosevelts NRB. Das System ähnelt sicherlich dem des War Industries Board von Bernard Baruch während des Ersten Weltkriegs. So beschreibt Clinton Roosevelt die Aufgaben des Marshal of Creation, dessen Aufgabe es ist, ein Gleichgewicht zwischen Produktion und Verbrauch herzustellen:

P. Was ist die Aufgabe des Marschalls des schaffenden oder erzeugenden Auftrags?

A. Er schätzt die Menge der Produkte und Erzeugnisse, die notwendig sind, um in jeder ihm unterstellten Abteilung eine ausreichende Versorgung zu gewährleisten. Wenn er im Einsatz ist, meldet er dem Großmarschall Überschüsse und Defizite.

P. Wie soll er solche Überschreitungen und Mängel feststellen?

A. Die verschiedenen Kaufleute werden ihm die Nachfrage und das Angebot in jedem Geschäftszweig melden, wie wir im Folgenden sehen werden.

P. Wie ich sehe, gehören zu dieser Ordnung die Landwirtschaft, die Manufakturen und der Handel. Was ist dann die Aufgabe des Marschalls für Landwirtschaft?

A. Er sollte vier Regionen unter sich haben, oder wenn nicht, muss der Außenhandel den Mangel ausgleichen.

P. Welche vier Regionen?

A. Die gemäßigte, die warme, die heiße Region und die Wasserregion.

---

[78] Siehe Anhang A.

P. Warum sollte man sie so unterteilen?

A. Weil die Erzeugnisse dieser verschiedenen Regionen unterschiedliche Anbausysteme erfordern und zu Recht unterschiedlichen Gemütern unterworfen sind.[79]

Dann gibt es einen Marschall der Hersteller, der das gesamte System überwacht - ähnlich wie Baruch als Wirtschaftsdiktator im Jahr 1918 und Hugh Johnson als Administrator der National Recovery Administration im Jahr 1933. Die Aufgaben des Marschalls werden von Clinton Roosevelt wie folgt beschrieben:

P. Was sind die Aufgaben des Marschalls der Hersteller?

A. Er teilt die Menschen in fünf allgemeine Klassen ein, entsprechend dem abgedruckten Diagramm.

1. Die Hersteller aller Mittel zur Verteidigung gegen das Wetter.

2d. Alle Arten von Lebensmitteln.

3d. Metalle und Mineralien.

4. Chemikalien.

5. Der Maschinenpark.

Alle diese haben auf den gedruckten Diagrammen Banner, mit einem Ruhm auf der einen Seite und einem entsprechenden Motto auf der Rückseite, das den Vorteil jeder Klasse gegenüber allen anderen zeigt: und nebenbei bemerkt, sollte dies allgemein angenommen werden, um der Liebe des Menschen zum Ruhm eine gerechte Richtung zu geben.

---

[79] Clinton Roosevelt, The Science of Government Founded on Natural Law, op. cit.

Anhand der Tabelle und der vorangegangenen Ausführungen werden die Aufgaben der Beamten dieser Abteilung deutlich.

Die Industriekategorien von 1841 entsprechen natürlich nicht genau den Kategorien von 1930, aber es lässt sich eine allgemeine Ähnlichkeit feststellen. Die erste Abteilung ist Bekleidung und Stoffe, die sich 1841 auf Baumwolle, Wolle und Leinen beschränkte, heute aber auf synthetische Materialien, einschließlich Kunststoffe und Fasern, ausgedehnt wurde. Die 2. Abteilung ist den Nahrungsmitteln gewidmet. Die 3. Abteilung ist den Rohstoffen gewidmet, die 4. Abteilung umfasst die Arzneimittel. Die 5. Abteilung sind die Maschinen. Die 5. Abteilung umfasst heute die zahlreichen Unterabteilungen der Elektronik, des Maschinenbaus und des Bauwesens, aber die fünf Kategorien könnten auch zur Unterteilung einer modernen Wirtschaft verwendet werden.

Clinton Roosevelts Gesellschaft lässt sich in seinem Satz zusammenfassen: "Das System sollte herrschen, und das System sollte sich vor allem um das Allgemeinwohl kümmern."

Die Kriegsdiktatur von Bernard Baruch

Während das Federal Reserve System und sein privates legales Monopol auf die Geldversorgung für seine Betreiber eine Quelle des Reichtums war, kann das von Frederick Howe und Clinton Roosevelt skizzierte Endziel, die Gesellschaft für die Wenigen arbeiten zu lassen, nur durch eine geplante Kontrolle der gesamten Wirtschaft erreicht werden, und dies erfordert die zwangsweise Unterwerfung der vielen kleineren Unternehmer unter das Diktat der Wenigen, die die zu verfolgenden Pläne bestimmen.

Die Ursprünge von Roosevelts NRA, einem System, das Kleinunternehmer dazu verpflichtete, sich an einen vom Großkapital ausgearbeiteten Plan zu halten, gehen auf Bernard Baruchs U.S. War Industries Board zurück, das als Notfallmaßnahme in Kriegszeiten eingerichtet und ausgearbeitet wurde. Im Jahr 1915, vor dem Eintritt der USA in den Ersten Weltkrieg, leitete Howard E. Coffin, damals Vorsitzender von General Electric, das U.S. Committee on Industrial Preparedness.

Zusammen mit Bernard Baruch und Daniel Willard von der Baltimore and Ohio Railroad war Coffin auch Mitglied der Beratungskommission des Rates für Nationale Verteidigung. 1915 wurde Bernard Baruch von Präsident Woodrow Wilson gebeten, einen Plan für einen Ausschuss zur Mobilisierung der Streitkräfte zu entwerfen. Dieser Baruch-Plan wurde später in das War Industries Board umgewandelt, das das alte General Munitions Board aufnahm und ersetzte. Margaret L. Coit, Baruchs Biographin, beschreibt das War Industries Board als ein Konzept, das den genossenschaftlichen Handelsvereinigungen ähnelt, einem Instrument, das von der Wall Street lange Zeit gewünscht wurde, um die unerwünschten Unbilden des Wettbewerbs auf dem Markt zu kontrollieren:

Industrieausschüsse, große und kleine Unternehmen, die beide in Washington vertreten sind, und beide mit einer Vertretung in Washington in der Heimat - dies könnte das Rückgrat der gesamten Struktur sein.[80]

Im März 1918 hatte Präsident Wilson Baruch ohne Ermächtigung des Kongresses mit mehr Befugnissen ausgestattet, als jeder anderen Person in der Geschichte der Vereinigten Staaten zugestanden worden waren. Das War Industries Board mit Baruch als Vorsitzendem wurde verantwortlich für den Bau aller Fabriken und für die Versorgung mit allen Rohstoffen, allen Produkten und allen Transportmitteln, und alle endgültigen Entscheidungen lagen beim Vorsitzenden Bernard Baruch. Kurz gesagt, Baruch wurde zum Wirtschaftsdiktator der Vereinigten Staaten oder zum "Marschall der Hersteller" in Clinton Roosevelts Schema. Doch wie Margaret Coit feststellt, "... wurde die Schaffung dieses Amtes nie ausdrücklich durch ein Gesetz des Kongresses genehmigt."[81]

Bis zum Sommer 1918 hatte Baruch, der mit außerordentlichen und verfassungswidrigen Befugnissen ausgestattet war, nach seinen eigenen Worten "endlich ein System der positiven 'Kontrolle' über

---

[80] Margaret L. Coit, Mr. Baruch (Boston: Houghton, Mifflin, 1957), S. 147.

[81] Ebd., S. 172.

den größten Teil des industriellen Gefüges entwickelt... Der Erfolg machte Mut zu mehr Erfolg, und ein Gewerbe nach dem anderen wurde mit wachsender Bereitschaft der betroffenen Interessen unter Kontrolle gebracht."[82]

Zum Zeitpunkt des Waffenstillstands bestand der W.I.B. aus Baruch (Vorsitzender), Alexander Legge von International Harvester (stellvertretender Vorsitzender) und E.B. Parker und R.S. Brookings (dessen Ideen wir bereits untersucht haben), die für die Preisfestsetzung zuständig waren. Assistenten des Vorsitzenden waren: Herbert Bayard Swope, Bruder von Gerard Swope von General Electric, Clarence Dillon von der Wall-Street-Firma Dillon, Read & Co. sowie Harrison Williams und Harold T. Clark.[83]

Baruchs Abschlussbericht über die Tätigkeit der W.I.B. war weit mehr als eine Geschichte ihrer Operationen; er war auch ein konkreter Plan und eine Empfehlung für die Wirtschaftsplanung in Friedenszeiten.

Baruch begnügte sich nicht damit, die Lehren zusammenzufassen, die für die Planung im Krieg oder für die industrielle Vorbereitung in Zeiten eines unruhigen Friedens ziehen sollte. Im Gegenteil,

---

[82] Bernard M. Baruch, American Industry in the War: A Report of the War Industries Board (März 1921), mit einer Einführung von Hugh S. Johnson (New York: Prentice-Hall, 1941) (mit "einem Nachdruck des Berichts des War Industries Board des Ersten Weltkriegs, Mr. Baruchs eigenem Programm für die totale Mobilisierung der Nation, wie es der War Policies Commission 1931 vorgelegt wurde, und aktuellem Material über Prioritäten und Preisfestsetzung").

[83] Für eine vollständige Liste des W.I.B.-Personals siehe Grosvenor B. Clarkson, Industrial America in the World War (New York: Houghton, Mifflin, 1923), Anhang III. Im Lichte von Kapitel 11 ist es interessant zu sehen, dass zahlreiche W.I.B.-Ausschussmitglieder ihre Büros am Broadway 120 hatten, darunter Murry W. Guggenheim, Stephen Birch (Kennecott Copper), Edward W. Brush (American Smelting and Refining), F. Y. Robertson (United States Metals Refining Co.), Harry F. Sinclair (Sinclair Refining Co.), Charles W. Baker, (American Zinc) und Sidney J. Jennings (United States Smelting, Refining and Mining Co.)

Baruchs Schlussfolgerungen waren nach seinen eigenen Worten auf die "industriellen Praktiken des Friedens" gerichtet und enthielten Empfehlungen "für die Geschäftspraktiken normaler Zeiten". Der Großteil der Schlussfolgerungen bezieht sich auf die Umstellung eines geplanten Wirtschaftssystems in Kriegszeiten auf ein geplantes Wirtschaftssystem in Friedenszeiten, und selbst die Vorschläge für die Praxis in Kriegszeiten beziehen sich auf Funktionen in Friedenszeiten. Baruch schlug vor, dass die wichtigsten "direkten Kriegslektionen, die aus der Tätigkeit des War Industries Board abgeleitet werden können", folgende seien:

1. Einrichtung einer Friedensorganisation mit 50 Rohstoffabteilungen, die zusammenkommen, um über die Entwicklung der Industrie auf dem Laufenden zu bleiben und Informationen zu entwickeln. Der Tenor dieses Vorschlags war, dass die für die Friedenszeitplanung benötigten Informationen gesammelt werden sollten und dass die Leitung der Organisation von der Großindustrie ausgehen sollte.
2. dass die Regierung "ein System zum Schutz und zur Förderung der internen Produktion von bestimmten Rohstoffen, die im Krieg verwendet werden, ausarbeiten sollte", und
3. Die Regierung sollte kriegswichtige Industrien dazu ermutigen, für den Kriegseinsatz Notstandsorganisationen zu unterhalten.

Abgesehen von diesen recht elementaren Vorschlägen befasst sich Baruch in seinem Bericht ausschließlich mit der "Planung" in Friedenszeiten. Zunächst wird die Behauptung aufgestellt, dass sich "die Prozesse des Handels" auf irgendeine unbestimmte Weise verändert hätten und nun gezwungen seien, "bestimmten neuen Prinzipien der Überwachung" zu weichen. Auf diese unlogische Behauptung folgt die Feststellung:

Wir haben uns allmählich von der alten Doktrin des anglo-amerikanischen Rechts lösen müssen, wonach sich die Sphäre des Staates auf die Verhinderung von Vertragsbruch, Betrug, Körperverletzung und Sachbeschädigung beschränken sollte und der Staat den Schutz nur gegenüber unzuständigen Personen ausüben sollte.

Es ist notwendig, schreibt Baruch, dass die Regierung "ihren Arm ausstreckt" , um "kompetente Einzelpersonen vor den diskriminierenden Praktiken der industriellen Massenmacht zu schützen." Baruch verweist zwar auf die staatliche Kontrolle der Eisenbahnen und der Handelsflotte, aber er erklärt nicht, warum die Vertreter des Großkapitals am besten geeignet wären, diese Kontrolle auszuüben. Mit anderen Worten, *warum* der Fuchs als das kompetenteste Wesen für die Leitung des Hühnerstalls vorgeschlagen wird, bleibt unausgesprochen. Baruch prangert dann die Sherman- und Clayton-Kartellgesetze mit der Begründung an, diese Gesetze seien lediglich Versuche, die Industrie in die Form "einfacher, für die Bedingungen einer vergangenen Zeit ausreichender Prinzipien" zu zwingen, und lobt die Errungenschaft des War Industries Board, weil es Hunderte von Handelsverbänden aufgebaut habe, die die Preise und die Methoden des Vertriebs und der Produktion kontrollieren:

> *Viele Unternehmer haben während des Krieges zum ersten Mal in ihrer Laufbahn die enormen Vorteile erfahren, die der Zusammenschluss, die Zusammenarbeit und das gemeinsame Vorgehen mit ihren natürlichen Konkurrenten sowohl für sie selbst als auch für die Allgemeinheit haben.*

Wenn diese kooperativen Eigenschaften nicht beibehalten werden, argumentiert Baruch, dann werden Geschäftsleute versucht sein, "und viele von ihnen werden nicht widerstehen können", "ihre Geschäfte aus privatem Gewinnstreben und mit wenig Bezug auf das allgemeine öffentliche Wohl zu führen." Andererseits können Wirtschaftsverbände von größtem öffentlichem Nutzen sein, um das gewünschte Ziel der Zusammenarbeit zu erreichen. Baruch schlussfolgert:

> *Es stellt sich also die Frage, welche Art von staatlicher Organisation gefunden werden kann, um das öffentliche Interesse zu wahren, während diese Vereinigungen*

weiterhin die gute Arbeit leisten können, zu der sie fähig sind.

Wie jeder gute Sozialist schlägt Baruch staatliche Organisationen vor, um diese Grundsätze der Zusammenarbeit und Koordination zu entwickeln.

Wenn der Leser für einen Moment die Idee eines gegenseitigen Antagonismus zwischen Kommunismus und Kapitalismus beiseite schiebt, wird er in den Schriften von Bernard Baruch die grundlegenden Ziele von Karl Marx im *Kommunistischen Manifest* leicht erkennen. Der Unterschied zwischen den beiden Systemen liegt in den Namen der wenigen Eliten, die die unter als staatliche Planung bekannte Operation leiten; die Vorhut des Proletariats bei Karl Marx wird bei Bernard Baruch durch die Vorhut des Großkapitals ersetzt.

Wer würde von Baruchs Vorschlag profitieren? Der Verbraucher? Überhaupt nicht, denn die Interessen der Verbraucher werden *immer* durch den freien Wettbewerb auf dem Markt geschützt, wo Waren und Dienstleistungen zu den geringsten Kosten und auf die effizienteste Weise hergestellt werden und der Verbraucher die größtmögliche Auswahl unter den konkurrierenden Herstellern hat. Die Nutznießer von Baruchs Vorschlägen wären die wenigen, die die großen Industriesektoren kontrollieren - insbesondere Eisen und Stahl, Rohstoffe, Elektrogeräte, d.h. die bereits etablierten Industrien, die den Wettbewerb mit den unternehmungslustigeren Newcomern fürchten. Mit anderen Worten: Bernard Baruch und die Wall-Street-Klientel, die das Großkapital durch die Verflechtung der Direktorenposten effektiv kontrolliert, würden von seinem Vorschlag profitieren. Die Kernfrage lautet also: Wem nützen diese Vorschläge für Handelsverbände und die staatliche Koordinierung der Industrie? Der wichtigste, ja der einzige große Nutznießer - abgesehen von der Schar akademischer Berater, Bürokraten und Planer - wäre die Finanzelite der Wall Street.

Hier haben wir also, in Baruchs eigenen Worten und Ideen, eine Umsetzung der Aufforderung von Frederic Howe, "die Gesellschaft für sich arbeiten zu lassen", den Monopolisten. Dies geschieht auch in Form eines Vorschlags, der mit dem System von Clinton Roosevelt vergleichbar ist. Es gibt keinen Hinweis darauf, dass Baruch von Clinton Roosevelt gehört hatte. Das hätte er auch nicht tun müssen, denn die Vorteile von Handelsbeschränkungen und Chancengleichheit waren für bereits etablierte Unternehmen schon immer offensichtlich. Es wird daher nicht überraschen, Bernard Baruch im Zentrum der Roosevelt NRA zu finden, die ihrerseits viele von Baruchs Vorschlägen aus der Nachkriegszeit aufgreift, und die eine Investition von 200.000 Dollar in die Wahl von FDR getätigt hat. Das erklärt, warum Baruchs Mitarbeiter aus dem Ersten Weltkrieg im New Deal auftauchen. General Hugh Johnson beispielsweise verbrachte die 1920er Jahre damit, auf Baruchs Kosten die industrielle Organisation zu studieren, und tauchte 1933 als Chef der National Recovery Administration auf. Es erklärt auch, warum Franklin Delano Roosevelt, der in den 1920er Jahren selbst ein Wall Streeter war, zusammen mit Herbert Hoover - ebenfalls ein Wall Streeter in den 1920er Jahren - den ersten der von Baruch vorgeschlagenen Wirtschaftsverbände mitbegründete, die American Steel Construction Association, die im nächsten Kapitel besprochen wird.

Parallel zu den Ideen von Bernard Baruch, die in der NRA verwirklicht wurden, gibt es ein sehr viel erfolgreicheres zeitgenössisches Beispiel für Unternehmenssozialismus in der Praxis: das Federal Reserve System.

Paul Warburg und die Gründung des Federal Reserve Systems

Obwohl viele an der Ausarbeitung der Federal-Reserve-Gesetzgebung beteiligt waren oder zu sein glaubten, war das System im Wesentlichen das Geisteskind eines Mannes: Paul Warburg, dem Bruder von Max Warburg, den wir in Kapitel 3 kennengelernt haben. Paul Moritz Warburg (1868-1932) entstammte der deutschen Bankiersfamilie von Oppenheim. Nach einer frühen Ausbildung in den Büros von Samuel Montagu & Co. in London und der Banque Russe Pour le Commerce Étranger in Paris trat Warburg in das Familienbankhaus M.M. Warburg & Co. in Hamburg ein. Im Jahr 1902 wurde Warburg Partner im New Yorker Bankhaus Kuhn, Loeb

& Co. und blieb gleichzeitig Partner im Hamburger Bankhaus Warburgs. Fünf Jahre später, im Gefolge der Finanzpanik von 1907, schrieb Warburg zwei Broschüren über das amerikanische Bankensystem: Defects and Needs of our Banking System und A Plan for a Modified Central Bank.[84]

In den Jahren nach 1907 ließ Warburg keine Gelegenheit aus, öffentlich über die Notwendigkeit einer Banken- und Währungsreform in den Vereinigten Staaten zu sprechen und zu schreiben, und 1910 schlug er offiziell eine United Reserve Bank of the United States vor. Dieser Plan entwickelte sich zum Federal Reserve System, und Warburg wurde von Präsident Woodrow Wilson zum Mitglied des ersten Federal Reserve Board ernannt. Während des Ersten Weltkriegs wurde Warburg wegen der Rolle seines Bruders Max in Deutschland heftig kritisiert, und er wurde 1918 nicht wieder in den Vorstand berufen. Nachdem sich die Kritik gelegt hatte, wurde Warburg jedoch von 1921 bis 1926 Mitglied des Beirats des Federal Reserve Board und fungierte von 1924 bis 1926 als dessen Präsident.

Nach der Verabschiedung des Federal Reserve Act von 1913 machten sich Warburg und seine Mitarbeiter von umgehend daran, das gesetzliche Bankmonopol für ihre eigenen Zwecke zu nutzen, wie es Frederic Howe vorgeschlagen hatte. 1919 organisierte Warburg den American Acceptance Council und war 1919-20 Vorsitzender des Exekutivausschusses und 1921-22 dessen Präsident. Im Jahr 1921 gründete Warburg die private International Acceptance Bank, Inc. und wurde deren Vorsitzender, während er weiterhin im Beirat des Federal Reserve Board tätig war. Im Jahr 1925 fügte Warburg zwei weitere private Akzeptanzbanken hinzu: die American and Continental Corp. und die International Acceptance Trust Co. Diese Banken waren mit der von Warburg kontrollierten Bank of the Manhattan Company verbunden. Am Rande sei bemerkt, dass Paul Warburg auch Direktor der amerikanischen IG Chemical Corp. war, der amerikanischen

---

[84] Siehe auch Paul Warburg, *The Federal Reserve System, Its Origin & Growth*; Reflections & Recollections (New York: Macmillan, 1930)

Tochtergesellschaft der IG Farben in Deutschland. Die IG Farben war maßgeblich daran beteiligt, Hitler 1933 an die Macht zu bringen, und stellte das in den Konzentrationslagern der Nazis verwendete Gas Zyklon-B her. Warburg war Gründungsmitglied der Carl Schurz Memorial Foundation, einer 1930 gegründeten Propagandaorganisation, Direktor des angesehenen Council on Foreign Relations, Inc. und Treuhänder der Brookings Institution.

Aber erst durch das Quasi-Monopol des US-Akzeptanzbankwesens, das von der International Acceptance Bank Inc. und ihren angeschlossenen Einheiten erreicht wurde, konnte Warburg die Gesellschaft dazu bringen, für die Warburgs und ihre Bankfreunde zu arbeiten. Der revisionistische Historiker Murray Rothbard hat die Ursprünge der Inflation der 1920er Jahre untersucht, die zum Zusammenbruch von 1929 führte, und macht dabei die folgende treffende Feststellung:

Der Ankauf von US-Wertpapieren hat zwar mehr Aufmerksamkeit erregt, aber die angekauften Wechsel waren mindestens ebenso wichtig und sogar wichtiger als die Diskonts. Der Ankauf von Wechseln stand an der Spitze der inflationären Parade der Notenbankkredite in den Jahren 1921 und 1922, war im Inflationsschub von 1924 wesentlich wichtiger als der Kauf von Wertpapieren und war im Schub von 1927 ebenso wichtig. Darüber hinaus setzten die Wechselkäufe allein den Inflationsimpuls in der fatalen letzten Hälfte des Jahres 1928 fort.[85]

Was waren diese "gekauften Rechnungen", die Rothbard als Hauptursache für die Depression von 1929 bezeichnet? Bei den gekauften Wechseln handelte es sich um Akzepte, und fast alle waren Bankakzepte.

Wer schuf den vor 1920 weitgehend unbekannten Akzeptanzmarkt

---

[85] Murray N. Rothbard, America's Great Depression (Los Angeles: Nash Publishing Corp. 1972), S. 117.

in den Vereinigten Staaten? Paul Warburg.

Wer hat den Löwenanteil an diesem Akzeptanzgeschäft zu künstlich niedrig subventionierten Sätzen gewonnen? Die Internationale Akzeptanzbank, Inc.

Wer war die International Acceptance Bank, Inc? Ihr Vorsitzender war Paul Warburg, mit Felix Warburg und James Paul Warburg als Co-Direktoren. Ein genauerer Blick auf die Zusammensetzung der Banken (siehe unten, Seite 95) legt jedoch nahe, dass es sich um ein Vehikel handelte, das die Finanzelite der Wall Street repräsentierte.

Wussten die Warburgs und ihre Freunde an der Wall Street, wohin ihre Finanzpolitik führen würde? Mit anderen Worten: Hatte ihre Finanzpolitik der 1920er Jahre Elemente der Überlegung? Es gibt ein Memorandum von Paul Warburg, in dem eindeutig festgestellt wird, dass die Banken die Möglichkeit hatten, eine Inflation zu verhindern:

Wenn die Regierung und die Banken der Vereinigten Staaten hilflose Automaten wären, müsste es zweifellos zu einer Inflation kommen. Aber es ist eine Beleidigung für unsere Banken, wenn der Eindruck entsteht, dass sie nicht in der Lage sind, an einem gemeinsamen Schutzplan mitzuarbeiten, wie z.B. alle Bargeldreserven höher als gesetzlich vorgeschrieben zu halten, wenn ein solcher Schritt für die größere Sicherheit des Landes ratsam sein sollte.[86]

Rothbard kommt daher zu Recht zu dem Schluss:

> *Sicherlich war Warburgs führende Rolle im Federal Reserve System nicht unbeteiligt daran, dass er den Löwenanteil der Vorteile aus der Akzeptanzpolitik des*

---

[86] Senat der Vereinigten Staaten, Anhörungen, Munitionsindustrie, Teil 25, a.a.O., S. 8103.

Systems gezogen hat.[87]

Kurz gesagt, die Politik der Schaffung von Akkreditiven zu subventionierten künstlichen Zinssätzen war nicht nur inflationär, sondern der wichtigste Faktor, offenbar eine bewusste Bankenpolitik, die zur Inflation der 1920er Jahre und zum endgültigen Zusammenbruch im Jahr 1929 führte und damit FDRs New Deal oder nationale Wirtschaftsplanung als notwendig erscheinen ließ. Außerdem war dies, wie Rothbard feststellt, "... die Gewährung von Sonderprivilegien für eine kleine Gruppe auf Kosten der Allgemeinheit." Mit anderen Worten: Die Wall Street zwang die amerikanische Gesellschaft, für ein Finanzoligopol zu arbeiten.

Warburgs revolutionärer Plan, die amerikanische Gesellschaft dazu zu bringen, für die Wall Street zu arbeiten, war verblüffend einfach. Selbst heute, im Jahr 1975, bedecken akademische Theoretiker ihre Tafeln mit bedeutungslosen Gleichungen, und die breite Öffentlichkeit kämpft in fassungsloser Verwirrung mit der Inflation und dem bevorstehenden Kreditkollaps, während die recht einfache Erklärung des Problems nicht diskutiert und fast vollständig nicht verstanden wird. Das Federal Reserve System ist ein legales privates Monopol für die Geldversorgung, das unter dem Deckmantel des Schutzes und der Förderung des öffentlichen Interesses zum Nutzen einiger weniger betrieben wird.

Revolutionär? Ja, in der Tat! Aber wie einer von Warburgs bewundernden Biographen bemerkte:

> *Paul M. Warburg ist wahrscheinlich der sanftmütigste Mann, der jemals persönlich eine Revolution durchgeführt hat. Es war eine unblutige Revolution: Er hat nicht versucht, die Bevölkerung zu den Waffen zu rufen. Er trat lediglich mit einer Idee bewaffnet an. Und er hat gesiegt. Das ist das Erstaunliche daran. Als schüchterner, sensibler Mann zwang er seine Idee einer*

---

[87] Murray Rothbard, America's Great Depression, op. cit., S. 119.

Nation von hundert Millionen Menschen auf.[88]

Wie unterscheidet sich diese Revolution Warburgs von der sozialistischen Revolution? Nur darin, dass im Sozialismus, wenn die Revolution erst einmal vollzogen ist und die Staatsmacht in den richtigen ideologischen Händen liegt, die persönlichen Gewinne in der Regel nicht so groß sind - auch wenn die Lehnsgüter, die der nationalsozialistische Hitler und die modernen Sowjets geschaffen haben, diese Feststellung in Frage stellen mögen - und die Ergebnisse nicht so verschleiert werden. Die Währungsdiktatur der Sowjets ist offensichtlich. Die monetäre Diktatur des Federal Reserve Systems wird verschwiegen und umgangen.

Dann sollten wir uns die International Acceptance Bank, das Vehikel für dieses revolutionäre Ausbeutungsmanöver, genauer ansehen, denn sie liefert stichhaltige Signale dafür, dass die Wall Street auch ein echtes Interesse an einer nationalen Wirtschaftsplanung und einem New Deal nach Art von FDR haben würde.

Die Internationale Akzeptanzbank, Inc.

Die Bank wurde 1921 in New York gegründet und war mit Warburgs Bank of the Manhattan Company verbunden. Der Verwaltungsrat lässt jedoch darauf schließen, dass die wichtigsten Elemente der Wall Street auch ein erhebliches Interesse an der International Acceptance Bank hatten, sie kontrollierten und von ihr profitierten. Darüber hinaus gibt es eine auffällige Verbindung zwischen den ihr angeschlossenen Finanzinstituten und einem allgemeinen Plan zur Einführung des Unternehmenssozialismus in den Vereinigten Staaten.

Wie bereits erwähnt, war Paul M. Warburg Vorsitzender des Vorstands; sein Bruder Felix, ebenfalls Partner bei Kuhn Loeb &

---

[88] Harold Kellock, "Warburg, der Revolutionär", in The Century Magazine, Mai 1915, S. 79.

Co. und sein Sohn James P. Warburg waren Mitdirektoren. Der stellvertretende Vorstandsvorsitzende war John Stewart Baker, ebenfalls Präsident und Direktor der Bank of Manhattan Trust Co. und der International Manhattan Co. sowie Vorsitzender des Exekutivausschusses und Direktor der Manhattan Trust Co. Baker war auch Direktor der American Trust Co. und der New York Title and Mortgage Co. F. Abbot Goodhue war Präsident und Direktor der International Acceptance Bank, Mitglied des Vorstands der anderen Warburg-Banken und Direktor der First National Bank of Boston. Weitere Direktoren der International Acceptance Bank waren Newcomb Carlton, Direktor der von Rockefeller kontrollierten Chase National Bank, der von Morgan kontrollierten Metropolitan Life Insurance Co. und anderer großer Unternehmen wie der American Express Co. , der American Sugar Refining Co. und der American Telegraph and Cable Co. Newcomb Carlton war auch Direktor von American Telegraph and Cable und Direktor der American International Corporation, einem Unternehmen, das eng mit der bolschewistischen Revolution verbunden war.[89] Ein weiterer Direktor der International Acceptance Bank, der auch Direktor der American International Corp. war, war Charles A. Stone, ansässig am 120 Broadway und Direktor der Federal Reserve Bank von 1919 bis 1932. Bronson Winthrop war ebenfalls Direktor sowohl der American International Corp. als auch der International Acceptance Corp. Somit hatten drei Direktoren der International Acceptance Bank eine Verflechtung mit der American International Corp, dem Schlüsselinstrument für die Beteiligung der USA an der bolschewistischen Revolution.

Ein weiterer Direktor der International Acceptance Bank war David Franklin Houston, der auch Direktor der Carnegie Corp, der von Morgan kontrollierten Guaranty Trust Co, U.S. Steel und A.T.& T. sowie Präsident der Mutual Life Insurance Co. war. Zu den weiteren Direktoren der I.A.B. gehörten Philip Stockton, Präsident der First National Bank of Boston und Direktor von A.T. & T., General Electric, International Power Securities und vielen anderen Unternehmen; William Skinner, Direktor der Irving Trust Co,

---

[89] Siehe Sutton, Bolshevik Revolution, op. cit., Kapitel 8.

Equitable Life Assurance und Union Square Savings Bank; Charles Bronson Seger, Direktor von Aviation Corp., Guaranty Trust Co. und W.A. Harriman; Otto V. Schrenk, Direktor von Agfa Ansco Corp., Krupp Nirosta und Mercedes Benz Co. und Henry Tatnall, Direktor der Girard Trust Co. Paul Warburg war auch Direktor von Agfa Ansco, Inc. einem Unternehmen, das sich zu 60 Prozent im Besitz der I.G. Farben befand und als "Front" für die I.G. in den Vereinigten Staaten diente.

Insgesamt spiegelten die Direktoren der International Acceptance Bank die mächtigsten Sektoren der Wall Street wider: die Morgans, die Rockefellers und Harriman sowie die Bostoner Bankiers.

Darüber hinaus gab es eine lebenslange und enge Verbindung zwischen Warburg und den Roosevelts von der Kindheit bis zum New Deal. Diese Verbindung zwischen Warburg und Roosevelt wird durch einen Auszug aus den Memoiren von James P. Warburg veranschaulicht: "Zufällig kannte ich den ältesten Sohn des gewählten Präsidenten, James Roosevelt, seit einigen Jahren, weil er in einem der Cottages auf dem Anwesen meines Onkels Felix in White Plains gewohnt hatte."[90]

Später wurde derselbe James P. Warburg Berater von Präsident Franklin D. Roosevelt in nationalen und internationalen Währungsangelegenheiten. Das große Interesse Warburgs am NRA-Programm spiegelt sich in einem Memorandum Warburgs an FDR aus dem Jahr 1933 wider:

> *Memorandum für den Präsidenten: Inländisches Währungsproblem. Meines Erachtens war die Regierung noch nie mit einer so ernsten Situation konfrontiert wie heute. Das gesamte Konjunkturprogramm, das Herzstück ihrer Politik, ist durch Unsicherheit und Zweifel im Währungsbereich gefährdet. Das Nationale Konjunkturprogramm kann unmöglich sinnvoll*

---

[90] James P. Warburg, The Long Road Home: The Autobiography of a Maverick (Garden City: Doubleday, 1964), S. 106.

> *funktionieren, wenn Angst vor einer Währungsabwertung in unbekanntem Ausmaß und Angst vor geldpolitischen Experimenten herrscht. Es hat bereits eine enorme Kapitalflucht stattgefunden, und diese Flucht wird sich in zunehmendem Maße fortsetzen, solange Unsicherheit herrscht.[91]*

Dann empfahl James Warburg, ganz im Sinne der Warburg'schen Neigung zum Monopol, FDR, dass *alle* geldpolitischen Ideen, Maßnahmen und Entscheidungen im Finanzministerium und im Federal Reserve Board zentralisiert werden sollten.

Dieser Vorschlag würde natürlich sicherstellen, dass alle geldpolitischen Entscheidungen von der elitären Gruppe getroffen würden, die mit der Internationalen Akzeptanzbank und dem Federal Reserve System verbunden war. Der Finanzminister im Juli 1933, als James Warburg sein Memorandum an FDR schrieb, war William H. Woodin, der von 1925 bis 1931 Direktor der FRB of New York gewesen war. Wir können auch FDRs eigene Verbindungen mit dem Federal Reserve System anführen. Sein "Lieblingsonkel" Frederic Delano wurde 1914 von Präsident Woodrow Wilson zum stellvertretenden Vorsitzenden des Federal Reserve Board ernannt, und von 1931 bis 1936 war Delano Vorsitzender des Vorstands der Federal Reserve Bank of Richmond, Virginia. FDR ernannte Delano 1934 zum Vorsitzenden des National Resources Planning Board.

1933-34 erlebten die Vereinigten Staaten die größte Finanzkrise ihrer Geschichte. Und was hat FDR getan? Er berief genau die Akteure, die für die Krise verantwortlich waren, als Finanzärzte ein - eine so vernünftige Politik, als würde man die Irren in der Anstalt laufen lassen.

So finden wir Verbindungen zwischen Franklin D. Roosevelt, der Familie Warburg und dem von Warburg inspirierten

---

[91] Franklin D. Roosevelt und auswärtige Angelegenheiten, Bd. I, S. 325. Memorandum von James P. Warburg an Roosevelt, 24. Juli 1933

Zentralbanksystem, die von der Kindheit bis zur Ernennung Warburgs zu einem der wichtigsten Währungsberater von FDR reichen. Wir werden später sehen, dass es Warburg war, der die endgültige Form der National Industrial Recovery Administration bestimmte. Andererseits kontrollierten die Warburg-Familie und ihre Freunde an der Wall Street die private Monopolgeldversorgung, die als Federal Reserve System bekannt ist, und nutzten dieses Monopol über die Internationale Akzeptanzbank für ihre eigenen Zwecke aus.

Die Gründerväter bewiesen eine tiefe Weisheit und Einsicht in die Gefahren eines Monopols der Papiergeldausgabe, die sich in Artikel I, Abschnitt 9 der US-Verfassung widerspiegelt: "Kein Staat soll ... irgendetwas anderes als Gold- und Silbermünzen zum Zahlungsmittel für Schulden machen...."

Eine verfassungsrechtliche Anfechtung der Ausgabe von Federal-Reserve-Noten durch ein privates Bankenmonopol, das Federal Reserve System, ist überfällig. Es bleibt zu hoffen, dass der Wert des Dollars nicht auf Null gesenkt werden muss, wie die Mark im Deutschland nach dem Ersten Weltkrieg, bevor eine solche Anfechtung eingeleitet und vom Obersten Gerichtshof der Vereinigten Staaten bestätigt wird.

Kapitel 7

Roosevelt, Hoover und die Handelsräte

Selten treffen sich Leute aus der gleichen Branche, um sich zu amüsieren und zu unterhalten, sondern die Gespräche enden in einer Verschwörung gegen die Öffentlichkeit oder in einer Erfindung zur Erhöhung der Preise.

Adam Smith, An Inquiry into the Nature and Causes of the Wealth of Nations (London: George Routledge, 1942), S. 102.

Die Idee, die Gesellschaft dazu zu bringen, für eine privilegierte Gruppe innerhalb dieser Gesellschaft zu arbeiten, stammt weder von den Unternehmenssozialisten an der Wall Street, noch von der Finanzwelt im Allgemeinen, noch von den Marxschen Sozialisten. Der Gedanke ist sogar älter als unsere eigene Industriegesellschaft, und es gibt eine interessante Parallele zwischen den Kodizes des New Deal in Amerika (die wir später untersuchen werden) und der Handelsgesetzgebung im England des 13.[92]

Ein mittelalterlicher New Deal

Im Jahr 1291 wurden die Gerber von Norwich, England, vor das örtliche Gericht gestellt, weil sie ihre Gerberaktivitäten zum

---

[92] Siehe Erwin F. Meyer, "English Medieval Industrial Codes" in *The American Federationist*, Januar 1934. Meyer zieht einige faszinierende Parallelen zwischen den mittelalterlichen Zünften und der Praxis der NRA unter Roosevelt. Im Mittelalter war das Ergebnis, wie auch in den 1930er Jahren, die Schaffung einer "Oligarchie von Kapitalisten" in der englischen Wirtschaft.

Nachteil der örtlichen Bürger organisiert und kodiert hatten. Zwei Jahre später, 1293, wurden die Schuster und Sattler von Norwich mit ähnlichen Anklagen konfrontiert . Indem man die Gesetzgeber "schmierte", wurde die politische Machtstruktur des mittelalterlichen Norwich zu der Ansicht gebracht, dass die Gerber vielleicht doch geschützt werden mussten.

In diesen Schutz flossen dieselben Grundprinzipien der Wirtschaftsplanung ein, die fast 700 Jahre später im New Deal von Roosevelt zum Tragen kamen. So wurde 1307 die Gerbereiindustrie von Norwich gesetzlich kodifiziert und Löhne und Arbeitsbedingungen vorgeschrieben, alles unter dem Deckmantel des Verbraucherschutzes, aber in der Praxis wurde den Gerbern ein gesetzliches Monopol eingeräumt.

Im Jahrzehnt vor dem New Deal, in den 1920er Jahren, war Wall Streeter Roosevelt im Namen der Wirtschaft aktiv, um dieselben grundlegenden Ideen zu fördern, nämlich die Polizeigewalt des Staates zu nutzen, um den Handel einzuschränken, die Zusammenarbeit zu fördern und die staatliche Regulierung zu nutzen, um unerwünschte Konkurrenz durch effizientere Außenseiter zu verhindern. Die Handelsverbände der 1920er Jahre waren in ihren Vorschlägen zurückhaltender als die Gerber aus Norwich im 13. Jahrhundert, aber das zugrunde liegende Prinzip war dasselbe.

Leider wurde die Rolle von Franklin D. Roosevelt in der Wall Street der 1920er Jahre von den Historikern ignoriert. Daniel Fusfield stellt zwar richtig fest, dass FDR "aktiv an der Bewegung der Handelsverbände teilnahm, die sich zur NRA des frühen New Deal entwickeln sollte";[93] . Andererseits kommt Fusfield, der die einzige ausführliche Beschreibung von FDRs geschäftlichen Aktivitäten bietet, zu dem Schluss, dass seine Haltung gegenüber der Wirtschaft "eine seltsame Mischung" war. FDR, so Fusfield, "bestand darauf, dass bloße Gewinne keine vollständige Rechtfertigung für

---

[93] Daniel R. Fusfield, *The Economic Thought of Franklin D. Roosevelt and the Origins of the New Deal*.

geschäftliche Aktivitäten sind", dass ein Geschäftsmann auch "das Motiv des öffentlichen Dienstes haben muss". Für Fusfield war dies unvereinbar mit der Beteiligung "an einer Reihe von rein spekulativen und werblichen Unternehmungen, die wenig mit dem Dienst an der Öffentlichkeit zu tun hatten."[94]

Fusfield und seine Historikerkollegen aus der Roosevelt-Ära haben es versäumt, darauf hinzuweisen, dass der "öffentliche Dienst" für einen Geschäftsmann absolut mit der "Gewinnmaximierung" vereinbar ist; tatsächlich ist der öffentliche Dienst der einfachste und sicherlich lukrativste Weg zur Gewinnmaximierung. Je riskanter und spekulativer das Geschäft, desto größer ist vermutlich der Vorteil, der sich aus dem öffentlichen Dienst ergibt.

Wenn wir diese realistischere Sichtweise des sozialen Gutmenschentums einnehmen, dann ist Wall Streeter Roosevelts Haltung gegenüber der Wirtschaft keineswegs "merkwürdig". Sie ist in der Tat ein konsequentes Programm der Gewinnmaximierung.

Der amerikanische Baurat

Der American Construction Council (A.C.C.), der im Mai 1922 gegründet wurde, war der erste von zahlreichen Handelsverbänden, die in den 1920er Jahren gegründet wurden, um die Preise zu erhöhen und die Produktion zu verringern. Der ursprüngliche Vorschlag und der Anstoß für die Gründung des Rates kamen von Handelsminister Herbert Hoover, und der Rat arbeitete unter der Leitung von Franklin D. Roosevelt, der damals gerade seine Karriere an der Wall Street begann, nachdem er als stellvertretender Marineminister tätig gewesen war. Die erklärten öffentlichen Ziele des A.C.C. waren ein "ethischer Kodex" (ein Euphemismus für Handelsbeschränkung), Effizienz und Standardisierung der Produktion. Am wichtigsten, aber weniger bekannt, war, dass der A.C.C. der Industrie die Möglichkeit geben sollte, ihre eigenen Preise und Produktionsniveaus festzulegen, ohne eine

---

[94] Ebd.

Kartellverfolgung durch die Regierung befürchten zu müssen. Die *New York Times* berichtete:

> *Diese enormen Möglichkeiten, die sich aus dem Einsatz für den öffentlichen Dienst und der Beseitigung von Verschwendung ergeben, haben die Phantasie von Hoover und Roosevelt beflügelt und sie dazu gebracht, Führungspositionen in der Bewegung zu übernehmen.*[95]

Wie die Preisfestsetzungsausschüsse von Baruchs War Industries Board war der A.C.C. in Wirklichkeit ein primitiver Industrieverband, obwohl das hochtrabende erklärte Ziel des Rates war:

> *... das Baugewerbe auf eine hohe Ebene der Integrität und Effizienz zu stellen und die Verbesserungsbemühungen der bestehenden Agenturen durch eine Vereinigung, die sich der Verbesserung der Dienstleistungen innerhalb des Baugewerbes widmet, in Einklang zu bringen... ."*[96]

und so die Bedingungen zum Nutzen der Industrie, der Arbeitnehmer und der Allgemeinheit zu stabilisieren. Dieses Ziel verfolgte Baruch auch für die Berufsverbände in Friedenszeiten: die Regulierung der Industrie unter staatlicher Kontrolle und unter Berufung auf das öffentliche Wohl. Im American Construction Council wurde das öffentliche Wohl als die Beseitigung der von der Lockwood-Kommission zur Untersuchung des New Yorker Baugewerbes aufgedeckten Skandale angekündigt.

Da es bei diesem Skandal jedoch zu einem großen Teil um Exklusivverträge und ähnliche Zwangsbedingungen ging, die den Auftragnehmern und Monteuren von der United States Steel Corporation und Bethlehem Steel aufgezwungen wurden, macht das

---

[95] The *New York Times*, 15. Mai 1922, S. 19.

[96] Zitiert in Fusfield, Economic Thought, op. cit., S. 102.

angekündigte öffentliche Interesse wenig Sinn. Diese Industriegiganten wurden von den Morgan-Interessen an der Wall Street kontrolliert, die, wie wir sehen werden, auch hinter dem A.C.C.-Vorschlag stehen. Kurz gesagt, die angeblichen unsozialen Zustände, die durch eine Handelsvereinigung gelöst werden sollten, hätten viel einfacher und effektiver durch ein Memorandum von J.P. Morgan und seinen Partnern gestoppt werden können; es bestand keine Notwendigkeit, eine Handelsvereinigung zu fördern, um solche Missbräuche zu stoppen. Der Grund für die Gründung von Handelsverbänden muss also woanders gesucht werden. Der wahre Grund ist natürlich der Schutz der Industrie vor unliebsamer Konkurrenz und die Schaffung von Monopolbedingungen für die bereits im Geschäft befindlichen Unternehmen. Wie Howe uns sagte, ist ein legales Monopol der sichere Weg zum Profit. Es war die Bildung dieses legalen Monopols, die Roosevelt und Herbert Hoover dazu veranlasste, sich gegen das öffentliche Interesse zu verbünden, obwohl, so Freidel:

> *Elliott Brown, ein Freund von FDR, warnte ihn vor den "sozialistischen" Tendenzen dieser Vereinigungen und insbesondere von Hoover. Sozialistisch, weil in dem Moment, in dem eine Vereinigung gebildet wird, die Regierung ein Interesse geltend machen und dieses Interesse durch einen Beamten im Handelsministerium zum Ausdruck bringen wird, der viele Angelegenheiten, die die Initiative und das Wohlergehen aller Menschen betreffen, billigen oder ablehnen wird (sic).*[97]

Die Rolle von FDR ist nicht wirklich überraschend. Er versuchte damals, eine geschäftliche Karriere in Gang zu bringen. Er verfügte über politische Kontakte und war mehr als bereit, ja begierig, diese zu nutzen. Auf der anderen Seite gibt es eine merkwürdige Dichotomie in den Ideen und Praktiken von Herbert Hoover in diesem Bereich der Beziehungen zwischen Regierung und Wirtschaft. Herbert Hoover erklärte, dass er an den Grundsätzen des freien Unternehmertums und der individuellen Initiative festhielt

---

[97] Freidel, Die Zerreißprobe, a.a.O., S. 152.

und staatlichen Eingriffen misstrauisch gegenüberstand. Diese Behauptungen mischten sich mit anderen gegenteiligen Äußerungen, in denen er staatliche Eingriffe aus fast trivialen Gründen befürwortete oder sogar genehmigte. Leider werden diese Konflikte in den Memoiren von Herbert Hoover, der einzigen endgültig maßgeblichen Quelle, nicht gelöst. Der American Construction Council wird in Hoovers Memoiren nicht erwähnt, obwohl er in Band II, "The Cabinet and the Presidency" (Das Kabinett und die Präsidentschaft), die Übel staatlicher Eingriffe in die Wirtschaft hervorhebt und auf Kommunismus, Sozialismus und Faschismus verweist, um zu bemerken: "Das linke Heilmittel für alle Übel der Wirtschaft" erscheint jetzt als "nationale Planung". Hoover fügte hinzu, dass die "Missstände" in der Wirtschaft nur "marginal" seien und dass es statt staatlicher Eingriffe "... darüber hinaus und noch besser als das eine Zusammenarbeit in der Wirtschaft gäbe, um ihre eigenen Missstände zu beheben."[98]

Andererseits deutet Hoovers private Korrespondenz mit Roosevelt über den American Construction Council darauf hin, dass Hoover zwar ein staatliches Eingreifen befürwortete, aber darauf bedacht war, dieses anhaltende Interesse zu verschleiern, da er fürchtete, die öffentliche Opposition auf sich zu ziehen und den Vorschlag zu ruinieren. Ein Brief von Hoover an Roosevelt vom 12. Juni 1923 macht dies deutlich:

Juni 12, 1923
Franklin D. Roosevelt, Vizepräsident.
Fidelity and Deposit Company of Maryland 120 Broadway
New York City
Mein lieber Roosevelt:

Ich bin in Bezug auf Ihr Telegramm vom 7. Juni in einer gewissen Zwickmühle. Ich hatte gehofft, dass der Rat für Bauwesen ausschließlich von der Industrie ohne Druck von Seiten der Verwaltung ins Leben gerufen werden

---

[98] Die Memoiren von Herbert Hoover. The Cabinet and the Presidency 1920-1933, (London: Hollis and Carter 1952), S. 67.

> *würde. Andernfalls wird er bald die gleiche Opposition bekommen, die alle Berührungen der Regierung mit diesem Problem sofort hervorrufen.*
>
> *Die weit verbreitete Abneigung der Wirtschaft gegen staatliche Eingriffe macht selbst freiwillige Bemühungen zunichte, wenn man glaubt, sie würden auf Anregung der Regierung unternommen.*
>
> *Mit freundlichen Grüßen*
>
> *Herbert Hoover*

Auf jeden Fall war der American Construction Council eine kooperative Vereinigung von Wirtschaft, Arbeit und Regierung, die am 19. Juni in Washington auf Anregung und unter der Leitung von Handelsminister Hoover gegründet wurde, der die ersten Schritte zur Umsetzung eines Programms für das Bauwesen unternommen hat, von dem man hofft, dass es viele der Übel beseitigen wird, die sich im letzten Jahrzehnt in der Branche entwickelt haben.[99]

So war es der freie Unternehmer Herbert Hoover, der den ersten Berufsverband, den American Construction Council, ins Leben rief, der Architekten, Ingenieure, Bauarbeiter, Generalunternehmer, Subunternehmer, Material- und Ausrüstungshersteller, Material- und Ausrüstungshändler, Kautions-, Versicherungs- und Immobilieninteressen sowie die Bauabteilungen von Bundes-, Landes- und Kommunalverwaltungen umfassen sollte.[100]

Die Organisationssitzung des American Construction Council fand im Haus von FDR in New York statt und wurde von etwa 20 Personen besucht. Diese Gruppe erörterte das Konzept des Rates und insbesondere die Frage, ob es sich um eine Clearingstelle für die verschiedenen nationalen Verbände handeln sollte, eine

---

[99] The *New York Times*, 9. Juli 1922, VIII 1:3.

[100] The *New York Times*, 15. Mai 1922, S. 19, col. 8.

bürokratische Clearingstelle, oder ob es sich um eine aktive, aggressive (sic) kämpferische Organisation im Dienste des öffentlichen Wohls der Bauindustrie handeln sollte.[101]

Es wurde einstimmig beschlossen, dass der Rat eine kämpferische, aggressive Organisation und nicht nur eine Informationsstelle sein sollte. Dieses Konzept wurde mit Dwight Morrow von der Firma J.P. Morgan, mit Mr. Dick, dem Sekretär von Richter Gary von der U.S. Steel Corporation, mit Gano Dunn, dem Präsidenten der J.G. White Engineering Corporation, und mit Stone & Webster diskutiert. Es ist interessant festzustellen, dass die meisten dieser Personen und Firmen in meinem früheren Band *Wall Street and the Bolshevik Revolution* prominent vertreten sind.

Nachdem die Finanzwelt ihre Unterstützung für den A.C.C. zum Ausdruck gebracht hatte, wurde die gesamte Bauindustrie um ihre Reaktion gebeten. Diese Vorarbeiten gipfelten in einem Organisationstreffen am Dienstag, dem 20. Juni 1922, im Hotel Washington, Washington D.C.. Franklin D. Roosevelt wurde zum Präsidenten des Rates gewählt, und John B. Larner, Vizepräsident der American Bankers Association, wurde zum Schatzmeister gewählt. Der Vorsitzende des Finanzausschusses war Willis H. Booth von der Guaranty Trust Company. Der Ausschuss setzte dann seine Ausschüsse ein und legte die Prioritäten für seine Probleme fest.

Roosevelts Interpretation der Ursachen für die Probleme der Bauindustrie wurde von der *New York Times* wiedergegeben: "Sich durchzuschlagen war die charakteristische Methode der Bauindustrie in den letzten Jahren. Es gab kein System, keine Zusammenarbeit, keine intensive nationale Planung."

Nachdem er darauf hingewiesen hatte, dass ein Eisenbahner nicht

---

[101] Protokoll des Exekutivausschusses des American Construction Council, 20. Juni 1922. FDR Files, Gruppe 14: American Construction Council.

wegen schlechten Wetters entlassen wird, kommentierte Roosevelt:

> *Im Baugewerbe gibt es jedoch das große Übel in unserem Wirtschaftsleben: die Saisonarbeit. Die gesamte Arbeit wird in die Sommermonate gepresst, während des Winters wird keine einzige Arbeit ausgeführt. Die Folgen dieser Anhäufung liegen auf der Hand. Im Sommer haben wir Arbeitskräftemangel und explodierende Preise, im Winter Arbeitslosigkeit und Einkommenskürzungen. Das Einzige, was das ganze Jahr über anhält, ist die Verbitterung der Menschen, die mit der Arbeit beschäftigt sind.[102]*

Wie wollte FDR dies alles ändern?

Ein großer Teil der Arbeit kann über das Jahr verteilt werden. Es gibt keinen Grund in der Welt, warum ein gelernter Mechaniker, der in New York lebt, zum Beispiel , im Juni heruntergerufen werden sollte, um beim Bau eines öffentlichen Gebäudes in Georgia zu helfen. Georgia kann in Jahreszeiten bauen, in denen es für New York unmöglich ist, ebenso wie Louisiana und alle Südstaaten.

Roosevelt schlug vor, dass die Bauindustrie "sich in dieser Situation zusammenschließen sollte: Baumaterialien in der Nebensaison verlagern und Arbeitskräfte verteilen". Auf einer frühen Sitzung des Gouverneursrates, die am 16. Mai 1923 in FDRs Haus in New York stattfand, wies FDR auf den Weg hin, den der Rat eingeschlagen hatte: "Der American Construction Council wurde gegründet, aber offen gesagt hat er seither nichts anderes getan, als die Beiträge von

---

[102] Die *New York Times*, 4. Juni 1922. Man sucht vergeblich nach einem praktikablen, umsetzbaren Vorschlag zur Lösung der angeblichen Probleme der Bauindustrie. Die stichhaltigsten Vorschläge von Roosevelt und seinen Planerkollegen verlangten, das Wetter zu ändern, um ganzjähriges Bauen oder die Bewegung von Männern und Materialien durch "Planung" zu ermöglichen. Natürlich bewegt ein Marktsystem Männer und Materialien automatisch, ein Punkt, der FDR vermutlich unbekannt war.

etwa 115 verschiedenen Organisationen einzuziehen, glaube ich."

FDR stellte die versammelten Gouverneure vor die grundsätzliche Wahl: Wollten sie so weitermachen wie bisher: "Bauen, so viel wir können, zu jedem Preis, solange wir die Aufträge bekommen?" Denn wenn das der Fall wäre, so FDR, "könnten wir genauso gut vertagen". Andererseits, so fuhr er fort, scheine dies nicht die Ansicht der Mehrheit zu sein, und "wir wollen zum eigentlichen Grundzweck des Rates zurückkehren, der darin bestand, diese Art von Dingen zu verhindern." Es folgte eine Reihe von einstimmig angenommenen Entschließungsanträgen, die eine Verlangsamung der Bauarbeiten zur Folge haben würden. Der Rat hatte weiterhin seine Probleme, die in einem Brief des stellvertretenden Vorsitzenden D. Knickerbocker Boyd an Franklin D. Roosevelt vom 29. April 1924 zusammengefasst wurden, "um auf die sehr ernste Lage aufmerksam zu machen, in der sich die Dinge derzeit befinden". Boyd erinnerte Franklin D. Roosevelt daran, dass der Sekretär der Exekutive, Dwight L. Hoopingarner, "praktisch" ohne Bezahlung gearbeitet hatte und ihm 7000 Dollar an rückständigem Gehalt geschuldet wurden. Boyd fügte hinzu: "Das ist weder gerecht noch richtig, und es sollte nicht weiter zugelassen werden. Ihm sollten nicht nur alle rückständigen Gebühren unverzüglich gezahlt werden, sondern es sollte ihm auch eine pünktliche Bezahlung in der Zukunft zugesichert werden - oder die Arbeit sollte eingestellt werden." Dann erklärte Boyd, dass auch er eine Entschädigung für die für die Ratsarbeit aufgewendete Zeit erwarte, wobei er darauf hinwies, dass sich die bisher aufgewendete Zeit auf $3168,41 belief, zusätzlich zu den Reisekosten. Boyd schlug vor, der Rat solle sich seiner Verantwortung stellen, sich auf eine angemessene finanzielle Grundlage stellen oder sich auflösen. Der letzte Absatz von Boyds Brief verdeutlicht das grundlegende Ziel der Befürworter des American Construction Council:

> *Sollte der Rat aufhören zu existieren, wäre das meiner Meinung nach ein landesweites Unglück - denn ich bezweifle, dass sich nach diesem zweiten Versuch, die große Bauindustrie nach menschlichen Maßstäben zu verstaatlichen, genügend Menschen mit dem Enthusiasmus, dem Glauben und der Geduld für einen dritten Versuch finden würden.*

Franklin D. Roosevelt, Präsident des American Construction Council, hatte sich für eine "wirtschaftliche Planung" ausgesprochen; jetzt räumt der geschäftsführende Vizepräsident einen "Versuch zur Verstaatlichung" der Bauindustrie ein. Dieser Versuch, die Bauindustrie unter dem wachsamen Auge der Regierung zu organisieren, angeblich zum Wohle der Allgemeinheit, scheiterte.

Kapitel 8

Wall Street kauft den New Deal

B.M. [Bernard Baruch] spielte eine effektivere Rolle. Die Zentralen hatten einfach kein Geld. Manchmal konnten sie nicht einmal die Rundfunkgebühren für die Reden der Kandidaten bezahlen. Sie hatten praktisch nichts, um die Kampagne in dem kritischen Bundesstaat Maine weiterzuführen. Jedes Mal, wenn eine Krise eintrat, gab B.M. entweder das nötige Geld oder ging los und besorgte es.

Hugh S. Johnson, Der Blauadler vom Ei bis zur Erde
(New York: Doubleday, Doran, 1935), S. 141.
Über den Wahlkampf von FDR im Jahr 1932.

Im Präsidentschaftswahlkampf 1928 trat Gouverneur Alfred E. Smith, ein Katholik mit Unterstützung von Tammany Hall und einer kollektivistischen Färbung seiner Politik, gegen Herbert Hoover an, einen Quäker mit einer erklärten Neigung zum traditionellen amerikanischen Individualismus und zur Selbsthilfe. Herbert Hoover gewann mit 21.392.000 Stimmen gegenüber Smiths 15.016.000 Stimmen.

Wo haben die Banker-Philosophen der Wall Street ihre Unterstützung und ihren Einfluss bei der Wahl zwischen Smith und Hoover platziert? Nach der gängigen Auslegung der Philosophie der Finanziers hätte ihre Unterstützung Herbert Hoover gelten müssen. Hoover förderte die von der Finanz- und Geschäftswelt heiß geliebten Handelsverbände. Darüber hinaus machte Herbert Hoover in *American Individualism*[103] deutlich, dass das ideale System für Amerika, in seinen eigenen Worten, "kein System des Laissez faire" sei, sondern im Gegenteil eine regulierte Wirtschaft. Auf der anderen Seite war John J. Raskob, Vizepräsident von Du Pont und General Motors und Direktor der Bankers Trust Co. und der County Trust Co. 1928 das politischste Mitglied des Finanzestablishments an der Wall Street. Auf persönliches Drängen von Gouverneur Al Smith wurde Raskob Vorsitzender des Finanzausschusses der Demokratischen Partei. Raskob war auch der größte Einzelspender und spendete mehr als 350.000 Dollar für den Wahlkampf. Welche politischen Ziele verfolgten Raskob und seine Verbündeten, die Al Smith als Kandidaten so attraktiv machten?

Im Jahr 1928 wurden die Schlüsselelemente des späteren Nationalen Wiederaufbauprogramms von John J. Raskob, Bernard Baruch und anderen Wall Streetern der Öffentlichkeit vorgestellt. Die Werbung für Roosevelts NRA geht auf die Reden zurück, die Raskob 1928 im Rahmen der Präsidentschaftskampagne von Al Smith hielt. Obwohl sowohl Al Smith als auch Herbert Hoover bei der Beschaffung von Wahlkampfgeldern stark auf den "goldenen Kreis" der Wall Street angewiesen waren, war das Geld von Du Pont, Raskob und Baruch, wie wir später in diesem Kapitel näher ausführen werden, stark auf Al Smith konzentriert.

Smith verlor natürlich die Wahl 1928 für die Demokraten, und Herbert Hoover wurde Präsident der Republikaner. Trotz der lauwarmen Behandlung durch die Wall Street berief Hoover viele Wall Street-Mitarbeiter in seine Ausschüsse und Gremien. Als er dann Mitte 1932 vor die Wahl gestellt wurde, entweder ein nationales Konjunkturprogramm in Form des Swope-Plans oder eine weniger faschistische Politik zu verfolgen, lehnte Hoover die Einführung des Unternehmenssozialismus ab, erkannte den Swope-Plan als das, was er war, und zog sich den Zorn der Wall Street zu.

Folglich können wir in diesem Kapitel die Baruch-Vorschläge für

---

[103] New York: Doubleday, Seite 1922.

die NRA und die finanzielle Unterstützung der beiden Präsidentschaftskandidaten bei jeder Wahl durch Raskob, Baruch, Du Pont, Rockefeller und andere Mitglieder der Finanzelite nachverfolgen und werden dies auch tun. Die Hauptunterstützung ging jeweils an den demokratischen Kandidaten, der bereit war, den Unternehmenssozialismus zu fördern. Im Jahr 1928 war dies Al Smith, der auch Direktor der von Morgan kontrollierten Metropolitan Life Insurance Company war. 1930 ging die Unterstützung an Roosevelt mit den ersten Spenden vor dem Parteitag für den Wahlkampf zwischen Hoover und Roosevelt im Jahr 1932. Mitte 1932 wurde Herbert Hoover ein großer Teil der Unterstützung der Wall Street entzogen, und es kam zu einem umfangreichen Transfer von Einfluss und Geld zugunsten der Wahl Roosevelts.

In der Folge ließ FDR seine Befürworter nicht im Stich. Der National Recovery Act mit seiner eingebauten Möglichkeit, kleine Unternehmen zu zwingen, wurde versprochen und im Juni 1933 in Kraft gesetzt. Schauen wir uns diese Ereignisse und die damit verbundenen Beweise genauer an.

Der Einfluss von Bernard Baruch auf FDR

Nach eigenen Angaben durchlief Hugh Johnson, der Administrator von Roosevelts NRA, in den 1920er Jahren ein Trainingsprogramm unter der Anleitung von Bernard Baruch. Johnson berichtet über diese Erfahrung wie folgt:

> *Ich bezweifle, dass irgendjemand einen direkteren und umfassenderen Zugang zu Informationsquellen hatte als B.M., und er ließ mir immer freie Hand bei der Konsultation und Inanspruchnahme von Wissenschaftlern und Experten, die ich benötigte. Ich war mehrere Jahre lang der einzige Forschungsmitarbeiter, den er ständig unterhielt. Diese und die vorangegangenen Arbeiten waren eine großartige Ausbildung für den Dienst in der NRB, da diese Studien einen beträchtlichen Teil der gesamten amerikanischen Industrie abdeckten und die Erfahrungen mit der Regierung beide miteinander*

verbanden.[104]

Johnson selbst betrachtet die Raskob-Reden vom September und Oktober 1928 im Rahmen der Al Smith-Kampagne als den Beginn von Roosevelts NRA:

"Es gab nichts besonders Neues in der Essenz oder den entwickelten Prinzipien. Wir hatten genau dieselbe Philosophie in der Kampagne von Al Smith in 1928 ausgearbeitet und zum Ausdruck gebracht... ."[105]

Al Smith, der demokratische Präsidentschaftskandidat von 1928, war, wie bereits erwähnt, Direktor der Metropolitan Life Insurance, der größten Lebensversicherungsgesellschaft der USA, die von J.P. Morgan kontrolliert wird, und der größte Teil seiner Wahlkampfgelder stammte aus dem goldenen Kreis der Wall Street. Bernard Baruch umriss den NRA-Plan selbst am 1. Mai 1930 - ein günstiger Tag für eine sozialistische Maßnahme - in einer Rede in Boston. Der Inhalt der NRA war bereits bekannt: Regulierung, Kodizes, Durchsetzung und das Zuckerbrot der Wohlfahrt für die Arbeiter. Er wurde in Baruchs Programm vom Juni 1932 wiederholt - das Programm, das Herbert Hoover nicht annehmen wollte. Die NRA wurde von Baruch in Aussagen vor dem Senat und in Reden vor der Brookings Institution und an der Johns Hopkins University erneut vorgestellt. Insgesamt zählt Hugh Johnson zehn Dokumente und Reden auf, die alle vor der Wahl Roosevelts im Jahr 1932 gehalten wurden und in denen

"die Entwicklung der Wirtschaftsphilosophie des Wahlkampfes von 1928 und fast alles, was seitdem geschehen ist. Ein Teil dieser Philosophie kam in der

---

[104] Hugh S. Johnson, The Blue Eagle from Egg to Earth (New York: Doubleday, Doran, 1935), S. 116.

[105] Ebd., S. 141.

NRA konkret zum Ausdruck".[106]

Die folgenden Auszüge aus Baruchs Rede vom 1. Mai 1930 enthalten den Kern seiner Vorschläge:

> *Was die Wirtschaft braucht, ist ein gemeinsames Forum, in dem Probleme, die eine Zusammenarbeit erfordern, erörtert und mit der konstruktiven, nicht politischen Sanktion der Regierung angegangen werden können. Es mag vernünftig gewesen sein, per Gesetz alles zu verbieten, was auf eine Regulierung der Produktion hinauslief, als die Welt eine Hungersnot befürchtete, aber es ist öffentlicher Irrsinn, den uneingeschränkten Betrieb eines Systems zu verordnen, das periodisch unverdauliche Massen unverbrauchter Produkte ausspuckt. Kein repressives, inquisitorisches, mittelmäßiges Büro wird die Antwort sein - wir brauchen ein neues Konzept für diesen Zweck - ein Tribunal, das wie der Oberste Gerichtshof mit so viel Prestige und Würde ausgestattet ist, dass unsere größten Wirtschaftsführer froh sein werden, sich aller persönlichen Interessen an der Wirtschaft zu entledigen und dort zu dienen. Wie der Oberste Gerichtshof muss auch er absolut unpolitisch sein.*

Sie sollte keine Befugnis haben, zu unterdrücken oder zu zwingen, aber sie sollte die Befugnis haben, Konferenzen einzuberufen, Vorschläge zu unterbreiten und eine solche vernünftige Zusammenarbeit zwischen Industrieunternehmen zu genehmigen oder zuzulassen, die verhindert, dass unsere wirtschaftlichen Segnungen zu unerträglichen Belastungen werden. Ihre einzige Sanktionsbefugnis sollte darin bestehen, Bedingungen für ihre Lizenzen festzulegen und diese Lizenzen bei Verstößen gegen diese Bedingungen zu widerrufen.

Seine Beratungen sollten öffentlich sein und vollständig

---

[106] Ebd., S. 157.

wissenschaftlich, wie ein Ingenieurbericht, abgefasst und der Welt veröffentlicht werden. Ein solches System würde das öffentliche Interesse schützen und sollte an die Stelle der blinden, hemmenden Decken der Sherman- und Clayton-Gesetze treten...

Es handelt sich nicht um eine staatliche Einflussnahme auf die Wirtschaft in dem Sinne, wie sie hier angeprangert wird. Es handelt sich lediglich um eine Lockerung des Griffs, den die Regierung durch die Kartellgesetze bereits auf die Wirtschaft ausgeübt hat. Es ist kein Irrtum, die ruinöse Überproduktion einzuschränken - eine Politik, die die Bundesregierung jetzt mit Nachdruck für die Landwirtschaft vorantreibt. Wenn jedoch der Wechsel von einem bürokratischen Präzedenzfall zu einem offenen Forum, in dem sich die Wirtschaft in Gruppenselbstverwaltung üben kann und aus eigenem Antrieb unter der Sanktion eines unpolitischen, konstruktiven und hilfreichen Tribunals handelt, nicht möglich ist, dann ist die Idee nicht praktikabel. Aber dass eine solche industrielle Selbstverwaltung unter staatlicher Sanktion möglich ist, wurde 1918 deutlich gezeigt. Viele Schwierigkeiten tauchen auf. Erstens darf alles, was in der Begeisterung und dem Eifer des Krieges geschieht, nur mit Vorsicht als Kriterium akzeptiert werden.

Bei der Regulierung der Produktion ist der Preis ein Aspekt. Das ist ein Thema, das mit Dynamit geladen ist.

Es gibt weitere offensichtliche Vorbehalte. Der Gedanke wird in diesem kritischen Moment wiederbelebt, weil er als Hilfe bei einer drohenden wirtschaftlichen Entwicklung "von ungewöhnlichem Ausmaß" und als Alternative zu staatlichen Eingriffen und einer enormen Ausweitung der politischen Befugnisse im wirtschaftlichen Bereich erwägenswert erscheint - eine Eventualität, die ohne konstruktive Maßnahmen der Wirtschaft selbst fast so sicher ist wie Tod und Steuern.[107]

Baruch wünscht sich nach eigenen Worten eine Wiederbelebung der

---

[107] Ebd., S. 156-7. Kursivdruck im Original.

Handelsverbände, eine Lockerung der Kartellgesetze und eine Kontrolle der Wirtschaftsführer und wirft den Leser zurück auf das War Industries Board von 1918. Baruch schlägt zwar vor, "keinen Zwang auszuüben" und die Beratungen "offen" zu gestalten, aber solche Beteuerungen des guten Willens haben wenig Gewicht angesichts der Wirtschaftsgeschichte und der früheren heftigen Bemühungen um die Bildung von Kartellen und Zusammenschlüssen zur Beschränkung des Handels durch dieselbe Gruppe. Zu diesem Zweck wurden sowohl die Kandidaten der Demokraten als auch der Republikaner finanziell unterstützt, wobei der größte Teil der Finanzmittel aus einem relativ kleinen geografischen Gebiet in New York stammte.

Wall Street finanziert den Präsidentschaftswahlkampf 1928

Die Richtung der politischen Unterstützung kann anhand der damit verbundenen finanziellen Unterstützung gemessen und identifiziert werden. Die Ursprünge der finanziellen Beiträge zu den Wahlkämpfen von Smith und Hoover im Jahr 1928 können ermittelt werden, und wir stellen fest, dass entgegen der vorherrschenden Meinung die Demokraten den Löwenanteil der Mittel von der Wall Street erhielten; wie wir gesehen haben, wurden die Umrisse des National Recovery Act erstmals von Baruch und Raskob im Wahlkampf der Demokraten verkündet.

Nach den Präsidentschaftswahlen von 1928 untersuchte der Steiwer-Ausschuss des US-Repräsentantenhauses die Quellen der Wahlkampfgelder , die in die Wahlen flossen[108] . Die detaillierten Informationen wurden veröffentlicht, aber der Steiwer-Ausschuss untersuchte nicht die Unternehmensherkunft und -zugehörigkeit der Spender, sondern führte lediglich Namen und Spendenbeträge auf.

---

[108] Kongress der Vereinigten Staaten, Sonderausschuss des Senats zur Untersuchung der Ausgaben für den Präsidentschaftswahlkampf, Presidential Campaign Expenditures. Bericht gemäß S. Res. 234, 25. Februar (Kalendertag, 28. Februar), 1929. 70. Kongress, 2. Sitzung. Senate Rept. 2024 (Washington: Government Printing Office, 1929). Im Folgenden zitiert als Steiwer Committee Report.

Tabelle XIII des Berichts trägt den Titel "Personen, die Beträge von 5.000 Dollar und mehr für den republikanischen Präsidentschaftskandidaten spenden". Der republikanische Präsidentschaftskandidat war natürlich Herbert Hoover. In dieser Tabelle sind die vollständigen Namen und die gespendeten Beträge aufgeführt, jedoch nicht die Zugehörigkeit der Spender. In ähnlicher Weise trägt Tabelle XIV des Berichts den Titel "Personen, die Beträge von 5.000 Dollar und mehr für den demokratischen Präsidentschaftskandidaten gespendet haben". Auch hier werden die vollständigen Namen und Beträge genannt, aber die Zugehörigkeit der Personen wird nicht angegeben.

Diese Listen wurden vom Verfasser mit dem *Directory of Directors in the City of New York 1929-1930* abgeglichen.[109] Wenn der vom Steiwer-Ausschuss aufgeführte Spender eine Adresse im Umkreis von einer Meile um den 120 Broadway in New York hatte, wurden der Name und der gespendete Betrag vermerkt. Personen, die nicht im Verzeichnis standen und höchstwahrscheinlich außerhalb von New York City wohnten, wurden nicht vermerkt, aber die Geldbeträge, die von den nicht in New York wohnenden Personen gespendet wurden, wurden festgehalten. Mit anderen Worten, aus den Daten des Steiwer-Ausschusses wurden zwei Summen gebildet: (1) Beiträge von Personen, die als Direktoren von Unternehmen mit Hauptsitz in New York aufgeführt waren, und (2) Beiträge von allen anderen Personen. Darüber hinaus wurde eine Liste mit den Namen der New Yorker Spender erstellt. In der Praxis war das Untersuchungsverfahren so angelegt, dass die in New York ansässigen Direktoren nicht berücksichtigt wurden. So wurde beispielsweise Van-Lear Black in der Liste der Demokratischen Partei vom Autor als nicht in New York ansässig aufgeführt, obwohl Black Vorsitzender der Fidelity & Casualty Co war; das Unternehmen hatte Büros am 120 Broadway, und Franklin D. Roosevelt war in den frühen 1920er Jahren ihr New Yorker Vizepräsident. Black war jedoch in Baltimore ansässig und wurde daher nicht als New Yorker Direktor gezählt. Auch Rudolph Spreckels, der Zuckermillionär, wurde im Bericht des Steiwer-

---

[109] New York: Directory of Directors Co., 1929.

Komitees mit einer Spende von 15.000 Dollar aufgeführt, ist aber nicht in der Gesamtzahl der New Yorker Beiträge enthalten, da er seinen Sitz nicht in New York hatte. In ähnlicher Weise trug James Byrne 6500 Dollar zur Smith for President-Kampagne bei, ist aber nicht als New Yorker Direktor aufgeführt - er war Direktor der Fulton Savings Bank in Brooklyn und damit außerhalb des Ein-Meilen-Kreises. Jesse Jones, der texanische Bankier, steuerte 20.000 Dollar bei, ist aber nicht als New Yorker Direktor aufgeführt, weil er ein texanischer, nicht ein New Yorker Bankier war. Mit anderen Worten, die Definition eines Wall-Street-Beitragszahlers war sehr eng gefasst und konsequent.

Die wichtigsten Wall-Street-Sponsoren der Al Smith For President-Kampagne - 1928

Name	Beiträge			
	Defizitkampagne 1924	1928	1928 Defizitbeitrag	Insgesamt
John J. Raskob (Du Pont und General Motors)	-	$110,000	$250,000	$360,000
William F. Kenny (W.A. Harriman)	$25,000	$100,000	$150,000	$275,000
Herbert H. Lehmann	$10.000	$100.00	$150,000	$260,000
M.J. Meehan (120 Broadway)	-	$50,000	$100,000	$150,000

Quelle: In Anlehnung an Louise Overacker, *Money in Elections* (New York: Macmillan, 1932), S. 155.

Nach dieser eingeschränkten Definition belief sich der Gesamtbetrag, der von Wall-Street-Direktoren, die zumeist mit Großbanken verbunden sind, für die Präsidentschaftskampagne von Al Smith 1928 gespendet wurde, auf 1.864.339 $. Der Gesamtbetrag, der von Personen, die nicht zu diesem goldenen Kreis gehören, beigesteuert wurde, belief sich auf 500.531 Dollar, was eine Gesamtsumme von 2.364.870 Dollar ergibt. Zusammenfassend lässt sich sagen, dass der prozentuale Anteil der Wahlkampfspenden von Al Smith für das Amt des Präsidenten, der von Personen stammt, die mehr als 5000 Dollar gespendet haben und ebenfalls als Wall-Street-Direktoren identifiziert wurden, 78,83 Prozent betrug. Der Anteil von Spendern außerhalb des goldenen Kreises betrug lediglich 21,17 Prozent. Betrachtet man die Gesamtzahl der Spender von Al Smith aus einem anderen Blickwinkel, so zeigt sich, dass die Großspender (über 5000 Dollar) der Smith-Kampagne, d.h. diejenigen, die in der besten Position sind, um politische Gefälligkeiten zu erbitten und zu erhalten, fast vier von fünf Dollar aufbrachten.

Die Identität der größeren Beitragszahler sowohl für die Al Smith-Kampagne als auch für den Fonds des Democratic National Committee ist in den beigefügten Tabellen aufgeführt.

Spender von 25.000 Dollar oder mehr an das Demokratische Nationalkomitee von Januar bis Dezember 1928 (einschließlich der in der vorherigen Tabelle aufgeführten Beiträge)

			ANMERKUNG
Herbert H. Lehman und Edith A. Lehman	Lehman Brothers, und Studebaker Corp.	$135,000	FDRs wichtigster politischer Berater
John J. Raskob	Vizepräsident von Du Pont und General Motors	$110,000	NRA-Verwalter
Thomas F. Ryan	Präsident, Bankers Mortgage Co. in Houston	$75,000	Vorsitzender, Reconstruction Finance Corp.
Harry Payne Whitney	Bürgschaftsbank	$50,000	Siehe Kap. 10: "Die Butler-Affäre".
Pierre S. Du Pont	Unternehmen Du Pont, General Motors	$50,000	Siehe Kap. 10: "Die Butler-Affäre".
Bernard M. Baruch	Financier, 120 Broadway	$37,590	NRA-Planer
Robert Sterling Clark	Singer Sewing Sewing Machine Co.	$35,000	Siehe Kap. 10: "Die Butler-Affäre".
John D. Ryan	National City Bank, Anaconda Copper	$27,000	-
William H. Woodin	General Motors	$25,000	Finanzminister, 1932

Quelle: Bericht des Steiwer-Ausschusses, op. cit.

Beiträge zu den Vorwahlen der Demokraten 1928 durch Direktoren der County Trust Company.

Name des Direktors	Beitrag zum Wahlkampf und Defizit	Andere Zugehörigkeiten
Vincent Astor	$10,000	Great Northern Railway, U.S. Trust Co. Treuhänder, N.Y. Public Library Metropolitan Opera
Howard S. Cullman	$6,500	Vizepräsident, Cullman Brothers, Inc.
William J. Fitzgerald	$6,000	-
Edward J. Kelly	$6,000	-
William F. Kenny	$275,000 **	Präsident und Direktor, William F. Kenny Co. Direktor, The Aviation Corp., Chrysler Corp.
Arthur Lehmann	$14,000 ***	Partner, Lehman Brothers. Direktor, American International Corp., RKO Corp., Underwood-Elliott-Fisher Co.
M.J. Meehan	$150,000**	61 Broadway
Daniel J. Mooney	-	120 Broadway
John J. Raskob	$360,000 **	Direktor, American International Corp., Bankers Trust Co. und Christiania Securities Co. Vizepräsident, E.I. Du Pont de Nemours & Co. und General Motors Corp.
James J. Riordan	$10,000	-
Alfred E. Smith	-	Präsidentschaftskandidat Direktor: Metropolitan Life Insurance Co.
Insgesamt	$842,000	

Anmerkungen: *Die folgenden Direktoren der County Trust Company leisteten keinen Beitrag (laut den Unterlagen): John J. Broderick, Peter J. Carey, John J. Cavanagh, William H. English, James P. Geagan, G. Le Boutillier, Ralph W. Long, John J. Pulleyn, und Parry D. Saylor.

**Einschließlich der Beiträge zum Wahlkampfdefizit.

***Ohne Beiträge anderer Mitglieder der Lehman-Familie zur Präsidentschaftskampagne der Demokraten in Höhe von 168.000 Dollar.

Wenn man sich die Namen in diesen Tabellen ansieht, wäre es weder unfreundlich noch unfair zu sagen, dass der demokratische Kandidat vor der Wahl von der Wall Street gekauft wurde. Außerdem war Al Smith Direktor der County Trust Company, und die County Trust Company war die Quelle eines außerordentlich hohen Prozentsatzes der Wahlkampfgelder der Demokraten.

Herbert Hoover's Wahlkampfkasse

Wenn wir uns Herbert Hoovers Wahlkampf 1928 zuwenden, stellen wir ebenfalls eine Abhängigkeit von der Finanzierung durch die Wall Street fest, die ihren Ursprung in der Goldenen Meile hat, aber nicht annähernd in demselben Ausmaß wie bei Al Smiths Wahlkampf. Von den umfangreichen Spenden für Herbert Hoover in Höhe von 3.521.141 Dollar stammten 51,4 Prozent aus der Goldenen Meile in New York und 48,6 Prozent von außerhalb des Finanzdistrikts.

Spenden von 25.000 Dollar oder mehr an das Republican National Committee, Januar bis Dezember 1928

Familie Mellon	Mellon National Bank	$50,000
Familie Rockefeller	Standard Oil	$50,000
Familie Guggenheim	Kupferverhüttung	$75,000
Eugene Meyer	Federal Reserve Bank	$25,000
William Nelson Cromwell	Wall Street-Anwalt	$25,000
Otto Kahn	Equitable Trust Gesellschaft	$25,000
Mortimer Schiff	Banker	$25,000
	Insges	$275,000

amt

Quelle: Bericht des Steiwer-Ausschusses, op. cit.

Herbert Hoover wurde natürlich zum Präsidenten gewählt; seine Beziehung zum Aufstieg des Unternehmenssozialismus wird in den meisten akademischen und medialen Quellen falsch interpretiert. Der Großteil der liberal orientierten Literatur geht davon aus, dass Herbert Hoover eine Art unverbesserlicher Laissez-faire-Neandertaler war. Diese Ansicht wird jedoch durch Hoovers eigene Aussagen widerlegt: zum Beispiel:

> *Diejenigen, die behauptet haben, dass unser Wirtschaftssystem während meiner Amtszeit ein Laissez-faire-System war, haben wenig Ahnung vom Ausmaß der staatlichen Regulierung. Die Wirtschaftsphilosophie des Laissez faire oder "Hund frisst Hund" war in den Vereinigten Staaten bereits vierzig Jahre zuvor gestorben, als der Kongress die Interstate Commerce Commission und die Sherman Anti-Trust Acts verabschiedete.*[110]

Murray Rothbard weist darauf hin ([111]), dass Herbert Hoover ein prominenter Unterstützer von Theodore Roosevelts Fortschrittspartei war und, so Rothbard, Hoover "auf neomarxistische Weise die orthodoxe Laissez-faire-Sichtweise in Frage stellte, dass Arbeit eine Ware ist und dass Löhne durch die Gesetze von Angebot und Nachfrage geregelt werden müssen".[112] Als Handelsminister drängte Hoover auf eine staatliche Kartellierung der Wirtschaft und auf Handelsverbände, und sein "herausragender" Beitrag, so Rothbard, "bestand darin, der Radioindustrie den Sozialismus aufzuzwingen", während die

---

[110] *Die Memoiren von Herbert Hoover: The Cabinet and the Presidency 1920-1923* (London: Hollis and Carter, 1952), S. 300.

[111] *New Individualist Review*, Winter, 1966.

[112] Ebd., S. 5.

Gerichte an einem vernünftigen System privater Eigentumsrechte an Radiofrequenzen arbeiteten. Rothbard erklärt diese Vorstöße in den Sozialismus mit der Begründung, dass Hoover "das Opfer eines schrecklich unzureichenden Verständnisses der Ökonomie war".[113] In der Tat argumentiert Rothbard, dass Herbert Hoover der eigentliche Schöpfer des Roosevelt New Deal war.

Obwohl die hier präsentierten Beweise darauf hindeuten, dass Baruch und Raskob mehr mit dem New Deal von FDR zu tun hatten, hat Rothbards Argument eine gewisse Gültigkeit. Hoovers praktische Politik war nicht konsistent. Es gibt einige Maßnahmen zugunsten des freien Marktes, aber auch viele Maßnahmen gegen den freien Markt. Es scheint plausibel, dass Hoover bereit war, einen Teil, möglicherweise einen wesentlichen Teil, eines sozialistischen Programms zu akzeptieren, aber eine bestimmte Grenze hatte, über die er nicht hinausgehen wollte.

Im Laufe der 1920er Jahre, in den Jahren nach der Gründung des American Construction Council, wurden mehr als 40 von Berufsverbänden erarbeitete Verhaltenskodizes verabschiedet. Als Herbert Hoover Präsident wurde, beendete er trotz seiner frühen Zusammenarbeit mit dem A.C.C. umgehend diese Industriekodizes. Er begründete dies damit, dass es sich wahrscheinlich um illegale Vereinigungen zur Überwachung von Preisen und Produktion handelte und dass keine Regierung diese im Interesse der Öffentlichkeit regulieren könne. Im Februar 1931 bildete die US-Handelskammer unter der Leitung von Henry I. Harriman eine Gruppe mit dem Namen "Committee on Continuity of Business and Employment". Dieses Komitee unterbreitete Vorschläge, die denen des New Deal sehr ähnlich waren: die Produktion sollte dem Verbrauch angepasst werden, die Sherman-Kartellgesetze sollten geändert werden, um Vereinbarungen zur Beschränkung des Handels zu ermöglichen, ein nationaler Wirtschaftsrat sollte unter der Schirmherrschaft der US-Handelskammer eingerichtet werden, und es sollten Vorkehrungen für kürzere Arbeitszeiten in der Industrie, für Renten und für eine Arbeitslosenversicherung

---

[113] Ebd., S. 10.

getroffen werden. Es folgte ein weiterer Hoover-Ausschuss, der so genannte Ausschuss für Arbeitszeiten in der Industrie unter der Leitung von P.W. Litchfield, Präsident der Goodyear Tire and Rubber Company. Dann empfahl ein weiterer Ausschuss unter dem Präsidenten der Standard Oil Company of New Jersey, Walter Teagle, die Arbeitsteilung, ein Vorschlag, der vom Litchfield-Ausschuss unterstützt wurde. Dann kam 1931 der Swope-Plan (siehe Anhang A). Die Pläne lagen vor, aber Herbert Hoover unternahm nur sehr wenig dagegen.

Während das Großkapital unter Herbert Hoover Pläne zur Änderung des Sherman-Kartellgesetzes, zur Ermöglichung der Selbstregulierung durch die Industrie und zur Einführung von Kodizes zur Beschränkung des Handels propagierte, tat Präsident Herbert Hoover nichts. Präsident Herbert Hoover unternahm nichts, um diese Vorhaben zu fördern.

Tatsächlich erkannte Hoover den Swope-Plan als faschistische Maßnahme und hielt dies in seinen Memoiren fest, zusammen mit der melancholischen Information, dass die Wall Street ihn vor die Wahl stellte, den Swope-Plan zu kaufen - faschistisch oder nicht - und mit ihrem Geld und Einfluss die Roosevelt-Kandidatur zu unterstützen. So beschrieb Herbert Hoover das Ultimatum der Wall Street unter der Überschrift "Fascism comes to business - with dire consequences":

> *Zu den ersten faschistischen Maßnahmen Roosevelts gehörte der National Industry Recovery Act (NRA) vom 16. Juni 1933. Es lohnt sich, die Ursprünge dieses Gesetzes zu wiederholen. Diese Ideen wurden erstmals von Gerard Swope (von der General Electric Company) bei einem Treffen der Elektroindustrie im Winter 1932 vorgeschlagen. Daraufhin wurden sie von der Handelskammer der Vereinigten Staaten übernommen. Während des Wahlkampfs von 1932 drängte Henry I. Harriman, der Präsident dieser Kammer, darauf, dass ich diese Vorschläge unterstütze, und teilte mir mit, dass Herr Roosevelt dem zugestimmt habe. Ich versuchte ihm klarzumachen, dass es sich dabei um reinen Faschismus handelte, dass es lediglich eine Neuauflage von*

> *Mussolinis "Unternehmensstaat" war, und weigerte mich, irgendetwas davon zu unterstützen. Er teilte mir mit, dass angesichts meiner Haltung die Geschäftswelt Roosevelt mit Geld und Einfluss unterstützen würde. Das hat sich größtenteils bewahrheitet.[114]*

Wall Street unterstützt FDR bei der Wahl zum Gouverneur von New York

Howard Cullman, Kommissar des New Yorker Hafens und Direktor der County Trust Company, war der wichtigste Geldgeber für die Wiederwahlkampagne von Roosevelt 1930. Freidel[115] listet die Wahlkampfspender des Jahres 1930 ohne deren Unternehmenszugehörigkeit auf. Wenn wir die Firmenzugehörigkeit dieser Spender ermitteln, stellen wir erneut fest, dass die County Trust Company, 97 Eighth Avenue, New York, ein außerordentlich großes Interesse an der Wiederwahl von FDR hatte. Abgesehen von Howard Cullman waren die folgenden Großspender von FDRs Wahlkampf auch Direktoren der County Trust Company: Alfred Lehman, Alfred (Al) Smith, Vincent Astor und John Raskob. Ein weiterer Direktor war FDRs alter Freund Dan Riordan, ein Kunde aus der Zeit von Fidelity & Deposit am 120 Broadway, und William F. Kenny, ein weiterer FDR-Unterstützer und Direktor von County Trust. Um diese Liste ins rechte Licht zu rücken, müssen wir bedenken, dass Freidel 16 Personen als Hauptbeitragszahler zu dieser Kampagne aufführt, und von diesen 16 können wir nicht weniger als fünf als Direktoren von County Trust und zwei weitere nicht aufgeführte Direktoren als bekannte FDR-Unterstützer identifizieren. Weitere prominente Wall Streeters, die den Wahlkampf von FDR 1930 finanzierten, waren die Familie Morgenthau (zusammen mit den Lehmans die größten Spender), Gordon Rentschler, Präsident der National City Bank und Direktor der International Banking Corporation, Cleveland Dodge, Direktor der National City Bank und der Bank of New York, Caspar

---

[114] Herbert Hoover, *Die Memoiren von Herbert Hoover: The Great Depression 1929-1941* (New York: Macmillan, 1952), S. 420.

[115] Freidel, *Die Zerreißprobe*, a.a.O., S. 159.

Whitney, August Heckscher von der Empire Trust Company (120 Broadway), Nathan S. Jones von der Manufacturers Trust Company, William Woodin von der Remington Arms Company, Ralph Pulitzer und die Familie Warburg. Kurz gesagt, im Wahlkampf 1930 stammte der größte Teil von FDRs finanzieller Unterstützung von Bankern der Wall Street.

Spender für die Ausgaben von FDR vor dem Kongress ($3.500 und mehr)

Edward Flynn	$21,500	Direktor der Bronx County Safe Deposit Co.
W.H. Woodin	$20,000	Federal Reserve Bank of New York, Remington Arms Co.
Frank C. Walker	$15,000	Boston-Finanzier
Joseph Kennedy	$10,000	-
Lawrence A. Steinhardt	$8,500	Mitglied von Guggenheim, Untermeyer & Marshall, 120 Broadway
Henry Morgenthau	$8,000	Unterholz-Elliott-Fischer
F.J. Matchette	$6,000	-
Familie Lehmann	$6,000	Lehman Brothers, 16 William Street
Dave H. Morris	$5,000	Direktor mehrerer Wall-Street-Firmen
Sara Roosevelt	$5,000	-
Guy P. Helvering	$4,500	
H.M. Warner	$4,500	Direktor, Motion Picture Producers & Distributors of America
James W. Gerard	$3,500	Financier, 57 William Street
Insgesamt	$117,500	

Kurz nach der Wiederwahl Roosevelts im Jahr 1930 begannen diese Unterstützer, Mittel für den Präsidentschaftswahlkampf 1932 zu sammeln. Flynn beschreibt diese "Frühspender", die bereits vor dem Kongress gespendet hatten, folgendermaßen: "Diese Spender, die schon früh halfen, als die Not noch groß war, gewannen Roosevelts Zuneigung so gründlich, dass sie in den meisten Fällen schließlich eine beträchtliche Gegenleistung in Form von öffentlichen Ämtern und Ehrungen erhielten."[116]

Wall Street wählt FDR 1932

Im Jahr 1932 war Bernard Baruch der Hauptakteur, der hinter den Kulissen - und manchmal auch weniger hinter den Kulissen - mit dem Geld und dem Einfluss des Großkapitals an der Wahl von FDR mitwirkte (siehe Epigraphik zu diesem Kapitel). Darüber hinaus sammelten Bernard Baruch und Hugh Johnson in den 1920er Jahren zahlreiche Statistiken und Materialien, die ihr Konzept der nationalen Wirtschaftsplanung durch Wirtschaftsverbände stützten. Johnson berichtet, wie diese Informationen den Redenschreibern von Roosevelt zugänglich gemacht wurden. Während der Roosevelt-Kampagne von 1932:

> *Ray Moley und Rex Tugwell kamen zu B.M. nach Hause und wir gingen das gesamte Material durch, das B.M. und ich in unserer jahrelangen Arbeit gesammelt und zusammengefasst hatten. Zusammen mit Adolph Berle hatten sie schon lange zuvor die Themen ausgearbeitet, die ihrer Meinung nach ein ideales Schema für wirtschaftliche Reden eines Präsidentschaftskandidaten darstellen würden, aber sie hatten nur wenige Fakten. Von diesem Moment an schlossen wir uns Ray Moleys Kräften an, und wir machten uns alle an die Arbeit, um für Franklin Roosevelt die Daten zu finden, die er in die sehr bemerkenswerte Reihe von einfach ausgedrückten Reden über Hauswirtschaft einfließen ließ, die das Land davon überzeugten, dass es hier den Führer hatte, auf den es sich verlassen konnte.[117]*

Beim erneuten Lesen der FDR-Wahlkampfreden wird deutlich, dass es ihnen an Konkretheit und spezifischen Fakten fehlt. Vermutlich legte das Team Moley-Tugwell das allgemeine Thema fest, und

---

[116] John T. Flynn, "Wessen Kind ist die NRA? *Harper's Magazine* Sept. 1932, S. 84f.

[117] Hugh S. Johnson, *Der Blauadler vom Ei bis zur Erde*, a.a.O., S. 140-1.

Baruch und Johnson brachten unterstützende Aussagen zu Themen wie Kreditexpansion, die Folgen von Spekulationen, die Rolle des Federal Reserve Systems usw. ein. Es ist bemerkenswert, aber vielleicht nicht überraschend, dass diese von Baruch beeinflussten Reden den Leser in den Ersten Weltkrieg zurückversetzten, die gegenwärtige Notlage als größer als die des Krieges bezeichneten und dann subtil ähnliche Baruch'sche Lösungen vorschlugen. Zum Beispiel sagte Roosevelt bei der Rede zum Jefferson Day Dinner am 18. April 1932, oder wurde dazu aufgefordert, dies zu sagen:

Vergleichen Sie diese panische Politik der Verzögerung und der Improvisation mit der Politik, die vor fünfzehn Jahren für die Notsituation des Krieges entwickelt wurde. Wir begegneten spezifischen Situationen mit durchdachten, relevanten Maßnahmen von konstruktivem Wert. Es gab das War Industries Board, die Food and Fuel Administration, das War Trade Board, das Shipping Board und viele andere.[118]

Am 22. Mai 1932 widmete sich Roosevelt dem Thema "The Country Needs, the Country Demands, Persistent Experimentation" und forderte eine nationale Wirtschaftsplanung. Auf diese Rede folgte am 2. Juli 1932 die erste Andeutung des New Deal.

Als er schließlich die Nominierung für die Präsidentschaft in Chicago annahm, sagte FDR: "Ich verspreche Ihnen - ich verspreche mir selbst einen New Deal für das amerikanische Volk".

HINWEIS: Freidels Liste der Spender für die Präsidentschaftskampagne von Franklin Delano Roosevelt im Jahr 1932 vor dem Kongress.

1932 Reconvention   **Zugehörigkeiten**

---

[118] *The Public Papers and Addresses of Franklin D. Roosevelt*; Vol. 1, The Genesis of the New Deal, 1928-1932 (New York: Random House, 1938), S. 632.

Spender[119] (über $2.000)

James W. Gerard	Gerard, Bowen & Halpin (siehe Julian A. Gerard)
Guy Helvering	-
Oberst E.M. House, New York	-
Joseph P. Kennedy,1560 Broadway	Botschafter am Hof von St. James New England Fuel & Transportation Co.
Henry Morgenthau, Senior.	Bank of N.Y. & Trust Co. (stellv. Rechnungsprüfer)
Underwood-Elliott-Fisher 1133 Fifth Avenue	American Savings Bank (Treuhänder)
Dave Hennen Morris	-
Frau Sara Delano Roosevelt, Hyde Park, N.Y.	FDRs Mutter
Laurence A. Steinhardt 120 Broadway	Guggenheim, Untermeyer & Marshall
Harry M. Warner 321W. 44th St.	Motion Picture Producers & Distributors of America, Inc.
William H. Woodin Sekretär des Finanzministeriums	American Car & Foundry; Remington Arms Co.
Edward J. Flynn 529 Courtlandt Ave.	Bronx County Safe Deposit Co.

James A. Farley ergänzt diese Liste:

William A. Julian	Direktor, Central Trust Co.
Jesse I. Straus 1317 Broadway	Präsident, R.H. Macy & Co. N.Y. Lebensversicherung
Robert W. Bingham	Herausgeber, Louisville Courier-Journal
Basil O'Connor 120 Broadway	FDRs Rechtspartner

---

[119] Freidel, *Die Zerreißprobe*, a.a.O., S. 172.

Kapitel 9

FDR und die Unternehmenssozialisten

Der Swope-Plan

Ich denke, das ist genauso revolutionär wie alles, was in diesem Land 1776 oder in Frankreich 1789 oder in Italien unter Mussolini oder in Russland unter Stalin passiert ist.

Senator Thomas P. Gore in den Anhörungen der National Recovery Administration, Finanzausschuss des US-Senats, 22. Mai 1933.

Obwohl der New Deal und sein wichtigster Bestandteil, die National Recovery Administration (NRA), im Allgemeinen als das Ergebnis von FDRs "Brain Trust" dargestellt werden, waren, wie wir gesehen haben, die wesentlichen Grundsätze schon lange vor der Machtübernahme durch FDR und seine Mitarbeiter im Detail ausgearbeitet worden. Die FDR-Gruppe tat kaum mehr, als einem bereits vorbereiteten Plan den Stempel der akademischen Anerkennung aufzudrücken.

Die Wurzeln des Roosevelt-NRW sind von besonderer Bedeutung. Wie wir in Kapitel 6 gesehen haben, näherten sich die NRA unter Berücksichtigung der großen Veränderungen in der Industriestruktur einem Schema an, das 1841 von FDRs Vorfahren, dem Abgeordneten Clinton Roosevelt aus New York, ausgearbeitet worden war.

Dann haben wir festgestellt, dass der Kriegsdiktator Bernard Baruch in den 1920er Jahren ein NRA-ähnliches Programm vorbereitete und dass er und sein Assistent Hugh Johnson maßgeblich an der

Vorplanung beteiligt waren. Außerdem war die Roosevelt-NRA in ihren Einzelheiten ein Plan, der von Gerard Swope (1872-1957), dem langjährigen Präsidenten der General Electric Company, vorgelegt wurde.

Dieser Swope-Plan[120] war wiederum vergleichbar mit einem deutschen Plan, der im Ersten Weltkrieg von seinem Amtskollegen Walter Rathenau, dem Chef der Allgemeinen Elektizitäts Gesellschaft in Deutschland, ausgearbeitet wurde und als Rathenau-Plan bekannt war. Schauen wir uns also den Swope-Plan genauer an.

Die Familie Swope

Die Familie Swope war deutscher Herkunft. Isaac Swope, ein deutscher Einwanderer, ließ sich 1857 in St. Louis als Hersteller von Uhrengehäusen nieder. Zwei von Swope's Söhnen, Herbert Bayard Swope und Gerard Swope, stiegen später zur Spitze des amerikanischen Unternehmertums auf. Herbert Bayard Swope war langjähriger Herausgeber der New York *World*, ein begeisterter Rennbahnfan, ein enger Freund von Bernard Baruch und wurde von FDR während der Zeit des New Deal als inoffizieller Gesandter eingesetzt. Herberts Bruder Gerard machte Karriere bei der General Electric Company. Swope begann 1893 als Hilfskraft in der Fabrik, wurde 1899 Handelsvertreter, 1901 Leiter der Niederlassung in St. Louis und 1913 Direktor der Western Electric Company. Während des Ersten Weltkriegs war Swope stellvertretender Direktor für Einkauf, Lagerung und Verkehr in der Bundesregierung unter General George W. Goethals und plante das Beschaffungsprogramm der US-Armee. Im Jahr 1919 wurde Swope der erste Präsident der International General Electric Company. Die erfolgreiche Förderung des Auslandsgeschäfts von G.E. brachte ihn 1922 als Nachfolger von Edwin Rice, Jr. in die Präsidentschaft von G.E.. Swope blieb von 1922 bis 1939 Präsident von G.E..

---

[120] Siehe Anhang A für den vollständigen Text.

General Electric war ein von Morgan kontrolliertes Unternehmen und hatte immer einen oder zwei Morgan-Partner im Vorstand, während Swope auch Direktor in anderen Wall-Street-Unternehmen war, darunter International Power Securities Co. und die National City Bank.

Die politische Entwicklung von Gerard Swope begann in den 1890er Jahren. Der Biograf David Loth berichtet, dass Swope bald nach seiner Ankunft in Chicago mit den Sozialisten Jane Addams, Ellen Gates Starr, und ihrem Hull House Settlement bekannt gemacht wurde. Dieses Interesse an sozialen Angelegenheiten kulminierte 1931 im Swope-Plan zur Stabilisierung der Industrie, der zu 90 Prozent aus einem Plan für Arbeiterentschädigung, Lebens- und Invaliditätsversicherung, Altersrente und Arbeitslosenschutz bestand. Der Swope-Plan ist ein außergewöhnliches Dokument. In einem kurzen Absatz wird die gesamte Industrie von den Kartellgesetzen ausgenommen - ein langjähriges Ziel der Industrie -, während in zahlreichen längeren Absätzen die vorgeschlagenen Sozialpläne detailliert beschrieben werden. Alles in allem war der Swope-Plan ein durchsichtiges Instrument, um den Grundstein für den Unternehmensstaat zu legen, indem potenzielle Widerstände der Arbeitnehmer mit einem massiven Zuckerbrot der Wohlfahrt entschärft wurden.

Der Swope-Plan und Bernard Baruchs früherer, ähnlicher Vorschlag wurden zum Roosevelt National Recovery Act. Die Ursprünge des NRA an der Wall Street blieben nicht unbemerkt, als das Gesetz im Kongress debattiert wurde. Ein Beispiel dafür ist der empörte, aber nicht ganz zutreffende Ausbruch von Senator Huey P. Long:

> *Ich komme jetzt hierher und beschwere mich. Ich klage im Namen des Volkes meines Landes, des souveränen Staates, den ich vertrete. Ich beschwere mich im Namen des Volkes, wo auch immer es sonst bekannt sein mag. Ich beschwere mich, wenn es wahr ist, wie mir von Senatoren in diesem Saal mitgeteilt wurde, dass Herr Johnson, ein ehemaliger Mitarbeiter von Herrn Baruch, mit der Verwaltung des Gesetzes betraut wurde und bereits den Leiter der Standard Oil Co. und den Leiter von General Motors und General Electric Co. zu seinen*

Helfern ernannt hat.

Ich beschwere mich, wenn Herr Peek, der ein Angestellter von Herrn Baruch ist oder war, wie mir im Senat mitgeteilt wurde, mit der Verwaltung des Farm Act betraut wurde, wie gut er auch sein mag und welche Ideen er auch immer hat.

Ich beschwere mich darüber, daß Herr Brown, der, wie mir im Senat mitgeteilt wurde, zu einem einflußreichen Manipulator des Büros des Haushaltsdirektors gemacht wurde, ein Angestellter von Herrn Baruch war und nun mit dieser Befugnis ausgestattet wird. Ich beschwere mich, weil ich am 12. Mai 1932, bevor wir nach Chicago fuhren, um einen Präsidenten der Vereinigten Staaten zu nominieren, an dieser Stelle stand und dem Volk dieses Landes sagte, dass wir nicht zulassen würden, dass der Einfluss von Baruch, der damals bei Hoover so stark war, die Demokratische Partei vor der Nominierung, nach der Nominierung oder nach der Wahl manipulierte.[121]

Huey Long hat zu Recht auf die Dominanz der Wall Street in der NRA hingewiesen, aber seine Identifizierungen sind ein wenig willkürlich. Hugh Johnson, ein langjähriger Mitarbeiter von Bernard Baruch, wurde tatsächlich zum Leiter der NRA ernannt. Außerdem waren Johnsons wichtigste Assistenten in der NRA drei Unternehmensleiter: Walter C. Teagle, Präsident von Standard Oil of New Jersey; Gerard Swope, Präsident von General Electric und Autor des Swope-Plans; und Louis Kirstein, Vizepräsident von William Filene's Sons of Boston. Wie wir gesehen haben, war Filene ein langjähriger Befürworter des Unternehmenssozialismus. Der von Senator Long zitierte "Chef von General Motors" war Alfred P. Sloan, der nicht mit der NRA in Verbindung stand, sondern der Vizepräsident von G.M., John Raskob, der 1928 und 1932 ein großer Spendensammler war und hinter den Kulissen die Wahl von Franklin D. Roosevelt im Jahr 1932 förderte. Mit anderen Worten: Schlüsselpositionen in der NRA und in der Roosevelt-Regierung selbst waren mit Männern von der Wall Street besetzt. Die

---

[121] Senator Huey P. Long, *Congressional Record*, 8. Juni 1933, S. 5250.

Erklärung der Öffentlichkeitsarbeit für die Umwandlung von Geschäftsleuten in Bürokraten lautet, dass Geschäftsleute über die nötige Erfahrung verfügen und sich im öffentlichen Dienst engagieren sollten. In der Praxis ging es darum, die Industrie zu kontrollieren. Es sollte uns jedoch nicht überraschen, wenn die Unternehmenssozialisten nach der Wahl ihrer Lieblingssöhne nach Washington D.C. gehen, um die Zügel der Monopolverwaltung zu übernehmen. Man müsste naiv sein, um zu glauben, dass es nach den massiven Wahlinvestitionen, die in Kapitel 8 aufgezeichnet wurden, anders sein würde.

Vor dem Amtsantritt von Präsident Roosevelt im März 1933 wurde mehr oder weniger informell ein so genannter "Brain Trust" mit der Ausarbeitung von Wirtschaftsplänen für die Ära Roosevelt beauftragt. Zu dieser Gruppe gehörten General Hugh Johnson, Bernard Baruch (siehe S. 106 für seine politischen Beiträge), Alexander Sachs von Lehman Brothers (siehe S. 117 für seine politischen Beiträge), Rexford G. Tugwell und Raymond Moley. Diese kleine Gruppe, drei von der Wall Street und zwei Akademiker, entwickelte Roosevelts Wirtschaftsplanung.

Diese Verbindung zwischen Bernard Baruch und der Planung der NRB wurde von Charles Roos in seinem maßgeblichen Werk über die NRB aufgezeichnet:

> *Anfang März 1933 brachen Johnson und Baruch zu einem Jagdausflug auf und hielten auf dem Weg dorthin in Washington. Moley aß mit ihnen zu Abend und schlug vor, Johnson solle in Washington bleiben, um einen Plan für den industriellen Aufschwung auszuarbeiten... . Die Idee gefiel Baruch, und er beurlaubte Johnson umgehend von seinen regulären Aufgaben. Nachdem Johnson und Moley die verschiedenen Vorschläge studiert hatten, die Baruch für gut hielt, entwarfen sie einen Gesetzentwurf, der die Industrie bei der Bekämpfung der Depression*

unterstützen sollte.[122]

Roos zufolge bestand Johnsons erster NRA-Entwurf aus zwei Blättern Foolscap-Papier und sah lediglich die Aussetzung der Kartellgesetze sowie eine nahezu unbegrenzte Befugnis für Präsident Roosevelt vor, in der Wirtschaft fast alles zu tun, was er wollte, einschließlich der Lizenzvergabe und der Kontrolle der Industrie. Roos: "Dieser Vorschlag wurde natürlich von der Regierung abgelehnt, da er den Präsidenten zu einem Diktator gemacht hätte, und eine solche Macht war nicht erwünscht."

Diese scheinbar zufällige Ablehnung unerwünschter diktatorischer Macht durch die Roosevelt-Administration könnte von einiger Bedeutung sein. In Kapitel 10 wird die Butler-Affäre beschrieben, ein Versuch der gleichen Wall-Street-Interessen, Roosevelt als Diktator zu installieren oder ihn im Falle seines Widerspruchs durch eine gefügigere Galionsfigur zu ersetzen. Johnsons erste Entwürfe zielten darauf ab, die NRA in einer Form einzurichten, die mit Roosevelt als Wirtschaftsdiktator vereinbar war, und ihre Ablehnung durch Roosevelt steht im Einklang mit den schwerwiegenden Anschuldigungen, die der Wall Street vorgeworfen wurden (S. 141). An diesem Punkt der Planung, so Roos, wurden Johnson und Moley von Tugwell und später von Donald R. Richberg, einem Chicagoer Anwalt für Arbeitsrecht, unterstützt. Die drei entwarfen ein "umfassendes" Gesetz , was immer das auch heißen mag.

General Hugh Johnson wurde zum Leiter der National Recovery Administration ernannt, die unter dem Namen N.I.R.A. gegründet wurde, und eine Zeit lang glaubte man, dass er auch die Public Works Administration leiten sollte. Die von General Johnson und Alexander Sachs von Lehman Brothers erstellten Pläne und Diagramme gingen davon aus, dass der Leiter der NRA auch das

---

[122] Charles F. Ross, NRA Economic Planning (Indianapolis: The Principia Press 1937), S. 37.

öffentliche Arbeitsprogramm leiten würde.

Folglich sind die Wurzeln des NRA-Gesetzes und der Public Works Administration in dieser kleinen Wall-Street-Gruppe zu finden. Ihre Bemühungen spiegeln sowohl die Swope- als auch die Baruch-Pläne für den Unternehmenssozialismus wider, mit einem anfänglichen Versuch, eine Unternehmensdiktatur in den Vereinigten Staaten zu errichten.

Sozialistische Planer in den 1930er Jahren

In den frühen 1930er Jahren gab es natürlich noch viele andere Pläne; in der Tat war die Wirtschaftsplanung unter den Akademikern, Politikern und Geschäftsleuten dieser Zeit weit verbreitet. Die meisten Experten hielten die Wirtschaftsplanung für unerlässlich, um Amerika aus der Depression zu führen. Es gab nur wenige, die die Wirksamkeit und Weisheit der Wirtschaftsplanung anzweifelten. Leider gab es in den frühen 1930er Jahren keine empirischen Erfahrungen, die gezeigt hätten, dass Wirtschaftsplanung ineffizient ist, mehr Probleme schafft als löst und zum Verlust der individuellen Freiheit führt. Ludwig von Mises hatte zwar den Sozialismus geschrieben und seine präzisen Vorhersagen über das Chaos der Planung gemacht, aber von Mises war damals noch ein unbekannter Wirtschaftstheoretiker. Die wirtschaftliche Planung hat eine mystische Anziehungskraft. Ihre Befürworter stellen sich immer implizit als Planer vor, und die antikapitalistische Psychologie, die von Mises so gut beschrieben wurde, ist der psychologische Druck hinter den Kulissen, um den Plan zu verwirklichen. Sogar heute, 1975, lange nachdem die Wirtschaftsplanung völlig diskreditiert wurde, gibt es immer noch den Sirenengesang vom Wohlstand durch Planung. J. Kenneth Galbraith ist ein prominentes Beispiel, zweifellos weil Galbraiths persönliche Einschätzung seiner Fähigkeiten und seiner Weisheit größer ist als die Amerikas insgesamt. Galbraith hat erkannt, dass die Planung ein Mittel ist, um seine angenommenen Fähigkeiten voll auszuschöpfen. Der Rest von uns soll durch die Polizeigewalt des Staates in den Plan gezwungen werden: eine Negation liberaler Prinzipien vielleicht, aber Logik war nie eine Stärke der Wirtschaftsingenieure.

Auf jeden Fall hatte die Wirtschaftsplanung in den 1930er Jahren viel mehr begeisterte Befürworter und weit weniger Kritiker als heute. Fast jeder war ein Galbraith, und der grundlegende Inhalt der vorgeschlagenen Pläne ähnelte in hohem Maße dem seinen. In der nachstehenden Tabelle sind die bekanntesten Pläne und ihre herausragenden Merkmale aufgeführt. Die Industrie, die stets bestrebt war, in der Polizeigewalt des Staates Schutz vor dem Wettbewerb zu finden, schlug selbst drei Pläne vor. Der wichtigste dieser Industriepläne, der Swope-Plan, enthielt obligatorische Merkmale für alle Unternehmen mit mehr als 50 Beschäftigten und verband eine kontinuierliche Regulierung mit, wie wir bereits festgestellt haben, außerordentlich kostspieligen Wohlfahrtsvorschlägen. Der Swope-Plan ist in Anhang A vollständig wiedergegeben; der vollständige Text spiegelt den Mangel an gut durchdachten Verwaltungsvorschlägen und das Übergewicht an unverantwortlichen, verschenkten Sozialleistungen wider. Die ersten Absätze des Plans enthalten den Kern von Swope's Vorschlägen: Berufsverbände, die vom Staat durchgesetzt werden, wobei die Durchsetzungsbefugnis durch ein System von Industrieabstimmungen in den Händen der großen Unternehmen konzentriert wird. Während 90 Prozent des Vorschlagstextes auf verschenkte Renten für Arbeitnehmer, Arbeitslosenversicherung, Lebensversicherung usw. entfallen, ist der Kern in den ersten paar Absätzen enthalten. Kurz gesagt, der Swope-Plan war ein Zuckerbrot, um das zu bekommen, was die Wall Street so sehr wünschte: Monopol-Wirtschaftsverbände mit der Möglichkeit, die Staatsmacht zur Durchsetzung des Monopols zu nutzen - Frederic Howes Maxime, "die Gesellschaft für sich arbeiten zu lassen", in der Praxis.

Pläne zur wirtschaftlichen Stabilisierung: 1933

Name des Plans	Vorschlag für die Industrie	Staatliche Regulierung	Vorschläge für den Sozialbereich
Swope-Plan (General Electric)	Industrie-Pläne Wirtschaftsverbände, Pflichtmitgliedschaft nach drei Jahren für Unternehmen mit 50 oder mehr Beschäftigten. Urteile obligatorisch	Kontinuierliche Regulierung durch die Federal Trade Commission	Lebens- und Invaliditätsversicherung, Renten und Arbeitslosenversicherung
Plan der U.S. Handelskammer	Nationaler Wirtschaftsrat; Befugnis nicht zwingend	Keine Regelung	Individuelle Unternehmenspläne; Planung öffentlicher Bauvorhaben
Assoziierte Generalunternehmer von Amerika Plan	Gewährung größerer Befugnisse für das Federal Reserve Board durch den Kongress. Genehmigung von Anleiheemissionen für einen revolvierenden Fonds für Bauvorhaben; Anleihe für die Ausweitung öffentlicher und halböffentlicher Bauvorhaben. Die Federal Reserve soll die Solvenz der Banken garantieren. Arbeitspläne	Finanzielle Regulierung. Zulassung von Auftragnehmern. Einrichtung von Baukreditbüros	Ankurbelung der Beschäftigung durch verstärkte Bautätigkeit. Staatsanleihen für öffentliche Gebäude; Entwicklung einer Bausparkasse

American Federation of Labor Plan	Nationaler Wirtschaftsrat; Befugnis nicht zwingend	Keine Regelung	Verteilung der Arbeitsplätze; Beibehaltung der Löhne; Arbeitsplatzgarantien; langfristige Stabilisierungspläne. Fünftagewoche und sofortige Verkürzung des Arbeitstages. Programm für öffentliches Bauen
Stuart Chase Plan	Akademisch und allgemein Wiederbelebung des "War Industries Board" mit Zwangsmaßnahmen, die sich auf 20 oder 30 Basisindustrien beschränken	Kontinuierliche Regulierung	Nationale Arbeitsämter; Arbeitszeitverkürzung; Arbeitslosenversicherung; Anhebung der Löhne; Verteilung der Arbeit
Plan der National Civic Federation	"Business Congress" der Industrieverbände. Keine Beschränkungen oder Einschränkungen; volle und vollständige Befugnis, Preise festzulegen oder zu kombinieren	Kontinuierliche Regulierung	Plan für die Arbeitslosenversicherung. Löhne anheben

Bart-Plan	Nationaler Wirtschaftsrat", der vom Kongress ermächtigt wurde, um Finanz-, Betriebs-, Vertriebs- und öffentliche Dienstleistungsunternehmen zu koordinieren. Jeder Wirtschaftszweig wird von Tochterverbänden geleitet	Kontinuierliche Regulierung	Einsatz von Arbeitslosen für Wohnungsbauprogramme und öffentliche Projekte

Der Plan der US-Handelskammer ähnelte dem Swope-Plan, verlangte aber nur die freiwillige Einhaltung des Kodex und enthielt nicht die umfangreichen Wohlfahrtsklauseln des Swope-Plans. Der Plan der Handelskammer basierte ebenfalls auf der freiwilligen Einhaltung der Vorschriften und nicht auf der staatlichen Zwangsregulierung, die dem Swope-Vorschlag zugrunde lag.

Der dritte Branchenplan wurde von den Associated General Contractors of America vorgelegt. Der AGC-Plan schlug vor, dem Federal Reserve System größere Befugnisse einzuräumen, um Bankanleihen für öffentliche Bauvorhaben zu garantieren, und - was nicht überrascht - spezielle, vom Staat finanzierte Kreditbüros für das Baugewerbe einzurichten, verbunden mit der Zulassung von Bauunternehmern. Kurz gesagt, der AGC wollte die Konkurrenz von fernhalten und Bundesmittel (der Steuerzahler) zur Förderung des Baugewerbes anzapfen.

Der Plan der American Federation of Labor schlug einen Nationalen Wirtschaftsrat vor, um Arbeitsplätze zu verbreiten und zu garantieren und eine Wirtschaftsplanung zur Stabilisierung in Angriff zu nehmen. Die Gewerkschaften drängten nicht auf eine staatliche Regulierung.

Die akademischen Pläne waren insofern bemerkenswert, als dass sie die Ziele der Industrie unterstützten. Stuart Chase, ein bekannter

Sozialist, schlug etwas vor, das den Wall-Street-Plänen sehr nahe kam: eine Wiederbelebung des War Industries Board von Bernard Baruch aus dem Jahr 1918, mit Zwangsbefugnissen für die Industrie, die sich jedoch auf 20 oder 30 Basisindustrien beschränkten, und mit kontinuierlicher Regulierung. Der Chase-Plan war eine Angleichung an den italienischen Faschismus. Der Beard-Plan schlug ebenfalls Syndikate nach italienischem Vorbild vor, mit kontinuierlicher Regulierung und Einsatz der Arbeitslosen in öffentlichen Programmen á la Marx und dem Kommunistischen Manifest. Die National Civic Federation befürwortete das Konzept der totalen Planung: volle und vollständige Befugnis zur Festsetzung von Preisen und Kombinationen, mit staatlicher Regulierung und Wohlfahrtsfunktionen, um die Arbeiter zu beschwichtigen.

Fast niemand, außer natürlich Ludwig von Mises, hat auf die Wurzeln des Problems hingewiesen, um die logische Schlussfolgerung aus der Wirtschaftsgeschichte zu ziehen, dass die beste Wirtschaftsplanung keine Wirtschaftsplanung ist.[123]

Sozialdemokraten begrüßen den Swope-Plan

Orthodoxe Sozialisten begrüßten Swope's Plan mit einer merkwürdigen, wenn auch vielleicht verständlichen, Zurückhaltung. Einerseits, so die Sozialisten, habe Swope die Übel des ungezügelten Kapitalismus erkannt. Andererseits, so beklagten die Sozialisten, würde das Swope-System die Kontrolle über die Industrie in den Händen der Industrie selbst belassen und nicht dem Staat . Wie Norman Thomas erklärte:

Das Regulierungskonzept von Herrn Swope ist ein wahrscheinlich verfassungswidriger Plan, um die Macht der Regierung hinter die Bildung starker kapitalistischer

---

[123] Wenn der Leser der Erklärung für diese allgegenwärtige Unfähigkeit, das Offensichtliche zu sehen, nachgehen möchte, kann er nirgends besser anfangen als bei Ludwig von Mises, *The Anti-Capitalistic Mentality* (New York; Van Nostrand, 1956).

> *Syndikate zu stellen, die versuchen werden, die Regierung, die sie reguliert, zu kontrollieren und, wenn das nicht gelingt, sie zu bekämpfen.*[124]

Die sozialistische Kritik an General Electric's Swope befasste sich nicht mit der Frage, ob das Swope-System funktionieren würde, ob es effizient war oder wie es funktionieren sollte; die orthodoxe sozialistische Kritik beschränkte sich auf die Feststellung, dass die Kontrolle in den falschen Händen läge, wenn die Industrie die Kontrolle übernehmen würde, und nicht in den richtigen Händen der staatlichen Planer, also der Sozialisten selbst. Kurzum, der Streit ging darum, wer die Wirtschaft kontrollieren sollte: Herr Gerard Swope oder Herr Norman Thomas.

Folglich hat die Kritik von Thomas an Swope eine merkwürdige Dualität, die manchmal lobend ist:

> *Es ist sicherlich bezeichnend, dass zumindest einer unserer echten Industriekapitäne, einer der wirklichen Herrscher Amerikas, die tiefe und verwirrte Abneigung der Hohen und Mächtigen überwunden hat, über die traurigsten Plattitüden hinauszugehen und uns zu sagen, wie wir die Depression überwinden können, die sie so sehr verursacht und so wenig abgewendet haben. Natürlich hatte die Rede von Herrn Swope ihre guten Seiten...*[125]

Zu anderen Zeiten ist Thomas skeptisch und weist darauf hin, dass Swope "... nicht mehr auf individuelle Initiative, Wettbewerb und das automatische Funktionieren der Märkte vertraut", sondern vorschlägt, das System zum Nutzen der "Klasse der Aktionäre" auszurichten.

Es gibt keinen Hinweis darauf, dass Gerard Swope und seine Mitarbeiter jemals mehr Vertrauen in individuelle Initiative,

---

[124] "A Socialist Looks at the Swope Plan", The Nation, 7. Oktober 1931, S. 358.

[125] Ebd., S. 357.

Wettbewerb und freie Märkte hatten als Norman Thomas. Dies ist eine wichtige Beobachtung, denn sobald wir uns von den Mythen aller Kapitalisten als Unternehmer und aller liberalen Planer als Retter des kleinen Mannes verabschieden, sehen wir beide als das, was sie sind: Totalitaristen und Gegner der individuellen Freiheit. Der einzige Unterschied zwischen ihnen besteht darin, wer der Regisseur sein soll.

Die Baum-Musketiere der NRB

Die National Recovery Administration, der wichtigste Teil des New Deal, wurde von der Wall Street konzipiert, aufgebaut und gefördert. Im Wesentlichen wurde die NRA von Bernard Baruch und seinem langjährigen Assistenten General Johnson ins Leben gerufen. Im Einzelnen handelte es sich bei der NRA um den Swope-Plan, dessen allgemeine Grundsätze im Laufe der Jahre von zahlreichen prominenten Wall-Street-Leuten gefördert wurden.

Natürlich gab es Planungsvarianten der Sozialisten und marxistisch beeinflussten Planer, aber diese Varianten waren nicht die Versionen, die schließlich zur NRA wurden. Die NRA war im Wesentlichen faschistisch, denn die Planungshoheit lag bei der Industrie und nicht bei zentralen staatlichen Planern, und diese industriellen Planer kamen aus dem New Yorker Finanzestablishment. Bernard Baruchs Büro befand sich am 120 Broadway; die Büros von Franklin D. Roosevelt (die New Yorker Büros von Fidelity & Deposit und die Anwaltskanzlei Roosevelt & O'Connor) waren ebenfalls am 120 Broadway. Das Büro von Gerard Swope und die Geschäftsführungsbüros der General Electric Company befanden sich an derselben Adresse. Man kann also in gewissem Sinne sagen, dass die Roosevelt NRA am 120 Broadway in New York City geboren wurde.

General Hugh Johnson hatte drei Hauptassistenten in der NRB, und "diese drei Musketiere waren länger im Einsatz und gingen in meinem Büro ein und aus, wann immer sie etwas entdeckten, das

Aufmerksamkeit erforderte."[126] Bei den drei Assistenten handelte es sich um Wall-Street-Leute aus großen Industriezweigen, die selbst prominente Positionen in großen Unternehmen dieser Branchen innehatten: Gerard Swope, Präsident von General Electric, Walter C. Teagle von Standard Oil of New Jersey, und Louis Kirstein von William Filene's Sons, dem Einzelhandelsunternehmen. Durch dieses Trio hatte ein dominantes Element des Großkapitals auf dem Höhepunkt der NRA die Kontrolle. Diese Konzentration der Kontrolle erklärt die Tausenden von Beschwerden über die Unterdrückung durch die NRA, die von mittleren und kleinen Geschäftsleuten kamen.

Wer waren diese Männer? Wie wir bereits erwähnt haben, war Gerard Swope von General Electric Assistent von General Johnson im War Industries Board des Ersten Weltkriegs gewesen. Als die NRA zur Diskussion stand, schlug Johnson "dem Minister Roper sofort seinen Namen vor". General Electric war 1930 der größte Hersteller von Elektrogeräten, mit Westinghouse als Inhaber vieler grundlegender Patente in diesem Bereich sowie einer großen Beteiligung an RCA und vielen internationalen Tochtergesellschaften und verbundenen Unternehmen. In den späten 1920er Jahren produzierten G.E. und Westinghouse etwa drei Viertel der grundlegenden Ausrüstungen für die Verteilung und Erzeugung elektrischer Energie in den USA. General Electric war jedoch das dominierende Unternehmen in der Elektroindustrie.[127] Unter der NRA wurde die National Electrical Manufacturers Association (NEMA) als Behörde für die Überwachung und Verwaltung der Vorschriften für die Elektroindustrie bestimmt. Die NEMA handelte umgehend und legte im Juli 1933 den zweiten Kodex für "fairen Wettbewerb" zur Unterzeichnung durch den Präsidenten vor.

Johnsons zweiter Musketier war Walter Teagle, der Vorstandsvorsitzende von Standard Oil of New Jersey. Standard of

---

[126] Hugh S. Johnson, *Der Blauadler vom Ei bis zur Erde*, op. cit., S. 217.

[127] Für weitere Informationen siehe Harry W. Laidler, Concentration of Control in American Industry (New York: Crowell, 1931), Kapitel XV.

New Jersey war die größte integrierte Ölgesellschaft in den USA, und nur Royal Dutch machte ihr beim internationalen Absatz Konkurrenz. Jersey Standard wurde von der Familie Rockefeller kontrolliert, deren Anteil in den frühen 1930er Jahren auf 20 bis 25 Prozent geschätzt wird.[128] Man könnte also sagen, dass Teagle die Interessen der Rockefellers in der NRA vertrat, während Swope die Interessen der Morgans vertrat. Am Rande sei bemerkt, dass der größte Konkurrent von Standard Gulf Oil war, das von den Mellon-Interessen kontrolliert wurde, und dass es schon früh in der Roosevelt-Regierung hartnäckige Bemühungen gab, Mellon wegen Steuerhinterziehung zu belangen.

Der dritte von Johnsons drei Musketieren bei der NRA war Louis Kirstein, Vizepräsident von Filene's in Boston. Edward Filene ist bekannt für seine Bücher über die Vorteile von Handelsverbänden, fairem Wettbewerb und Zusammenarbeit (siehe Seite 81 unten).

Die Spitze der Roosevelt National Recovery Administration bestand aus dem Präsidenten des größten Elektrokonzerns, dem Vorsitzenden der größten Ölgesellschaft und dem Vertreter des bekanntesten Finanzspekulanten der Vereinigten Staaten.

Kurz gesagt, die Verwaltung der NRA war ein Spiegelbild des New Yorker Finanzestablishments und seiner finanziellen Interessen. Da der Plan selbst von der Wall Street ausging, lässt sich die Präsenz von Geschäftsleuten in der Verwaltung der NRA nicht mit deren Erfahrung und administrativen Fähigkeiten erklären. Die NRA war eine Kreatur der Wall Street, die von Wall Streetern umgesetzt wurde.

Die Unterdrückung von Kleinunternehmen

Die Befürworter des National Industrial Recovery Act (NRA) machten viel Aufhebens davon, dass das NRA den Kleinunternehmer schützen würde, der in der Vergangenheit unter

---

[128] Ebd., S. 20.

der unfairen Anwendung der Kartellgesetze gelitten habe; durch die Aussetzung der Kartellgesetze würden deren unwillkommene Merkmale beseitigt, während das NRA deren willkommene Antimonopolbestimmungen beibehalten würde. Senator Wagner erklärte, dass die gesamte Industrie die vorgeschlagenen Industriekodizes formulieren würde, nicht nur die Großunternehmen. Senator Borah hingegen behauptete, dass das "Monopol" im Begriff sei, einen Dienst zu erhalten, den es seit über 25 Jahren begehrt habe, nämlich "den Tod der Kartellgesetze", und dass die NRA-Industriekodizes "Kombinationen oder Verträge zur Beschränkung des Handels sein werden, sonst wäre es nicht notwendig, die Kartellgesetze auszusetzen." Senator Borah warf Senator Wagner außerdem vor, den rechtmäßigen Geschäftsmann zum Wohle der Wall Street zu verraten:

> *Der ältere Rockefeller brauchte kein Strafrecht, um zu helfen, als er seinen Reichtum aufbaute. Er zerstörte die Unabhängigen überall; er zerstreute sie in alle Winde; er konzentrierte seine große Macht. Aber der Senator würde den Konzernen nicht nur die Macht geben, ihr Gesetzbuch zu schreiben, sondern auch die Macht, denjenigen anzuklagen und strafrechtlich zu verfolgen, der gegen das Gesetzbuch verstößt, auch wenn er einem völlig legitimen Geschäft nachgeht.*

Herr Präsident, es ist mir gleichgültig, wie sehr wir das Kartellrecht stärken, wie sehr wir es ausbauen, wie sehr wir es untermauern; ich lehne eine Aussetzung in jeder Hinsicht ab, denn ich weiß, dass wir, wenn diese Gesetze ausgesetzt werden, diesen 200 Nichtbankenkonzernen, die den Reichtum der Vereinigten Staaten kontrollieren, eine ungeheure Macht geben, die niemals kontrolliert werden kann, außer durch die von den Gerichten durchgesetzten Strafgesetze.[129]

Senator Borah zitierte daraufhin Adam Smith (siehe S. 99) und wies darauf hin, dass der Gesetzentwurf keine Definition von fairem

---

[129] Congressional Record, 1933, S. 5165.

Wettbewerb enthalte und dass Kodizes für fairen Wettbewerb zu einem Diktat der großen Konzerne verkommen würden. In ähnlicher Weise wies Senator Gore auf die Möglichkeit hin, dass der Präsident von allen Mitgliedern eines Wirtschaftszweigs eine Lizenz verlangen könne und dass dies bedeute, dass der Präsident eine Lizenz nach Belieben widerrufen könne, was einen offensichtlichen Verstoß gegen ein ordentliches Gerichtsverfahren und grundlegende Eigentumsrechte darstelle:

SENATOR GORE. Könnte der Präsident diese Lizenz zu diesem Zeitpunkt widerrufen?

SENATOR WAGNER. Ja, wegen eines Verstoßes gegen den von der Bundesregierung auferlegten Kodex.

SENATOR GORE. Bei welcher Art von Anhörung?

SENATOR WAGNER. Nach einer Anhörung. Es ist vorgesehen, dass eine Anhörung durchgeführt werden kann, bevor eine Lizenz widerrufen werden kann.

SENATOR GORE. Das ist etwas, das wirklich über Leben und Tod einer bestimmten Branche oder eines Unternehmens entscheidet, wenn er die Befugnis hat, die Lizenz zu entziehen.

SENATORIN WAGNER. Ja, es ist eine Sanktion.

SENATOR GORE. Was ich Sie fragen wollte. Senatorin, ist dies: Glauben Sie, dass Sie diese Macht in die Hände eines Exekutivbeamten legen können?

SENATORIN WAGNER. Im Falle eines Notfalls schon.

SENATOR GORE. Um eine Industrie auszulöschen?

SENATOR WAGNER. All diese Befugnisse sind natürlich bei einer Person angesiedelt, und wir müssen uns einfach darauf verlassen, dass er sie fair und gerecht verwaltet. Wir hatten die gleiche Art von

Macht während des Krieges.

SENATOR GORE. Ich weiß das, und Mr. Hoover, wenn ich diese Worte verwenden darf, hat frei geborene amerikanische Bürger ohne Gerichtsverfahren aus dem Geschäft gedrängt.

SENATOR WAGNER. Die Philosophie dieses Gesetzentwurfs besteht darin, freiwillige Maßnahmen und die Initiative der Industrie zu fördern, und ich bezweifle, daß diese obligatorischen Methoden überhaupt angewandt werden, außer in sehr seltenen Fällen; aber wenn man den Standard anheben will, muß man einige Sanktionen haben, um den angenommenen Code durchzusetzen.

SENATOR GORE. Ich verstehe, aber wenn man dieses System durchsetzen will, muss man auch die Macht haben, es durchzusetzen. Mein Punkt ist, warum in einem freien Land von einem freien Mann verlangt werden sollte, eine Lizenz zu erwerben, um sich in einer legitimen Industrie zu engagieren, und warum jemandem unter unserem konstitutionellen System die Macht gegeben werden sollte, den Wert seines Eigentums zu zerstören, was Sie tun, wenn Sie eine Situation herbeiführen , in der er nicht arbeiten kann. Das scheint mir fast so, als würde man Eigentum ohne rechtmäßiges Verfahren an sich reißen.[130]

Wenn wir uns die Ergebnisse der N.I.R.A. ansehen, selbst einige Monate nach der Verabschiedung des Gesetzes, stellen wir fest, dass die Befürchtungen der Senatoren voll und ganz gerechtfertigt waren und dass Präsident Roosevelt den kleinen Geschäftsmann der Vereinigten Staaten der Kontrolle der Wall Street überlassen hatte. Viele Wirtschaftszweige wurden von einigen wenigen Großunternehmen beherrscht, die ihrerseits von Investmenthäusern der Wall Street kontrolliert wurden. Diese Großunternehmen waren über die drei Musketiere maßgeblich an der Festlegung der NRB-Kodizes beteiligt. Sie verfügten über die meisten Stimmen und

---

[130] United States Senate, National Industrial Recovery, Hearings before Committee on Finance, 73rd Congress, 1st Session, S.17and H.R. 5755 (Washington: Government Printing Office, 1933), S. 5.

konnten Preise und Bedingungen festlegen, die für kleinere Unternehmen ruinös waren, was sie auch taten.

Die Eisen- und Stahlindustrie ist ein gutes Beispiel für die Art und Weise, in der große Unternehmen den NRB-Code beherrschten. In den 1930er Jahren kontrollierten zwei führende Unternehmen, United States Steel mit 39 % und Bethlehem Steel mit 13,6 %, mehr als die Hälfte der Stahlbarrenkapazität des Landes. Im Vorstand von U.S. Steel saßen J.P. Morgan und Thomas W. Lamont sowie der Vorsitzende Myron C. Taylor. Im Vorstand von Bethlehem saßen Percy A. Rockefeller und Grayson M-P. Murphy von Guaranty Trust, dem wir in Kapitel 10 wieder begegnen werden.

1930 waren die größten Aktionäre von U.S. Steel George F. Baker und George F. Baker Jr. mit zusammen 2000 Vorzugsaktien und 107.000 Stammaktien; Myron C. Taylor, der Leiter des Finanzausschusses von U.S. Steel, besaß 27.800 Stammaktien; J. P. Morgan hielt 1261 Aktien und James A. Farrell besaß 4850 Vorzugsaktien. Diese Männer leisteten auch erhebliche Beiträge zum Präsidentschaftswahlkampf. Für Hoovers Wahlkampf 1928 spendeten sie zum Beispiel

J.P. Morgan....................................$5.000

J.P. Morgan Unternehmen...................$42.500

George F. Baker............................$27.000

George F. Baker Jr........................$20.000

Myron C. Taylor..........................$25,000

In der NRB stellen wir fest, dass U.S. Steel und Bethlehem Steel aufgrund ihrer Stimmen in den Industriekodizes faktisch die gesamte Branche kontrollierten; von den insgesamt 1428 Stimmen erhielten allein diese beiden Unternehmen insgesamt 671 Stimmen oder 47,2 Prozent, was einer vollständigen Kontrolle gefährlich nahe kam und zweifellos die Möglichkeit bot, unter den kleineren, aber dennoch bedeutenden Unternehmen einen Verbündeten zu finden.

NRA-Stimmkraft in der Eisen- und Stahlindustrie Kodex

Unternehmen[131]	Abstimmungen im Code Behörde	Prozentsatz der Gesamtmenge
U.S. Steel	511	36.0
Bethlehem Stahl	160	11.2
Republik Stahl	86	6.0
Nationaler Stahl	81	5.7
Jones und Laughlin	79	5.5
Youngstown Blech und Rohr	74	5.1
Wheeling Stahl	73	5.1
Amerikanisches Walzwerk	69	4.8
Inland Steel	51	3.6
Schmelztiegel Stahl	38	2.7
McKeesport Weißblech	27	1.9
Allegheny-Stahl	21	1.5
Spang-Chalfant	17	1.2
Sharon Stahlbügel	16	1.1
Kontinentaler Stahl	16	1.1

Quelle: NRA Report Operation of the Basing Point System in the Iron and Steel Industry.

Obwohl U.S. Steel und Bethlehem vor der Verabschiedung des

---

[131] Darüber hinaus hatten die folgenden kleineren Unternehmen Stimmen: Acme Steel (9), Granite City Steel (8), Babcock and Wilcox (8), Alan Wood (7), Washburn Wire (7), Interlake Iron (7), Follansbee Bros. (6), Ludlum Steel (6), Superior Steel (6), Bliss and Laughlin (6), Laclede Steel (5), Apollo Steel (5), Atlantic Steel (4), Central Iron and Steel (4), A.M. Byers Company (4), Sloss-Sheffield (4), Woodward Iron (3), Firth-Sterling (2), Davison Coke and Iron (2), Soullin Steel (1), Harrisburg Pipe (1), Eastern Rolling Mill (1), Michigan Steel Tube (1), Milton Manufacturing Company (1), und Cranberry Furnace (1).

NIRA die wichtigsten Unternehmen der Eisen- und Stahlindustrie waren, konnten sie den Wettbewerb mit zahlreichen kleineren Firmen nicht kontrollieren. Nach der Verabschiedung des NIRA konnten diese beiden Unternehmen durch ihre Dominanz im Code-System auch die Eisen- und Stahlindustrie beherrschen.

John D. Rockefeller gründete 1882 den Standard Oil Trust, doch aufgrund von Gerichtsbeschlüssen nach dem Sherman Act wurde das Kartell in 33 unabhängige Unternehmen aufgelöst. Im Jahr 1933 wurden diese Unternehmen immer noch von den Interessen der Rockefeller-Familie kontrolliert; das Sherman-Gesetz war mehr Schein als Sein:

Unternehmen	Reingewinn (1930) in Millionen $$
Standard Oil of New Jersey	57
Standard Oil von Indiana	46
Standard Oil of California	46
Standard Oil of New York	16

Die Büros der "unabhängigen" Standard-Gesellschaften befanden sich weiterhin im Rockefeller-Hauptquartier, zu dieser Zeit am 25. und 26. In den 1920er Jahren kam neues Kapital hinzu, und die Bedeutung der verschiedenen Standard Oil-Gesellschaften veränderte sich.

Zur Zeit des New Deal war Standard Oil of New Jersey, an dem die Rockefellers einen Anteil von 20 bis 25 % hielten, der größte Einzelkonzern. Der Präsident von New Jersey Standard, Walter S. Teagle, wurde einer der drei Musketiere der NRA.

Betrachtet man die Automobilindustrie im Jahr 1930, so stellt man fest, dass zwei Unternehmen, Ford und General Motors, etwa drei Viertel der in den Vereinigten Staaten hergestellten Autos verkauften. Wenn wir Chrysler mit einbeziehen, verkauften die drei Unternehmen etwa fünf Sechstel aller in den USA hergestellten Autos:

Ford Motor Co..............................40 Prozent

General Motors...............................35 Prozent

Chrysler Corp....................................8 Prozent

Unter ihrem Gründer, Henry Ford, hatte die Ford Motor Company wenig Interesse an der Politik, obwohl James Couzens, einer der ursprünglichen Ford-Aktionäre, später Senator von Michigan wurde. Ford unterhielt seine Führungsbüros in Dearborn, Michigan, und nur ein Verkaufsbüro in New York. Ford war auch ein vehementer Gegner der NRB und der Wall Street, und Henry Ford fällt dadurch auf, dass er nicht in den Listen der Spender für Präsidentschaftswahlen auftaucht.

Andererseits war General Motors eine Kreatur der Wall Street. Das Unternehmen wurde von der Firma J.P. Morgan kontrolliert; der Vorstandsvorsitzende war Pierre S. Du Pont von der Du Pont Company, die 1933 einen Anteil von etwa 25 Prozent an General Motors hielt. Im Jahr 1930 bestand der Vorstand von General Motors aus Junius S. Morgan, Jr. und George Whitney von der Firma Morgan, Direktoren der First National Bank und des Bankers Trust, sieben Direktoren von Du Pont und Owen D. Young von General Electric.

Ein weiteres Beispiel ist die International Harvester Company, im Jahr 1930 unter ihrem Präsidenten Alexander Legge der Gigant der Landmaschinenindustrie. Legge war Teil der NRA. Der 1920 von der J.P. Morgan Company gegründete Landtechnikkonzern kontrollierte rund 85 Prozent der gesamten Erntemaschinenproduktion in den Vereinigten Staaten. Im Jahr 1930 war das Unternehmen immer noch marktbeherrschend in dieser Branche:

Unternehmen	Vermögenswerte	Prozentsatz des Marktes
International Harvester (11 Broadway)	384 Millionen Dollar (1929)	60

Deere & Co.	$107	17
J.I. Fall	$55	8
Andere	$100	15
Insgesamt	646 Millionen Dollar	100

1930 förderten in den Vereinigten Staaten mindestens 80 große Unternehmen Steinkohle, von denen zwei - Pittsburgh Coal und Consolidation Coal - eine beherrschende Stellung einnahmen. Pittsburgh Coal befand sich unter der Kontrolle der Pittsburgher Bankiersfamilie Mellons. Consolidation Coal befand sich größtenteils im Besitz von J.D. Rockefeller, der 72 % der Vorzugsaktien und 28 % der Stammaktien besaß. Sowohl die Mellons als auch die Rockefellers leisteten große politische Beiträge. In ähnlicher Weise konzentrierte sich die Anthrazitförderung in den Händen der Reading Railroad, die 44 % der amerikanischen Steinkohle förderte. Reading wurde von der Baltimore and Ohio Railroad kontrolliert, die 66 Prozent der Aktien hielt, und der Vorsitzende von B & 0 war E.T. Stotesbury, ein Partner der Firma Morgan.

Betrachtet man die Maschinenbaufirmen in den Vereinigten Staaten im Jahr 1930, so stellt man fest, dass die mit Abstand größte Firma General Electric war - und Präsident Swope von G.E. war eng mit der NRA verbunden.

Große Maschinenbaufirmen (1929)

Firma	Vermögen in Millionen	Gewinne (1929) in Millionen	Umsatz (1929) in Millionen
General Electric, 120 Broadway	$500	$71	$415.3
American Radiator & Standard Sanitary, 40 W. 40th St.	$226	$20	
Westinghouse Electric, 150 Broadway	$225	$27	$216.3
Baldwin-Lokomotive, 120 Broadway	$100	$3	$40
Amerikanische Lokomotive, 30 Church St.	$106	$7	

American Car & Foundry, 30 Church St.	$120	$2.7
International Business Machines, 50 Broadway	$40	$6.7
Otis Elevator, 260 11thAvenue	$57	$8
Unternehmen Crane	$116	$11.5

Wenn wir die Liste durchgehen, stellen wir fest, dass American Car & Foundry (dessen Präsident Woodin unter Roosevelt Finanzminister wurde), American Radiator & Standard und Crane Company allesamt prominente Spender für FDR waren.

Angesichts dieses beherrschenden Einflusses der Großunternehmen in der NRA und der Roosevelt-Administration ist es nicht verwunderlich, dass die NRA in einer Weise verwaltet wurde, die kleine Unternehmen unterdrückte. Selbst in der kurzen Zeit, in der die NRA in Kraft war, bis sie für verfassungswidrig erklärt wurde, gab es Anzeichen für eine Unterdrückung: Die Beschwerden von Kleinunternehmen in den von uns besprochenen Wirtschaftszweigen werden mit denen anderer Wirtschaftszweige mit viel mehr Einheiten verglichen:

Industrie	Anzahl der Beschwerden über Unterdrückung (Januar-April 1934)
Großindustrie	
Eisen und Stahl	66
Investmentbanking	47
Erdöl	60
Elektrische Fertigung	9
Kleines Unternehmen	
Reinigen und Färben	31
Eis	12
Drucken	22
Stiefel und Schuhe	10
Wäscherei	9

Quelle: Roos, NRA Economic Planning, S. 411, aus unveröffentlichten Daten der NRA.

Kapitel 10

FDR, Der Mann auf dem weißen Pferd

In den letzten Wochen seiner Amtszeit erhielt der Ausschuss Beweise dafür, dass bestimmte Personen den Versuch unternommen hatten, eine faschistische Organisation in diesem Land zu gründen. Es steht außer Frage, dass diese Versuche besprochen und geplant wurden und dass sie ausgeführt werden konnten, wenn die Geldgeber es für zweckmäßig hielten. ....

Dieser Ausschuss erhielt Beweise von Generalmajor Smedley D. Butler (a.D.), der zweimal vom Kongress der Vereinigten Staaten ausgezeichnet wurde ... Ihr Ausschuss war in der Lage, alle sachdienlichen Aussagen von General Butler zu überprüfen ....

John W. McCormack, Vorsitzender des Sonderausschusses für unamerikanische Aktivitäten, Repräsentantenhaus, 15. Februar 1935.

Kurz vor Weihnachten 1934 tauchte in Washington und New York die Nachricht von einer bizarren Verschwörung auf, die darauf abzielte, einen Diktator im Weißen Haus zu installieren, und die Geschichte - eine Geschichte von beispielloser Bedeutung - wurde vom Kongress und der etablierten Presse umgehend unterdrückt.[132]

---

[132] Siehe Jules Archer, *The Plot to Seize the White House* (New York: Hawthorn Books, 1973) Archers Buch ist "der erste Versuch, die gesamte Geschichte des Komplotts der Reihe nach und in allen Einzelheiten zu erzählen". Siehe auch George Wolfskill, *The Revolt of the Conservatives* (Boston: Houghton, Mifflin,

Am 21. November 1934 druckte *die New York Times* den ersten Teil der Butler-Geschichte, wie er sie dem House Un-American Activities Committee erzählt hatte, auf der Titelseite und mit einem interessanten Leitartikel:

> *Generalmajor Smedley D. Butler, pensionierter Offizier des Marine Corps, erhob den Vorwurf einer Verschwörung von Wall Street-Interessen zum Sturz von Präsident Roosevelt und zur Errichtung einer faschistischen Diktatur, die von einer Privatarmee von 500.000 ehemaligen Soldaten und anderen unterstützt wurde...*

Der Bericht *der New York Times* fügte hinzu, dass General Butler "... Freunden erzählt hatte, ... dass General Hugh S. Johnson, ehemaliger NRA-Verwalter, für die Rolle des Diktators vorgesehen war und dass J.P. Morgan & Co. sowie Murphy & Co. hinter dem Komplott steckten."

Nach diesem vielversprechenden Anfang verblasste die Berichterstattung *der New York Times* allmählich und verschwand schließlich. Glücklicherweise sind inzwischen genügend Informationen aufgetaucht, um zu zeigen, dass die Butler-Affäre oder das Komplott zur Besetzung des Weißen Hauses ein

---

1962), das umfangreiches Material über das Komplott enthält. Der interessierte Leser sollte auch einen Blick auf George Seldes, *One Thousand Americans* (New York: Honi & Gaer, 1947) werfen.

Leider haben diese Bücher das Ereignis zwar am Leben erhalten - eine tapfere Leistung, die keineswegs unterschätzt werden sollte -, aber sie spiegeln eine dilettantische Verwechslung von Faschismus und Mäßigung wider. Befürworter der Verfassung würden die beschriebenen diktatorischen Bestrebungen natürlich strikt ablehnen. Einige Gruppen, wie z. B. die American Conservative Union, haben ihre Angriffe seit einem Jahrzehnt auf die von Archer und Seldes genannten Ziele gerichtet. Die Fehlinterpretation durch die letztgenannten Autoren wird dadurch verstärkt, dass die Verwirrung über die Bedeutung des Konservatismus diese Autoren auch daran hinderte, die Möglichkeit zu untersuchen, dass die Wall Street keinen anderen als Franklin Delano Roosevelt als "den Mann auf dem weißen Pferd" im Sinn hatte.

wesentlicher Bestandteil unserer Geschichte über FDR und die Wall Street ist.

Grayson M-P. Murphy Company, 52 Broadway

Im Mittelpunkt der Handlung stand Generalmajor Smedley Darlington Butler, ein farbiger, beliebter und weithin bekannter Offizier des Marine Corps , der zweimal mit der Ehrenmedaille des Kongresses ausgezeichnet worden war und 33 Jahre im Militärdienst verbracht hatte. General Butler sagte 1934 vor dem McCormack-Dickstein-Ausschuss aus, der die nationalsozialistischen und kommunistischen Aktivitäten in den Vereinigten Staaten untersuchte, dass ihm zwei Mitglieder der American Legion einen Plan für eine Diktatur im Weißen Haus unterbreitet hätten: Gerald C. MacGuire, der für Grayson M-P. Murphy & Co., 52 Broadway, New York City, und Bill Doyle, den Butler als einen Offizier der American Legion identifizierte. General Butler sagte aus, dass diese Männer "die königliche Familie an der Spitze der Amerikanischen Legion auf dem in Chicago stattfindenden Kongress absetzen wollten und sehr darauf bedacht waren, dass ich daran teilnehme". General Butler wurde ein Plan skizziert: Er sollte als Legionsdelegierter aus Honolulu vor den Kongress treten; zwei- oder dreihundert Mitglieder der Amerikanischen Legion würden im Publikum sitzen; und "diese gepflanzten Kerle sollten anfangen zu jubeln und eine Stampede anzetteln und nach einer Rede schreien, dann sollte ich auf die Plattform gehen und eine Rede halten."

Die vorbereitete Rede sollte von John W. Davis, einem Mitarbeiter von Morgan, verfasst werden. Um seine finanzielle Unterstützung durch die Wall Street zu beweisen, zeigte MacGuire General Butler ein Bankbuch, in dem Einlagen in Höhe von 42.000 und 64.000 Dollar aufgeführt waren, und erwähnte, dass deren Quelle Grayson M-P. Murphy, Direktor der Guaranty Trust Company und anderer von Morgan kontrollierter Unternehmen. Ein millionenschwerer Bankier, Robert S. Clark, mit Büros im Stock Exchange Building in der Wall Street 11, war ebenfalls beteiligt.

Robert Clark war General Butler zufällig aus seiner Zeit im China-

Feldzug bekannt. MacGuire und Doyle boten Butler auch eine beträchtliche Summe an, um eine ähnliche Rede vor dem Kongress der Veterans of Foreign Wars in Miami Beach zu halten. MacGuire zufolge hatte seine Gruppe den Hintergrund von Mussolini und dem italienischen Faschismus, Hitlers Organisation in Deutschland und dem Croix de Feu in Frankreich untersucht und angedeutet, dass es an der Zeit sei, eine ähnliche Organisation in den Vereinigten Staaten zu gründen. General Butler äußerte sich vor dem Kongressausschuss mit den folgenden Worten zu MacGuires Aussage:

Er sagte: "Es ist jetzt an der Zeit, die Soldaten zu versammeln".

"Ja", sagte ich, "das denke ich auch." Er sagte: "Ich bin ins Ausland gegangen, um die Rolle zu studieren, die die Veteranen in den verschiedenen Regierungssystemen im Ausland spielen. Ich ging für zwei oder drei Monate nach Italien und studierte die Position, die die Veteranen in Italien in der faschistischen Regierung einnehmen, und ich entdeckte, dass sie der Hintergrund von Mussolini sind. Sie halten sie auf verschiedene Weise auf den Lohnlisten und halten sie zufrieden und glücklich; und sie sind sein wirkliches Rückgrat, die Kraft, auf die er sich im Falle von Schwierigkeiten verlassen kann, um ihn zu unterstützen. Aber diese Konstellation würde uns überhaupt nicht passen. Die Soldaten in Amerika würden das nicht mögen. Ich bin dann nach Deutschland gegangen, um zu sehen, was Hitler macht, und seine ganze Stärke liegt auch in der Organisation von Soldaten. Aber das würde nicht reichen. Ich habe mir das russische Geschäft angesehen. Ich fand heraus, dass der Einsatz der Soldaten dort unseren Männern niemals gefallen würde. Dann ging ich nach Frankreich und fand genau die Organisation, die wir haben werden. Es ist eine Organisation von Supersoldaten." Er nannte mir den französischen Namen dafür, aber ich weiß nicht mehr, wie er lautet. Ich hätte ihn jedenfalls nie aussprechen können. Aber ich weiß, dass es sich um eine Superorganisation von Mitgliedern aller anderen Soldatenorganisationen Frankreichs handelt, die sich

> *aus Unteroffizieren und Offizieren zusammensetzt. Er erzählte mir, dass sie etwa 500.000 Mitglieder haben und dass jeder von ihnen ein Anführer von 10 anderen ist, so dass sie 5.000.000 Stimmen haben. Und er sagte: "Das ist unsere Idee hier in Amerika - eine Organisation dieser Art aufzubauen.[133]*

Was sollte das Ziel dieser Superorganisation sein? Laut der bereits zitierten *New York Times*[134] soll General Butler ausgesagt haben, dass es sich bei der Affäre um einen versuchten *Staatsstreich* handelte, um Präsident Roosevelt zu stürzen und ihn durch einen faschistischen Diktator zu ersetzen. Diese Interpretation wird von Archer, Seldes und anderen Autoren wiederholt. Dies war jedoch nicht die Anschuldigung, die General Butler vor dem Ausschuss machte. Butlers genaue Aussage über die geplante Organisation, den Zweck, zu dem sie nach ihrer Gründung eingesetzt werden sollte, und die Rolle von Präsident Roosevelt lautet wie folgt: General Butler berichtete über sein Gespräch mit MacGuire:

Ich fragte: "Was willst du damit machen, wenn du ihn hochgeholt hast?"

"Nun", sagte er, "wir wollen den Präsidenten unterstützen".

Ich sagte: "Der Präsident braucht die Unterstützung einer solchen Organisation nicht. Seit wann sind Sie ein Unterstützer des Präsidenten? Als ich das letzte Mal mit Ihnen sprach, waren Sie gegen ihn."

Er sagte: "Nun, er wird jetzt mit uns gehen".

---

[133] House of Representatives, Investigation of Nazi Propaganda Activities and Investigation of Certain Other Propaganda Activities, Hearings No. 73-D.C.-6, op. cit., S. 17.

[134] Die *New York Times*, 21. November 1934.

"Ist er das?"

"Ja."

"Nun, was werden Sie mit diesen Männern tun, wenn Sie diese 500.000 Männer in Amerika bekommen? Was werden Sie mit ihnen tun?"

"Nun", sagte er, "sie werden die Unterstützung des Präsidenten sein".

Ich sagte: "Der Präsident hat das ganze amerikanische Volk. Warum will er sie?"

Er sagte: "Verstehen Sie denn nicht, dass die Situation ein wenig geändert werden muss? Jetzt haben wir ihn - wir haben den Präsidenten. Er muss mehr Geld bekommen. Es gibt nicht mehr Geld, das wir ihm geben könnten. Achtzig Prozent des Geldes sind jetzt in Staatsanleihen angelegt, und das kann er nicht mehr lange aufrechterhalten. Er muss etwas dagegen tun. Entweder muss er mehr Geld von uns bekommen, oder er muss die Methode zur Finanzierung der Regierung ändern, und wir werden dafür sorgen, dass er diese Methode nicht ändert. Er wird sie nicht ändern."

Ich fragte: "Der Sinn dieser großen Gruppe von Soldaten ist es also, ihn zu erschrecken, oder?"

"Nein, nein, nein; nicht um ihn zu erschrecken. Das soll ihn unterstützen, wenn andere ihn angreifen."

Ich sagte: "Nun, das weiß ich nicht. Wie würde der Präsident das erklären?"

Er sagte: "Er wird es nicht unbedingt erklären müssen, denn wir werden ihm helfen. Ist Ihnen jemals in den Sinn gekommen, dass der Präsident überlastet ist? Wir könnten einen stellvertretenden Präsidenten haben, jemanden, der die Schuld auf sich nimmt; und wenn die Dinge nicht funktionieren, kann er ihn fallen lassen."

Er fuhr fort, dass es keiner Verfassungsänderung bedürfe, um einen weiteren Kabinettsbeamten zu ermächtigen, der die Einzelheiten des Amtes übernimmt und dem Präsidenten die Arbeit abnimmt. Er erwähnte, dass es sich bei der Stelle um einen Sekretär für allgemeine Angelegenheiten handeln würde - eine Art Superminister.

VORSITZENDER [Kongressabgeordneter McCormack]. Ein Sekretär für allgemeine Angelegenheiten?

BUTLER. Das ist der Begriff, den er verwendet hat - oder ein Sekretär für allgemeine Wohlfahrt - ich kann mich nicht erinnern, welcher. Nach dem Gespräch hatte ich diesen Namen im Kopf. Auf diese Idee bin ich durch das Gespräch mit beiden gekommen. Sie hatten beide über die gleiche Art von Erleichterung gesprochen, die dem Präsidenten zuteil werden sollte, und er sagte: "Wissen Sie, das amerikanische Volk wird das schlucken. Wir haben die Zeitungen bekommen. Wir werden eine Kampagne starten, dass die Gesundheit des Präsidenten angeschlagen ist. Jeder kann das erkennen, indem er ihn ansieht, und das dumme amerikanische Volk wird sofort darauf hereinfallen."

Und ich konnte es sehen. Sie hatten die Vorstellung, dass jemand ihm die Schirmherrschaft abnimmt und ihm all die Sorgen und Details abnimmt, und dann wird er wie der französische Präsident sein.

Ich fragte: "So bist du also auf diese Idee gekommen?"

Er sagte: "Ich bin herumgereist und habe mich umgesehen. Nun zu dieser Superorganisation - wären Sie daran interessiert, sie zu leiten?"

Ich sagte: "Ich bin daran interessiert, aber ich weiß nicht, wie man es leitet. Ich bin sehr daran interessiert, denn Sie wissen ja. Jerry, mein Interesse, mein einziges Hobby ist es, eine Demokratie zu erhalten. Wenn du diese 500.000 Soldaten bekommst, die irgendetwas befürworten, das nach Faschismus riecht, dann werde ich 500.000 weitere holen und dir die Hölle heiß machen, und wir werden einen richtigen Krieg direkt zu Hause haben. Sie wissen das."

"Oh, nein. Das wollen wir nicht. Wir wollen den Präsidenten entlasten."

"Ja, und dann werden Sie jemanden einsetzen, den Sie kandidieren können, ist das die Idee? Der Präsident wird herumgehen und Babys taufen, Brücken einweihen und Kinder küssen. Mr. Roosevelt selbst wird dem niemals zustimmen."

"Oh ja, das wird er. Er wird dem zustimmen."[135]

Mit anderen Worten, das Komplott der Wall Street zielte nicht darauf ab, Präsident Roosevelt zu beseitigen, sondern ihn nach oben zu befördern und einen Vizepräsidenten mit absoluten Vollmachten einzusetzen. Warum man sich die Mühe machte, einen Vizepräsidenten zu installieren, ist unklar, da der Vizepräsident im Amt war. Auf jeden Fall war geplant, die Vereinigten Staaten mit einem Minister für allgemeine Angelegenheiten zu regieren, was die leichtgläubige amerikanische Öffentlichkeit unter dem Vorwand des notwendigen Schutzes vor einer kommunistischen Machtübernahme akzeptieren würde.

An dieser Stelle ist es interessant, an die Rolle vieler dieser Finanziers und Finanzunternehmen in der bolschewistischen Revolution zu erinnern - eine Rolle, , die übrigens General Butler nicht bekannt gewesen sein konnte[136] - und an die Verwendung ähnlicher roter Panikmache in der Organisation der Vereinigten Amerikaner von 1922. Grayson M-P. Murphy war in den frühen 1930er Jahren Direktor mehrerer Unternehmen, die von den Interessen von J.P. Morgan kontrolliert wurden, darunter die

---

[135] House of Representatives, Investigation of Nazi Propaganda Activities and Investigation of Certain Other Propaganda Activities, Hearings No. 73-D.C.-6, op. cit., S. 17-18.

[136] Siehe Sutton, Bolshevik Revolution, op. cit.

Guaranty Trust Company, die in der bolschewistischen Revolution eine wichtige Rolle spielte, die New York Trust Company und Bethlehem Steel, und saß im Vorstand der Inspiration Copper Company, der National Aviation Corporation, der Intercontinental Rubber Co. und der U.S. & Foreign Securities. John W. Davis, der Redenschreiber von General Butler, war Partner der Kanzlei Davis, Polk, Wardwell, Gardner & Reed in der 15 Broad Street. Sowohl Polk und Wardwell dieser angesehenen Anwaltskanzlei als auch Grayson Murphy waren an der bolschewistischen Revolution beteiligt. Außerdem war Davis gemeinsam mit Murphy Direktor der von Morgan kontrollierten Guaranty Trust Co. und gemeinsam mit dem Präsidentschaftskandidaten Al Smith Direktor der Metropolitan Life Insurance Co. sowie Direktor der Mutual Life Insurance Co., der U.S. Rubber Co. und der American Telephone and Telegraph, der Kontrolleinheit des Bell Systems.

Zum Glück für die Geschichte. General Butler erörterte das Angebot mit einer unparteiischen Zeitungsquelle zu einem sehr frühen Zeitpunkt seiner Gespräche mit MacGuire und Doyle. Der McCormack-Dickstein-Ausschuss hörte eine eidesstattliche Aussage dieses Vertrauten, Paul Comley French. French bestätigte, dass er Reporter für *den Philadelphia Record* und die *New York Evening Post* war und dass General Butler ihm im September 1934 von dem Komplott erzählt hatte. Daraufhin reiste French am 13. September 1934 nach New York und traf sich mit MacGuire. Im Folgenden wird ein Teil der Aussage von French vor dem Ausschuss wiedergegeben:

MR. FRENCH. [Ich sah] Gerald P. MacGuire in den Büros von Grayson M.-P. Murphy & Co. im zwölften Stock des 52 Broadway, kurz nach 1 Uhr nachmittags. Er hat dort ein kleines Privatbüro und ich ging in sein Büro. Ich habe hier einige direkte Zitate von ihm. Sobald ich sein Büro verließ, griff ich zur Schreibmaschine und machte ein Memorandum über alles, was er mir sagte. "Wir brauchen eine faschistische Regierung in diesem Land", betonte er, "um die Nation vor den Kommunisten zu retten, die sie niederreißen und alles zerstören wollen, was wir in Amerika aufgebaut haben. Die einzigen Männer, die den Patriotismus dazu haben, sind die Soldaten, und Smedley Butler ist der ideale Anführer. Er könnte über Nacht eine Million Männer organisieren." Während des Gesprächs erzählte er mir, dass er im Sommer 1934 und im Frühjahr 1934 in Italien und Deutschland gewesen sei und sich intensiv mit den Hintergründen der nationalsozialistischen und faschistischen Bewegungen und der Rolle der Veteranen in diesen Bewegungen befasst habe. Er sagte, er habe genug Informationen über die faschistische und die Nazi-Bewegung und die Rolle der Veteranen erhalten, um in diesem Land eine richtige Organisation aufzubauen.

Er betonte während des gesamten Gesprächs mit mir, dass die ganze Sache ungeheuer patriotisch sei, dass es darum ginge, die Nation vor den Kommunisten zu retten, und dass die Männer, mit denen sie zu tun haben, die verrückte Vorstellung hätten, dass die Kommunisten sie auseinandernehmen würden. Er sagte, der einzige Schutz seien die Soldaten. Zuerst schlug er vor, dass der General diese Organisation selbst organisieren und von jedem einen Dollar Jahresbeitrag verlangen sollte. Wir diskutierten darüber, und dann kam er auf den Punkt, dass es kein Problem wäre, eine Million Dollar aufzutreiben.

Im Laufe des Gesprächs sprach er immer wieder von der Notwendigkeit eines Mannes auf einem weißen Pferd, wie er es nannte, eines Diktators, der auf seinem weißen Pferd herangaloppieren würde. Er sagte, das sei der einzige Weg, entweder durch die Androhung von Waffengewalt oder durch die Übertragung der Macht und den Einsatz einer Gruppe von organisierten Veteranen, um das kapitalistische System zu retten.

Nachdem wir uns auf den Weg gemacht hatten, erwärmte er sich zusehends und sagte: "Wir könnten uns mit Roosevelt zusammentun und dann mit ihm tun, was Mussolini mit dem König von Italien getan hat." Das passt zu dem, was er dem General [Butler] sagte, dass wir einen Sekretär für allgemeine Angelegenheiten haben würden, und wenn Roosevelt mitspielt, prima, und wenn nicht, würden sie ihn rausschmeißen .[137]

Ackson Martindell, 14 Wall Street

Die beeidigten Aussagen von General Smedley Butler und Paul French bei den Anhörungen des Ausschusses haben einen roten Faden. General Butler schweifte von Zeit zu Zeit ab, und einige Teile seiner Aussage sind vage, aber es steckt offensichtlich viel mehr hinter der Geschichte als ein unschuldiger Zusammenschluss von Mitgliedern der American Legion zu einer Superorganisation. Gibt es irgendwelche unabhängigen Beweise, die General Butler und Paul French bestätigen? Sowohl Butler als auch French wussten nicht, dass Guaranty Trust an Wall-Street-Manövern im Rahmen der bolschewistischen Revolution 1917 beteiligt war, was zumindest auf eine Neigung zur Vermischung von Finanzgeschäften und diktatorischer Politik hindeutet; zwei der an dem Komplott beteiligten Personen waren Direktoren von Guaranty Trust. Bevor die Anhörungen abrupt abgebrochen wurden, hörte der Ausschuss außerdem Beweise aus einer unabhängigen Quelle, die viele der von General Butler und Paul French erzählten Details bestätigten. Im Dezember 1934 wurde Hauptmann Samuel Glazier, Kommandant des CCC-Camps in Elkridge, Maryland[138] , vor den Ausschuss geladen.

Am 2. Oktober 1934 sagte Hauptmann Glazier aus, er habe einen Brief von A.P. Sullivan, dem stellvertretenden Generaladjutanten der US-Armee, erhalten, in dem er einen Mr. Jackson Martindell vorstellte, "dem Sie jede Höflichkeit erweisen werden". Dieser Brief wurde auf Befehl von Generalmajor Malone von der US-Armee an Glazier gesandt. Wer war Jackson Martindell? Er war ein Finanzberater mit Büros in der Wall Street 14, der zuvor mit den

---

[137] House of Representatives, Investigation of Nazi Propaganda Activities and Investigation of Certain Other Propaganda Activities, Hearings No. 73-D.C.-6, op. cit., S. 26.

[138] Ibid., Teile 1-2. Basierend auf einer Zeugenaussage vor dem McCormack-Dickstein-Ausschuss.

Investmentbankern Stone & Webster & Blodget, Inc. am 120 Broadway und mit den Investmentbankern Carter, Martindell & Co. am 115 Broadway verbunden war.[139] Martindell war ein angesehener Mann ( ), der nach Angaben der New York Times "... im Zentrum eines wunderschönen 60-Hektar-Anwesens" lebte, das er von Charles Pfizer[140] gekauft hatte, und der für General Malone einflussreich genug war, um eine Führung durch das Conservation Corps Camp in Elkridge, Maryland, zu arrangieren.

Martindells Zusammenarbeit mit Stone & Webster (120 Broadway) ist von großer Bedeutung und rechtfertigt an sich schon eine weitere Betrachtung seiner Mitarbeiter im Wall-Street-Gebiet.

Hauptmann Glazier gewährte Martindell die gewünschte Lagerbesichtigung und sagte vor dem Ausschuss aus, dass Martindell zahlreiche Fragen zu einem ähnlichen Lager für Männer stellte, die in der Industrie und nicht in den Wäldern arbeiten sollten. Etwa eine Woche nach dem Besuch. Captain Glazier besuchte Martindells Haus in New Jersey, erfuhr, dass er ein persönlicher Freund von General Malone war, und wurde darüber informiert, dass Martindell ähnliche Lager wie das CCC organisieren wollte, um 500.000 junge Männer auszubilden. Die Untertöne dieses Gesprächs waren, wie Glazier berichtet, antisemitisch und deuteten auf einen versuchten Staatsstreich in den Vereinigten Staaten hin; die Organisation, die diesen Umsturz unterstützte, nannte sich American Vigilantes, deren Emblem eine Flagge mit einem roten Adler auf blauem Grund anstelle des deutschen Hakenkreuzes war. Dies war zum Teil eine unabhängige Überprüfung der Aussage von General Butler.

---

[139] 120 Broadway ist das Thema eines Kapitels in diesem Buch und in einem früheren Buch, Sutton, *Bolshevik Revolution*, op. cit. Stone & Webster ist auch in dem früheren Buch prominent vertreten.

[140] Die *New York Times*, 28. Dezember 1934.

Gerald C. Macguires Zeugenaussage

Gerald MacGuire, einer der angeklagten Verschwörer, wurde vor den Ausschuss geladen und sagte ausführlich unter Eid aus. Er erklärte, dass er General Butler 1933 getroffen habe und dass seine Gründe für den Besuch bei Butler darin bestanden, (1) das Komitee für einen gesunden Dollar zu besprechen und (2) dass er Butler für einen "guten Mann als Kommandanten der Legion" hielt.

MacGuire gab zu, General Butler gesagt zu haben, dass er Mitglied des "Distinguished Guest Committee" der American Legion sei; er habe eine "verschwommene Erinnerung" daran, dass der Millionär Robert S. Clark mit Butler gesprochen habe, leugnete aber "nachdrücklich", Vorkehrungen für ein Treffen zwischen Clark und Butler getroffen zu haben. MacGuire gab zu, Butler Postkarten aus Europa geschickt zu haben, ein Gespräch mit dem General im Bellevue-Stratford Hotel geführt zu haben und Butler gesagt zu haben, dass er zum Kongress nach Miami fahren würde. Auf die Frage, ob er Butler von der Rolle der Veteranen in den europäischen Regierungen erzählt habe, antwortete er jedoch, dass er dies nicht getan habe, obwohl er erklärte, dass er Butler gesagt habe, dass seiner Meinung nach "Hitler kein weiteres Jahr in Deutschland überleben würde und dass Mussolini auf der Kippe stehe."[141]

MacGuires Aussage über sein Treffen mit French wich erheblich von dessen Darstellung ab:

FRAGE. Weshalb hat Mr. French Sie aufgesucht, Mr. MacGuire?

ANTWORT. Nach Mr. Frenchs Erzählung rief er an, um mich zu treffen und meine Bekanntschaft zu machen, weil ich General Butler gekannt hatte und ein Freund von ihm war, und er wollte mich

---

[141] House of Representatives, Investigation of Nazi Propaganda Activities and Investigation of Certain Other Propaganda Activities, Hearings No. 73-D.C.-6, op. cit., S. 45.

kennenlernen, und das war der Hauptgrund seines Besuchs.

FRAGE. Sonst nichts weiter besprochen?

ANTWORT. Es wurde eine Reihe von Dingen besprochen, ja. Die Lage des Anleihemarktes, des Aktienmarktes; was ich im Moment für einen guten Kauf hielt; was er kaufen könnte, wenn er sieben- oder achthundert Dollar hätte; die Lage des Landes; die Aussichten auf einen Aufschwung und verschiedene Themen, die zwei Männer diskutieren würden, wenn sie zusammenkämen.

FRAGE. Sonst nichts?

ANTWORT. Nichts weiter, außer dies, Herr Vorsitzender: Wie ich gestern sagte, ich glaube, als Herr French zu mir kam, sagte er. General Butler wird oder wurde wieder von zwei oder drei Organisationen angesprochen - ich glaube, er nannte eine von ihnen ein Bürgerwehr-Komitee dieses Landes - und er fragte: "Was halten Sie davon?", und ich glaube, ich sagte zu ihm: "Nun, ich denke, der General sollte nicht in eine dieser Angelegenheiten in diesem Land verwickelt werden. Ich denke, diese Leute versuchen alle, ihn zu benutzen, seinen Namen für Werbezwecke zu verwenden und Mitglieder zu gewinnen, und ich denke, er sollte sich von diesen Organisationen fernhalten."

FRAGE. Sonst nichts?

ANTWORT. Nichts anderes. Das war das Wesentliche des gesamten Gesprächs.[142]

MacGuire sagte ferner aus, dass er für Grayson Murphy arbeitete und dass Robert S. Clark 300.000 Dollar zur Gründung des Komitees für einen gesunden Dollar aufgebracht hatte.

Der McCormack-Dickstein-Ausschuss konnte bestätigen, dass

---

[142] Ebd., S. 45.

Robert Sterling Clark Geld an MacGuire für politische Zwecke überwiesen hat:

Er [MacGuire] sagte weiter aus, dass ihm dieses Geld von Mr. Clark lange nach dem Chicagoer Kongress der Legion gegeben wurde und dass er auch von Walter E. Frew von der Corn Exchange Bank & Trust Co. die Summe von 1.000 Dollar erhalten hatte, die ebenfalls dem Sound Money Committee gutgeschrieben wurde.

MacGuire sagte dann aus, dass er von Robert Sterling Clark etwa 7200 Dollar für seine Reisekosten nach, in und aus Europa erhalten hatte, zu denen noch 2500 Dollar bei einer anderen Gelegenheit ( ) und 1000 Dollar zu einem anderen Zeitpunkt hinzukamen, und er erklärte unter Eid, dass er von niemand anderem etwas erhalten hatte, und sagte weiter aus, dass er es auf sein persönliches Konto bei der Manufacturers Trust Co. in der Broad Street 55 eingezahlt hatte.

MacGuire sagte ferner aus, dass er im Moment ein Konto mit 432 Dollar pro Monat habe, zu dem noch einige Provisionen hinzukämen. Später sagte MacGuire aus, dass die $2500 und die $1000 im Zusammenhang mit der Organisation des Komitees für einen gesunden Dollar standen.

Der Vorsitzende McCormack stellte dann die folgende Frage: "Hat Mr. Clark neben den 30.000 Dollar und den anderen Summen, die Sie aufgezählt haben, die er Ihnen persönlich gegeben hat, noch auf andere Weise Geld gespendet?", worauf MacGuire antwortete: "Nein, Sir, er wurde mehrmals gebeten, zu verschiedenen Fonds beizutragen, aber er hat abgelehnt."[143]

In seiner New Yorker Pressemitteilung stellte der Ausschuss mehrere Unstimmigkeiten in MacGuires Aussage über den Erhalt von Geldern fest. Der Abschnitt lautet wie folgt:

---

[143] Presseerklärung. New York City, S. 12.

MacGuire konnte sich auch nicht daran erinnern, was der Zweck seiner Reise nach Washington war oder ob er der Central Hanover Bank dreizehn Tausend-Dollar-Scheine gegeben hatte oder dass er eines der Akkreditive mit einem auf das Konto von Mr. Christmas gezogenen bestätigten Scheck gekauft hatte.

Im Laufe der Befragung konnte sich MacGuire nicht daran erinnern, ob er jemals mit Tausend-Dollar-Scheinen hantiert hatte, und schon gar nicht daran, dreizehn davon auf einmal in der Bank vorgelegt zu haben. In diesem Zusammenhang muss daran erinnert werden, dass der Kauf von 13.000 Dollar mit Tausend-Dollar-Scheinen in der Bank nur sechs Tage, nachdem Butler behauptet, MacGuire habe ihm achtzehn Tausend-Dollar-Scheine in Newark gezeigt, stattfand.

Aus den obigen Ausführungen wird deutlich, dass Clark MacGuire zusätzlich zu den 30.000 Dollar, die er für das Sound Money Committee zur Verfügung gestellt hat, weitere 75.000 Dollar zur Verfügung gestellt hat, was MacGuire widerwillig zugab, als er mit den Beweisen konfrontiert wurde.

Diese 75.000 Dollar zeigen sich in den 26.000 Dollar, die auf das Manufacturers Trust-Konto gingen, 10.000 Dollar in Bargeld beim Mittagessen, dem Kauf von Akkreditiven im Gesamtwert von 30.300 Dollar, wovon der beglaubigte Scheck von Christmas mit 15.000 Dollar angegeben wurde, und Ausgaben für Europa in Höhe von fast 8.000 Dollar. Dies ist immer noch ungeklärt. Ob es noch mehr gab und wie viel, weiß der Ausschuss noch nicht.[144]

Der Ausschuss stellte MacGuire dann eine offensichtliche Frage: ob er Jackson Martindell kenne. Leider wurde ein ebenso offensichtlicher Fehler in MacGuires Antwort nicht beanstandet. Die Ausschussabschrift lautet wie folgt:

Der Vorsitzende:

---

[144] Ebd., S. 13.

FRAGE. Kennen Sie Mr. Martindell, Mr. MacGuire?

ANTWORT. Mr. Martin Dell? Nein, Sir; ich weiß es nicht.

DER VORSITZENDE. Ist das sein Name?

MR. DICKSTEIN. Ich denke schon.[145]

Kurz gesagt, wir haben drei zuverlässige Zeugen - General Butler, Paul French und Hauptmann Samuel Glazier - die unter Eid über Pläne zur Errichtung einer Diktatur in den Vereinigten Staaten aussagen. Und wir haben widersprüchliche Zeugenaussagen von Gerald MacGuire, die eindeutig weitere Untersuchungen rechtfertigen. Eine solche Untersuchung war anfangs die erklärte Absicht des Ausschusses: "Der Ausschuss wartet auf die Rückkehr von Herrn Clark und Herrn Christmas in dieses Land. So wie die Beweislage aussieht, erfordert sie eine Erklärung, die der Ausschuss von Herrn MacGuire nicht erhalten konnte."[146]

Der Ausschuss hat jedoch weder Herrn Clark noch Herrn Christmas zu einer Zeugenaussage aufgefordert. Es wurden keine weiteren Anstrengungen unternommen - zumindest ist in den öffentlichen Aufzeichnungen nichts darüber zu finden -, um eine Erklärung für die Ungereimtheiten und Ungenauigkeiten in MacGuires Aussage zu finden, einer Aussage, die dem Ausschuss unter Eid gemacht wurde.

Unterdrückung der Beteiligung der Wall Street

Die Geschichte einer versuchten Übernahme der Exekutivgewalt in den Vereinigten Staaten wurde nicht nur von den direkt betroffenen Parteien unterdrückt, sondern auch von mehreren Institutionen, die

---

[145] House of Representatives, Investigation of Nazi Propaganda Activities and Investigation of Certain Other Propaganda Activities, Hearings No. 73-D.C.-6, op. cit., S. 85.

[146] Pressemitteilung, New York City, S. 13.

normalerweise als Beschützer der verfassungsmäßigen Freiheit und der Untersuchungsfreiheit gelten. Zu den Gruppen, die Informationen unterdrückten, gehörten (1) der Kongress der Vereinigten Staaten, (2) die Presse, vor allem *Time* und *The New York Times*, und (3) das Weiße Haus selbst. Es ist auch bemerkenswert, dass keine akademische Untersuchung zu diesem sicherlich bedrohlichsten Ereignis der jüngeren amerikanischen Geschichte durchgeführt wurde. Die Unterdrückung ist umso bedauerlicher angesichts des derzeitigen Trends zum Kollektivismus in den Vereinigten Staaten und der Wahrscheinlichkeit eines weiteren Versuchs einer diktatorischen Machtübernahme unter dem Vorwand angeblicher Bedrohungen von links oder rechts.

Die Unterdrückung durch den Ausschuss für unamerikanische Umtriebe des Repräsentantenhauses erfolgte durch die Streichung umfangreicher Passagen, die sich auf Finanziers der Wall Street bezogen, darunter der Direktor von Guaranty Trust, Grayson Murphy, J.P. Morgan, die Interessen von Du Pont, Remington Arms und andere, die angeblich an dem Komplottversuch beteiligt waren. Auch heute, im Jahr 1975, ist eine vollständige Niederschrift der Anhörungen nicht auffindbar.

Einige der gelöschten Teile des Protokolls wurden von dem Reporter John Spivak von entdeckt.[147] Ein Verweis auf den NRA-Verwalter Hugh Johnson zeigt, welche Art von Informationen unterdrückt wurden; der Ausschuss hat die kursiv gedruckten Worte aus der gedruckten Zeugenaussage unterdrückt; Butler spricht mit MacGuire:

Ich fragte: "Gibt es schon etwas, was sich bewegt?"

"Ja", sagt er, "sehen Sie zu, in zwei oder drei Wochen werden Sie es in den Zeitungen sehen. Es werden große Leute dabei sein" ... und in etwa zwei Wochen erschien die American Liberty League, die

---

[147] Siehe Jules Archer, *The Plot to Seize the White House*, op. cit.

genau das war, was er beschrieben hatte. Wir könnten einen stellvertretenden Präsidenten haben, jemanden, der die Schuld auf sich nimmt; und wenn es nicht klappt, kann er ihn fallen lassen.

Er sagte: "Das ist es, wofür er Hugh Johnson aufgebaut hat. Hugh Johnson hat zu viel geredet und ihn in ein Loch gebracht, und er wird ihn in den nächsten drei oder vier Wochen feuern."

Ich fragte: "Woher wissen Sie das alles?"

"Oh", sagte er, "wir sind die ganze Zeit mit ihm zusammen. Wir wissen, was passieren wird."[148]

Auch die Aussage von Paul French wurde vom Hausausschuss zensiert. Der folgende Auszug aus der Aussage von French, der sich auf John W. Davis, J.P. Morgan, die Du Pont Company und andere in der Wall Street bezieht, bestätigt nachdrücklich die Aussage von General Butler:

Zuerst schlug er [MacGuire] vor, dass der General [Butler] diese Organisation selbst organisieren und von jedem einen Dollar Jahresbeitrag verlangen sollte. Wir diskutierten das, und dann kam er auf den Punkt, dass es kein Problem wäre, eine Million Dollar aufzubringen. Er sagte, er könne sich an John W. Davis [Anwalt von J.P. Morgan & Co.] oder an Perkins von der National City Bank und an eine beliebige Anzahl von Personen wenden, um sie zu bekommen. Das kann natürlich etwas bedeuten oder auch nicht. Das heißt, seine Bezugnahme auf John W. Davis und Perkins von der National City Bank. Während meines Gesprächs mit ihm habe ich den General natürlich nicht zu irgendetwas verpflichtet. Ich habe ihm nur zugehört.

Später erörterten wir die Frage der Waffen und der Ausrüstung, und er schlug vor, dass diese von der Remington Arms Co. auf Kredit

---

[148] George Seldes, *One Thousand Americans*, a.a.O., S. 288.

über die Du Ponts bezogen werden könnten.

Ich glaube nicht, dass er damals die Verbindungen von Du Pont zur American Liberty League erwähnte, aber er umging sie. Das heißt, ich glaube nicht, dass er die Liberty League erwähnte, aber er umging die Idee, dass dies die Hintertür war; einer der Du Ponts ist im Vorstand der American Liberty League und sie besitzen eine Mehrheitsbeteiligung an der Remington Arms Co ... Er sagte, dass der General keine Probleme haben würde, 500.000 Männer zu rekrutieren.[149]

John L. Spivak, der Reporter, der die Unterdrückung in den Kongressprotokollen aufdeckte, forderte den Ausschussvorsitzenden Samuel Dickstein aus New York mit seinen Beweisen heraus. Dickstein gab zu, dass der Ausschuss bestimmte Teile der Zeugenaussage gestrichen hatte, weil sie vom Hörensagen stammten.

"Aber Ihre veröffentlichten Berichte sind voll von Aussagen vom Hörensagen." "Wirklich?", sagte er.

"Warum wurde Grayson Murphy nicht angerufen? Ihr Komitee wusste, dass Murphys Männer der antisemitischen Spionageorganisation Order of '76 angehören?"

"Wir hatten nicht die Zeit dazu. Wir hätten uns um die Wall-Street-Gruppen gekümmert, wenn wir die Zeit gehabt hätten. Ich würde nicht zögern, die Morgans zu verfolgen."

"Sie hatten Belgrano, den Kommandanten der Amerikanischen Legion, als Zeugen geladen. Warum wurde er nicht vernommen?"

"Ich weiß es nicht. Vielleicht können Sie Mr. McCormack bitten,

---

[149] Ebd., S. 289-290.

das zu erklären. Ich hatte nichts damit zu tun."[150]

Tatsache ist, dass der Ausschuss Grayson Murphy, Jackson Martindell und John W. Davis, die alle direkt in beeidigten Aussagen beschuldigt wurden, nicht aufgerufen hat. Außerdem strich der Ausschuss alle Teile der Zeugenaussagen, die andere prominente Personen betrafen: J.P. Morgan, die Du Ponts, die Rockefeller-Interessen, Hugh Johnson und Franklin D. Roosevelt. Als der Kongressabgeordnete Dickstein gegenüber John Spivak seine Unschuld beteuerte, stand dies im Widerspruch zu seinem eigenen Schreiben an Präsident Roosevelt, in dem er behauptet, sogar die öffentliche Verbreitung der gedruckten Ausschussanhörungen eingeschränkt zu haben, "damit sie nicht in andere als verantwortungsvolle Hände gelangen". Im Abschlussbericht des Ausschusses vom 15. Februar 1935 wurde die Geschichte noch weiter vertuscht. John L. Spivak fasst das Begräbnis kurz und bündig zusammen: "Ich ... habe den Bericht des Ausschusses studiert. Er widmete sechs Seiten der Bedrohung durch in diesem Land operierende Nazi-Agenten und elf Seiten der Bedrohung durch Kommunisten. Eine Seite widmete er dem Komplott, die Regierung zu übernehmen und unser demokratisches System zu zerstören."[151]

Die Rolle der führenden Zeitungen und Meinungszeitschriften bei der Berichterstattung über die Butler-Affäre ist ebenso verdächtig. Ihr Umgang mit dem Ereignis erweckt sogar den Anschein von völliger Verzerrung und Zensur. Der Wahrheitsgehalt einiger großer Zeitungen wurde in den letzten 50 Jahren weithin in Frage gestellt[152], und in einigen Kreisen wurden die Medien sogar einer Verschwörung beschuldigt, um "alles zu unterdrücken, was den Wünschen der Interessengruppen zuwiderläuft." So fügte

---

[150] John L. Spivak, *A Man in his Time* (New York: Horizon Press, 1967), S. 311, 322-25.

[151] Ebd., S. 331.

[152] Siehe Herman Dinsmore, *All the News That Fits*, (New Rochelle: Arlington House, 1969).

beispielsweise der Kongressabgeordnete Callaway 1917 in The Congressional Record die folgende vernichtende Kritik an der Kontrolle der Presse durch Morgan ein:

MR. CALLAWAY. Herr Vorsitzender, mit einstimmiger Zustimmung füge ich an dieser Stelle eine Erklärung in das Protokoll ein, die die Zeitungszusammenstellung zeigt, die ihre Aktivität in dieser Kriegsangelegenheit erklärt, die gerade von dem Herrn aus Pennsylvania (Herr Moore) diskutiert wurde:

Im März 1915 taten sich die Interessen von J.P. Morgan, die Stahl-, Schiffbau- und Pulverinteressen und ihre Tochtergesellschaften mit zwölf hochrangigen Männern aus der Zeitungswelt zusammen und beauftragten sie, die einflussreichsten Zeitungen der Vereinigten Staaten auszuwählen und eine ausreichende Anzahl von ihnen zu bestimmen, um die Politik der Tagespresse der Vereinigten Staaten allgemein zu kontrollieren.

Diese 12 Männer arbeiteten das Problem aus, indem sie 179 Zeitungen auswählten, und begannen dann mit einem Ausschlussverfahren, um nur diejenigen zu behalten, die für den Zweck der Kontrolle der allgemeinen Politik der Tagespresse im ganzen Land notwendig waren. Sie kamen zu dem Schluss, dass es nur notwendig war, die Kontrolle über 25 der größten Zeitungen zu erwerben. Man einigte sich auf die 25 Zeitungen; es wurden Abgesandte geschickt, um die nationale und internationale Politik dieser Zeitungen zu kaufen; man einigte sich; die Politik der Zeitungen wurde gekauft, um monatlich bezahlt zu werden; für jede Zeitung wurde ein Redakteur bereitgestellt, der die Informationen über Fragen der Bereitschaft, des Militarismus, der Finanzpolitik und andere Dinge nationaler und internationaler Natur, die für die Interessen der Käufer als lebenswichtig angesehen wurden, ordnungsgemäß beaufsichtigte und redigierte.

Dieser Vertrag besteht zur Zeit, und er ist der Grund dafür, dass die Zeitungsspalten der Tagespresse des Landes mit allen möglichen Argumenten und falschen Darstellungen über den gegenwärtigen Zustand der Armee und der Marine der Vereinigten Staaten sowie über die Möglichkeit und Wahrscheinlichkeit eines Angriffs auf die

Vereinigten Staaten durch ausländische Feinde gefüllt sind.

Zu dieser Politik gehörte auch die Unterdrückung von allem, was den Wünschen der Interessengruppen zuwiderlief. Die Wirksamkeit dieses Schemas wurde durch die Art des Materials, das seit März 1915 in der Tagespresse im ganzen Land verbreitet wurde, schlüssig bewiesen. Sie haben zu allem gegriffen, was nötig war, um die öffentliche Stimmung zu kommerzialisieren und den Nationalkongress dazu zu bringen, unter dem falschen Vorwand, es sei notwendig, extravagante und verschwenderische Mittel für die Armee und die Marine bereitzustellen. Ihr Hauptargument ist, dass es sich um "Patriotismus" handelt. Sie spielen mit allen Vorurteilen und Leidenschaften des amerikanischen Volkes.[153]

In der Butler-Affäre sind die beschuldigten Interessen die gleichen, die der Kongressabgeordnete Callaway identifiziert hat: die Firma J.P. Morgan und die Stahl- und Pulverindustrie. General Butler beschuldigte Grayson Murphy, einen Direktor der von Morgan kontrollierten Guaranty Trust Company, Jackson Martindell, der mit der mit den Morgans verbündeten Firma Stone & Webster verbunden war, die Du Pont Company (Pulverindustrie) und die Remington Arms Company, die von Du Pont und den finanziellen Interessen von Morgan-Harriman kontrolliert wurde. Die Firmen, die in den unterdrückten Zeugenaussagen des Kongresses von 1934 auftauchen, sind J.P. Morgan, Du Pont und Remington Arms. Kurzum, wir können nachweisen, dass der Kongress 1934 Informationen unterdrückt hat, die die früheren Anschuldigungen des Kongressabgeordneten Callaway von 1917 stützen.

Erstreckt sich diese Unterdrückung auch auf große Nachrichtenmagazine? Nehmen wir zwei Paradebeispiele: *die New York Times* und das *Time* Magazine. Wenn es eine solche Kombination gäbe, wie Callaway behauptet, dann würden diese beiden Zeitschriften sicherlich zu den "25 größten Zeitungen, die in den 1930er Jahren beteiligt waren" gehören. *Die New York Times*

---

[153] Congressional Record, Bd. 55, S. 2947-8 (1917).

berichtet über die "Verschwörung" mit einer Schlagzeile auf der ersten Seite am 21. November 1934: "General Butler deckt 'faschistisches Komplott' zur gewaltsamen Übernahme der Regierung auf", mit dem oben zitierten Leitartikel (S. 143). Dieser Times-Artikel ist ein recht guter Bericht und enthält eine unverblümte Erklärung des Kongressabgeordneten Dickstein: "Nach den derzeitigen Anzeichen hat Butler die Beweise. Er wird keine ernsthaften Anschuldigungen erheben, wenn er nicht etwas hat, das sie untermauert. Wir werden Männer hier haben, die einen größeren Namen haben als er." Dann heißt es in dem Times-Artikel, dass "Mr. Dickstein sagte, dass etwa sechzehn Personen, die General Butler dem Komitee gegenüber erwähnte, vorgeladen würden und dass am kommenden Montag eine öffentliche Anhörung stattfinden könnte." Die Times berichtet auch über offene und manchmal wütende Dementis von Hugh Johnson, Thomas W. Lamont und Grayson M-P. Murphy von Guaranty Trust.

Am folgenden Morgen, dem 22. November, änderte die Times ihre Berichterstattung über das Komplott grundlegend. Die Enthüllungen wurden auf eine Innenseite verlegt, obwohl die Zeugenaussage nun Gerald MacGuire, einen der beschuldigten Verschwörer, betraf. Außerdem ist eine entschiedene Änderung in der Haltung des Ausschusses festzustellen. Kongressabgeordneter McCormack soll nun gesagt haben, dass "der Ausschuss noch nicht entschieden hat, ob er weitere Zeugen aufrufen wird". Er sagte, der wichtigste Zeuge neben Mr. MacGuire sei Robert Sterling Clark, ein wohlhabender New Yorker mit Büros im Stock Exchange Building.

Während sich die Berichterstattung *der Times* auf eine einzelne Spalte im Innenteil beschränkte, erschien im Leitartikel, dem einflussreichsten Teil der Zeitung, ein Leitartikel, der den Ton für die nachfolgende Berichterstattung angab. Unter der Überschrift "Credulity Unlimited" (Unbegrenzte Glaubwürdigkeit) wurde behauptet, die Butler-Anschuldigung sei eine "kahle und nicht überzeugende Erzählung". ... Die ganze Geschichte klingt wie ein gigantischer Schwindel ... sie verdient keine ernsthafte Diskussion", und so weiter. Kurz gesagt, *bevor* die 16 wichtigen Zeugen aufgerufen wurden, bevor die Beweise zu den Akten gelegt wurden, *bevor* die Anklage untersucht wurde. Die New York Times beschloss, dass sie nichts über diese Geschichte hören wollte, weil sie ein Schwindel war, der nicht gedruckt werden sollte.

Am nächsten Tag, dem 23. November, änderte die Times ihre Berichterstattung noch weiter. Die Schlagzeilen lauteten nun "Reds and Red Union Strife" (Rote und Roter Gewerkschaftskampf) und betrafen angebliche Aktivitäten von Kommunisten in amerikanischen Gewerkschaften, während die Butler-Aussage und die sich entwickelnden Beweise tief in der Berichterstattung über rote Aktivitäten versteckt wurden. Die daraus resultierende Geschichte war natürlich vage und verworren, aber sie verbarg die Butler-Beweise effektiv.

Am 26. November wurden die Anhörungen fortgesetzt, aber der Ausschuss selbst hatte nun kalte Füße und gab eine Erklärung ab: "Diesem Ausschuss liegen keine Beweise vor, die es auch nur im Geringsten rechtfertigen würden, Männer wie John W. Davis, General Hugh Johnson, General James G. Harbord, Thomas W. Lamont, Admiral William S. Sims oder Hanford MacNider vorzuladen."

Es sei darauf hingewiesen, dass diese Namen in beeidigten Aussagen aufgetaucht waren, die später aus dem offiziellen Protokoll gestrichen wurden. Die Times setzte ihre Berichterstattung über diese Entwicklung in gekürzter Form auf einer Innenseite unter der Überschrift "Committee Calm over Butler 'Plot', Has No Evidence to Warranting Johnson and Others" fort. Am 27. November verringerte sich die Berichterstattung *der Times* auf fünf Spalten auf einer Innenseite unter der ominösen Überschrift "Butler Plot Inquiry Not To Be Dropped". Über die Anhörungen im Dezember berichtete die *Times* auf der Titelseite (28. Dezember 1934), aber das Komplott wurde nun zu "Reds Plot to Kidnap the President, Witness Charges at House Inquiry" verdreht.

Betrachtet man die Geschichte der Butler-Affäre in der *Times* 40 Jahre nach dem Ereignis und vergleicht sie mit der gedruckten offiziellen Zeugenaussage, die ihrerseits stark zensiert wurde, ist es offensichtlich, dass die Zeitung entweder aus eigener Initiative oder unter Druck von außen beschlossen hat, dass die Geschichte nicht veröffentlicht werden sollte. In Übereinstimmung mit dieser Interpretation stellen wir fest, dass die New York Times, die "newspaper of record", die Butler-Zeugnisse aus den Einträgen in ihrem jährlichen Index, auf den sich Forscher und Wissenschaftler verlassen, herausnimmt. Der *Times* Index für 1934 enthält einen Eintrag "BUTLER (Maj. Gen.), Smedley D.", listet aber nur einige seiner Reden und ein biografisches Porträt auf. Die Zeugenaussage von Butler ist nicht aufgeführt. Es gibt einen Eintrag, "Siehe auch: Fascism-U.S.", aber unter diesem Querverweis steht nur: "Generalmajor S.D. Butler beschuldigt Verschwörung zum Sturz der gegenwärtigen Regierung; Wall-Street-Interessen und G.P. MacGuire bei Cong-Com-Anhörung verwickelt." Der einzige bedeutende Name der Wall Street, der im Index erwähnt wird, ist der von R.S. Clark, der als "verwirrt" über die Anschuldigungen berichtet wird. Keiner der von General Butler erwähnten wichtigen Mitarbeiter von Morgan und Du Pont ist im Index aufgeführt. Mit anderen Worten, es scheint ein bewusster Versuch dieser Zeitung gewesen zu sein, Historiker in die Irre zu führen.

Die Berichterstattung des Time-Magazins wurde zur Fiktion, als sie versuchte, die Beweise von General Butler ad absurdum zu führen. Wenn ein Student jemals ein Beispiel für parteiische Berichterstattung konstruieren möchte, so findet er ein erstklassiges Beispiel in einem Vergleich der Beweise, die General Butler dem McCormack-Dickstein-Ausschuss vorlegte, mit der anschließenden Time-Berichterstattung. In der *Time-Ausgabe* vom 3. Dezember 1934 erschien die Geschichte unter der Überschrift "Plot Without Plotters" (Verschwörung ohne Verschwörer), aber die Geschichte hat keinerlei Ähnlichkeit mit der Zeugenaussage, nicht einmal mit der zensierten Zeugenaussage. In der Geschichte wird geschildert, wie General Butler eine halbe Million Männer entlang des U.S. Highway 1 mit dem Ruf anführt: "Männer, Washington ist nur 30 Meilen entfernt! Werdet ihr mir folgen?" Butler wurde dann als derjenige dargestellt, der die US-Regierung mit Gewalt von Präsident Roosevelt übernahm. Der Rest des Time-Artikels ist gefüllt mit Ausgrabungen aus Butlers Vergangenheit und einer Reihe von Dementis des Beschuldigten. Nirgends wird der Versuch unternommen, die Aussagen von General Butler wiederzugeben, obwohl die Dementis von J.P. Morgan, Hugh Johnson, Robert Sterling Clark und Grayson Murphy korrekt zitiert werden. Zwei

Fotos sind beigefügt: ein genialer, großväterlicher J.P. Morgan und General Butler in einer Pose, die allgemein als Symbol für Verrücktheit gilt - mit dem Finger am Ohr. Die Berichterstattung war schäbiger, unehrlicher und schändlicher Journalismus vom Feinsten. Was auch immer wir über die Nazi-Propaganda oder die Verzerrung der sowjetischen Presse denken mögen, weder Goebbels noch *Goslit* haben jemals die hypnotische Kompetenz der Journalisten und Redakteure *von Time* erreicht. Das furchtbare Problem ist, dass die Meinungen und Sitten von Millionen Amerikanern und Englisch sprechenden Menschen auf der ganzen Welt durch diese Schule des verzerrten Journalismus geprägt wurden.

Um unsere Kritik ins rechte Licht zu rücken, muss angemerkt werden, dass *die Time* bei ihrer Jagd nach reißerischem Journalismus offenbar unparteiisch war. Sogar Hugh S. Johnson, Verwalter der NRA und einer der angeblichen Verschwörer in der Butler-Affäre, war Zielscheibe des Unfugs *von Time*. Wie Johnson in seinem Buch berichtet:

> *Ich stand bei dieser Parade auf der Zuschauertribüne, und Hunderte von Menschen, die ich kannte, winkten mir zu, als sie vorbeizogen. Unten gab es eine ganze Reihe von Kameras, und ich wusste, wenn ich meine Hand höher als bis zu den Schultern heben würde, würde dies als "faschistischer Gruß" erscheinen und veröffentlicht werden. Also hob ich sie nie höher. Ich streckte nur den Arm gerade aus und wackelte mit der Hand herum. Aber das half mir nicht - die Zeit brachte heraus, dass ich ständig vor Mussolini gegrüßt hatte, und hatte sogar ein Foto, das das bewies, aber es war nicht mein Arm auf diesem Foto. Er trug den abgeklebten Manschettenärmel eines abgeschnittenen Mantels und eine steife runde Manschette mit einem altmodischen Manschettenknopf und beides habe ich in meinem ganzen Leben nie getragen. Ich glaube, es war der Arm von Bürgermeister O'Brien, der neben mir stand, der auf meinen Körper*

gefälscht worden war.[154]

Eine Bewertung der Butler-Affäre

Der wichtigste zu prüfende Punkt ist die Glaubwürdigkeit von General Smedley Darlington Butler. Hat General Butler gelogen? Hat er die Wahrheit gesagt? Hat er um der Wirkung willen übertrieben?

General Butler war ein ungewöhnlicher Mann und ein besonders ungewöhnlicher Mann in den Streitkräften: zweimal mit der Ehrenmedaille ausgezeichnet, ein unbestrittener Führer von Männern, mit unbestrittener persönlicher Tapferkeit, tiefer Loyalität gegenüber seinen Mitmenschen und einem ausgeprägten Sinn für Gerechtigkeit. All dies sind bewundernswerte Eigenschaften. Sicherlich war General Butler nicht der Typ Mann, der aus kleinlichen Gründen lügt oder gar übertreibt. Sein Gespür für Dramatik lässt zwar die Möglichkeit einer Übertreibung offen, aber absichtliches Lügen ist höchst unwahrscheinlich.

Gibt es Beweise, die für oder gegen Butler sprechen? Der Reporter Paul French von *The Philadelphia Record* unterstützt Butler voll und ganz. Die Aussage von Captain Glazier, dem Kommandanten des CCC-Camps, unterstützt Butler. In diesen beiden Fällen gibt es keine Unstimmigkeiten in der Beweislage. Die Aussagen von MacGuire, die er unter Eid vor dem Kongress gemacht hat, unterstützen Butler nicht. Wir haben also einen Konflikt zwischen beeidigten Beweisen. Darüber hinaus wurde MacGuire vom Ausschuss in mehreren Punkten für schuldig befunden; er hat sich bei einer Reihe von Gelegenheiten der Ausrede "ich kann mich nicht erinnern" bedient, und in wichtigen Bereichen wie der Finanzierung durch Clark unterstützt MacGuire Butler widerwillig. Die Butler-Geschichte hat einen harten Kern an Plausibilität. Es besteht die Möglichkeit einer gewissen Übertreibung, vielleicht nicht untypisch für einen Mann mit Butlers extravaganter Persönlichkeit, aber das

---

[154] Hugh S. Johnson, *Der blaue Adler vom Ei bis zur Erde,* op. cit., S.267

ist weder bewiesen noch widerlegt.

Es steht außer Frage, dass der Kongress der Vereinigten Staaten der Sache der Freiheit mit der Unterdrückung der Butler-Geschichte einen schweren Bärendienst erwiesen hat. Hoffen wir, dass einige Kongressabgeordnete oder ein Kongressausschuss, selbst zu diesem späten Zeitpunkt, die Fäden aufnehmen und die vollständige, unzensierte Zeugenaussage veröffentlichen werden. Wir dürfen auch hoffen, dass die New York Times beim nächsten Mal in einer vergleichbar wichtigen Angelegenheit ihrem Anspruch gerecht wird, die Zeitung der Akten zu sein, die sie vier Jahrzehnte später bei der Watergate-Untersuchung so bewundernswert gerechtfertigt hat.

Kapitel 11

Die Unternehmenssozialisten am 120 Broadway, New York City

Er [FDR] hatte bereits begonnen, im Büro der Fidelity and Deposit Company am 120 Broadway wieder aufzutauchen. Seine Anwaltskanzlei in der Wall Street 52 besuchte er noch nicht, denn er konnte den Gedanken nicht ertragen, in der Öffentlichkeit die hohe Treppe hinaufgetragen zu werden. In der 120 Broadway konnte er die eine kleine Stufe vom Bürgersteig aus allein bewältigen.

Frank Freidel, Franklin D. Roosevelt: The Ordeal
(Boston; Little, Brown, 1954), S. 119.

Wie in *Wall Street und die bolschewistische Revolution* finden wir viele der in diesem Buch beschriebenen Hauptpersonen (einschließlich FDR) und Firmen, ja sogar einige der Ereignisse, an einer einzigen Adresse, dem Equitable Office Building am 120 Broadway in New York City.

Franklin D. Roosevelts Büro in den frühen 1920er Jahren, als er Vizepräsident der Fidelity and Deposit Company war, befand sich am 120 Broadway. Der Biograf Frank Freidel berichtet über seinen Wiedereintritt in das Gebäude nach seinem lähmenden Polioanfall. Zu dieser Zeit befand sich das Büro von Bernard Baruch ebenfalls am 120 Broadway, und Hugh Johnson, der spätere Verwalter der NRA, war Bernard Baruchs Forschungsassistent an derselben Adresse.

Dort befanden sich auch die Büros von General Electric und Gerard Swope, dem Verfasser des Swope-Plans, der zu Roosevelts NRB wurde. Der Bankers Club befand sich im obersten Stockwerk desselben Equitable Office Building und war 1926 der Ort eines Treffens der Verschwörer der Butler-Affäre. Offensichtlich gab es eine Konzentration von Talenten an dieser besonderen Adresse, die eine genauere Beschreibung verdient.

Die bolschewistische Revolution und 120 Broadway

In Wall Street and the Bolshevik Revolution haben wir festgestellt, dass die mit der Revolution verbundenen Finanziers an einer einzigen Adresse in New York City, dem Equitable Office Building, konzentriert waren. Im Jahr 1917 befand sich der Hauptsitz des Distrikts Nr. 2 des Federal Reserve Systems, des wichtigsten Distrikts der Federal Reserve, am 120 Broadway; von neun Direktoren der Federal Reserve Bank of New York waren vier physisch am 120 Broadway ansässig, und zwei dieser Direktoren waren gleichzeitig im Vorstand der American International Corporation. Die American International Corporation war 1915 von den Morgan-Interessen unter reger Beteiligung der Rockefeller- und Stillman-Gruppe gegründet worden. Der Hauptsitz der A.I.C. befand sich am 120 Broadway. Die Direktoren der A.I.C. waren eng mit anderen wichtigen Finanz- und Industrieinteressen der Wall Street verflochten, und es wurde festgestellt, dass die American International Corporation eine wichtige Rolle beim Erfolg und der Konsolidierung der bolschewistischen Revolution von 1917 spielte. Der Exekutivsekretär der A.I.C., William Franklin Sands, der wenige Wochen nach dem Ausbruch der bolschewistischen Revolution im November 1917 (lange bevor auch nur ein Bruchteil Russlands unter sowjetische Kontrolle geriet) vom Außenministerium nach seiner Meinung gefragt wurde, brachte seine entschiedene Unterstützung für die Revolution zum Ausdruck. Der Brief von Sands ist in *Wall Street and the Bolshevik Revolution* abgedruckt. In einem Memorandum des Morgan-Mitarbeiters Dwight Morrow an den englischen Premierminister David Lloyd George wurde ebenfalls dringend um Unterstützung für die bolschewistischen Revolutionäre und die Unterstützung ihrer Armeen gebeten. William Boyce Thompson, ein Direktor der FRB of New York, spendete 1 Million Dollar für die bolschewistische Sache und intervenierte bei Lloyd George zugunsten der aufstrebenden Sowjets.

Kurz gesagt, wir fanden ein erkennbares Muster probolschewistischer Aktivitäten einflussreicher Mitglieder der Wall Street, die sich auf die Federal Reserve Bank of New York und die American International Corporation, beide am 120 Broadway, konzentrierten. Bis 1933 war die Bank in die Liberty Street umgezogen.

Die Federal Reserve Bank of New York und 120 Broadway

Die Namen der einzelnen FRB-Direktoren änderten sich zwischen 1917 und den 1930er Jahren, aber es wurde festgestellt, dass trotz des Umzugs der FRB vier FRB-Direktoren in der New-Deal-Periode immer noch Büros an dieser Adresse hatten, wie die folgende Tabelle zeigt:

Direktoren der Federal Reserve Bank of New York in der Zeit des New Deal

Name	Verwaltungsratsmandate für Unternehmen mit Sitz in 120 Broadway
Charles E. Mitchell	Direktor der FRB von New York, 1929-1931, und Direktor der Corporation Trust Co. (120 Broadway)
Albert H. Wiggin	Nachfolger von Charles E. Mitchell als Direktor der FRB of New York, 1932-34, und Direktor der American International Corp und Stone and Webster, Inc. (beide 120 Broadway)
Clarence M. Woolley	Direktor der FRB von New York, 1922-1936, und Direktor der General Electric Co. (120 Broadway)
Owen D. Young	Direktor der FRB von New York, 1927-1935, und Vorsitzender der General Electric Co. (120 Broadway)

Personen und Firmen mit Sitz in:

120 BROADWAY   42 BROADWAY
Franklin Delano   Herbert Clark Hoover

Roosevelt
Bernard Baruch
Gerard Swope
Owen D. Young

Andere

American International Corp.	Grayson M-P Murphy (52 Broadway)
Die Corporation Trust Co. Empire Trust Co. Inc.	Internationale Akzeptanzbank, (52 Cedar St.)
Fidelity Trust Co.	Internationale Treuhandanstalt für Akzeptanz
American Smelting & Refining Co.	(52 Cedar St.)
Armour & Co. (Büro New York).	International Manhattan Co. Inc.
Baldwin-Lokomotivwerke	(52 Cedar St.)
Federal Mining & Smelting Co.	Jackson Martindell (14 Wall St.)
General Electric Co.	John D. Rockefeller, Jr. (26 Broadway)
Kennecott Copper Corp.	Percy A. Rockefeller (25 Broadway)
Metall & Thermit Corp.	Robert S. Clark (11 Wall St.)
National Dairy Products Corp.	
Yukon Gold Co.	
Stone & Webster & Blodget, Inc.	

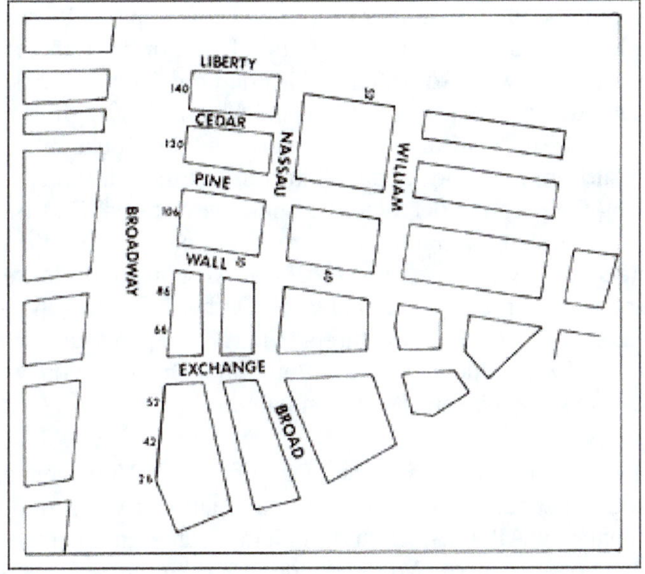

Karte der Wall Street Area mit den Bürostandorten der in diesem Buch erwähnten Personen und Firmen, die in diesem Buch erwähnt werden.

American International Corporation und 120 Broadway

Die American International Corporation (AIC) wurde 1915 von einem Zusammenschluss von Morgan-, Stillman- und Rockefeller-Interessen gegründet; ihr Hauptsitz war von 1915 bis in die 1920er Jahre am 120 Broadway. Die große Aufregung an der Wall Street über die Gründung der AIC führte zu einer Konzentration der mächtigsten Finanzakteure im Vorstand der AIC - praktisch eine Monopolorganisation für die Erschließung und Ausbeutung von Übersee.[155] Von den neun Direktoren, die 1930 im Vorstand saßen, waren fünf bereits 1917, zur Zeit der bolschewistischen Revolution, im Vorstand der AIC: Matthew C. Brush, Präsident und Vorsitzender des Exekutivausschusses der American International

---

[155] Siehe Sutton, *Bolshevik Revolution*, op. cit.

Corporation und Direktor der Empire Trust Company; Pierre S. Du Pont, Mitglied der Familie Du Pont und Direktor der Bankers Trust Company; Percy A. Rockefeller, Mitglied der Familie Rockefeller und Direktor der National City Bank; Albert H. Wiggin, Direktor der Federal Reserve Bank of New York und der Rockefeller Chase National Bank; und Beekman Winthrop, Mitglied der International Banking Corporation der Warburgs und der National City Bank. In den 1920er Jahren traten mehrere prominente Finanziers dem Vorstand der AIC bei, darunter Frank Altschul und Halstead G. Freeman von der Chase National Bank, Arthur Lehman von Lehman Brothers und der Manufacturers Trust Company und John J. Raskob, Vizepräsident von Du Pont und Direktor von General Motors und der Bankers Trust Company.

Mathew C. Brush, Präsident, Direktor und Vorsitzender des Exekutivausschusses der American International Corporation und Präsident von Allied Machinery, einem Tochterunternehmen, war auch Direktor und Mitglied des Exekutivausschusses der International Acceptance Bank (siehe Kapitel 6), Direktor und Mitglied des Exekutivausschusses der Barnsdall Corporation[156], Direktor der Empire Trust Company (120 Broadway) und der Equitable Office Corporation (die das Gebäude am 120 Broadway besaß und betrieb), Direktor der Georgian Manganese Company[157] sowie Direktor und Mitglied des Exekutivausschusses der Remington Arms Co, die von General Butler im letzten Kapitel genannt wurde. Matthew C. Brush gehörte in der Tat zur Avantgarde der Wall Street.

Brushs politische Beiträge waren im Gegensatz zu denen anderer AIC-Direktoren offenbar auf 5000 Dollar für die Kampagne von

---

[156] Die Barnsdall Corporation war das Unternehmen, das 1921 in die Sowjetunion eintrat, um die kaukasischen Ölfelder für die Sowjets wieder zu erschließen und so die Sowjetunion in die Lage zu versetzen, die für die Entwicklung eines sowjetisierten Russlands erforderlichen Devisen zu erwirtschaften; siehe Sutton, *Western Technology and Soviet Economic Development*, 1917 to 1930 (Stanford: Hoover Institution, 1968), Bd. 1.

[157] Ebd.

Herbert Hoover im Jahr 1928 begrenzt. Brush war Direktor der International Acceptance Bank, die von der Inflation der 1920er Jahre profitierte, sowie Direktor von Remington Arms (ein unterdrückter Name in der Butler-Affäre), während er als Präsident von American International diente, scheint aber nur am Rande an den in diesem Buch untersuchten Vorgängen beteiligt gewesen zu sein. Andererseits sind vier Direktoren von American International als wesentliche finanzielle Unterstützer von Franklin D. Roosevelt identifiziert worden: Frank Altschul, Pierre S. Du Pont, Arthur Lehman und John J. Raskob zwischen 1928 und 1932. Die Lehman-Familie und John J. Raskob standen, wie wir gesehen haben, im Mittelpunkt von Roosevelts Unterstützung. Es ist bezeichnend, dass die AIC, das Hauptinstrument für die amerikanische Beteiligung an der bolschewistischen Revolution, auch in einer Studie über die Roosevelt-Ära auftaucht, wenn auch nur in beiläufiger Form.

Die Butler-Affäre und 120 Broadway

Die Zeugenaussagen vor dem Ausschuss für unamerikanische Umtriebe des Repräsentantenhauses über den Versuch, die Roosevelt-Regierung in eine Diktatur umzuwandeln, wobei Generalmajor Butler als Minister für allgemeine Angelegenheiten eine Schlüsselrolle spielte, hatten mehrere Verbindungen zu 120 Broadway. Es gab mindestens ein halbes Dutzend Personen, die der Ausschuss hätte vorladen sollen, um die eidesstattlichen Erklärungen von General Butler, Kapitän Glazier und Paul French zu untersuchen; von diesen befanden sich vier in 120 Broadway oder hatten eine bedeutende Verbindung zu 120 Broadway.

Nach Angaben des mutmaßlichen Verschwörers Gerald MacGuire fand das ursprüngliche Treffen der mutmaßlichen Teilnehmer im Jahr 1926 im Bankers Club, 120 Broadway, statt. Der folgende Auszug aus den Ausschussanhörungen gibt die Aussage von MacGuire wieder; der Fragesteller war der Vorsitzende McCormack:

FRAGE. Wie lange kennen Sie Clark schon?

ANTWORT. Nun, ich glaube, ich sagte, dass ich seit 1925 oder

1926 mit ihm Geschäfte mache und ihn kenne.

FRAGE. Hat er Ihnen jemals zuvor diese Art von Geld gegeben, um es, wie Sie sagen, in der Art und Weise zu verwenden, wie er wollte, dass Sie ihn bei diesen Transaktionen vertreten?

ANTWORT. Bei welchen Transaktionen?

FRAGE. Bei diesen Geldtransaktionen, seit dieser Zeit?

ANTWORT. Bei welchen Geldgeschäften?

FRAGE. Was ich meine, ist dies, seit 1926, zu der Zeit, als Sie ihn trafen und danach; dies war wirklich das erste Mal, dass Sie dieses Geld ohne Quittung oder Papiere oder irgendetwas bekommen haben?

ANTWORT. Ja.

FRAGE. Und dieses Abendessen fand im Bankers Club, 120 Broadway, statt, nicht wahr?

ANTWORT. Ja.

FRAGE. Wem wurde dieses Abendessen gegeben; wurde es jemandem speziell gegeben?

ANTWORT. Es war ein normales Mittagessen.

FRAGE. Wer war an Ihrem Tisch anwesend?

ANTWORT. Mr. Christmas.

FRAGE. Und Sie selbst?

ANTWORT. Ja.

FRAGE. Und Herr Clark?

ANTWORT. Ja.[158]

Obwohl das ursprüngliche Treffen, bei dem Robert S. Clark, sein Anwalt Christmas und der Anleiheverkäufer Gerald MacGuire zusammenkamen, am Broadway 120 stattfand und Christmas und Clark auf vielfältige Weise mit MacGuire verbunden waren, wurden weder Christmas noch Clark vom Ausschuss einberufen. Außerdem berichtete Hauptmann Samuel Glazier vom CCC-Camp in Elkridge, Maryland, dem Ausschuss, dass Jackson Martindell sich nach der Ausbildung von 500.000 zivilen Soldaten für politische Zwecke erkundigt habe. Martindell wurde vom Ausschuss nicht vorgeladen, um die Aussagen, die ihn in die Butler-Affäre verwickelten, zu widerlegen oder zu bestätigen.

Die Du Pont Company, die in dem unterdrückten Teil der Zeugenaussage genannt wird, befand sich am 120 Broadway. Hugh S. Johnson, der von General Butler als wahrscheinlicher Beteiligter genannt wurde, befand sich am Broadway 120, als er als Forschungsassistent von Baruch arbeitete; Baruchs Büro befand sich an derselben Adresse.[159] Clark, MacGuire und Grayson M-P. Murphy hatten ihre Büros gleich die Straße hinunter von Nr. 120; Clark in 11 Wall Street und MacGuire und Murphy in 52 Broadway.

Bezeichnend ist auch, dass die vom Ausschuss unterdrückten Namen ihren Sitz am Broadway 120 hatten: das Büro der Du Pont Company und die Du Pont-Tochter Remington Arms. Die anderen genannten Teilnehmer, MacGuire, Clark, Christmas, Martindell, Grayson M-P. Murphy (im Rockefeller-Hauptquartier, 25

---

[158] House of Representatives, Investigation of Nazi Propaganda Activities and Investigation of Certain Other Propaganda Activities, Hearings No. 73-D.C.-6, op. cit., S. 80. "Mr. Clark" war Robert Sterling Clark und "Mr. Christmas" war Clarks Anwalt.

[159] United States Senate, Digest of Data From the Files of a Special Committee to Investigate Lobbying Activities, 74th Congress, Second Session, Part I: List of Contributions, (Washington, 1936), S. 3.

Broadway) befanden sich alle nur wenige Blocks von 120 Broadway entfernt und innerhalb des zuvor beschriebenen goldenen Kreises.

Franklin D. Roosevelt und 120 Broadway

Wir haben festgestellt, dass das bevorzugte Büro von FDR - er hatte in den frühen 1920er Jahren zwei - das am 120 Broadway war. FDRs Georgia Warm Springs Foundation, Inc. wurde im Juli 1926 als Delaware-Gesellschaft mit Büros am 120 Broadway gegründet und blieb mindestens bis 1936 an dieser Adresse. Im Jahresbericht 1934 der Georgia Warm Springs Foundation wird als Präsident Franklin D. Roosevelt, The White House, Washington D.C., angegeben, und der Hauptsitz der Stiftung wird mit 120 Broadway angegeben. Vizepräsident und stellvertretender Sekretär war Raymond H. Taylor, Sekretär und Schatzmeister Basil O'Connor, die beide unter der Adresse 120 Broadway eingetragen waren.

Basil O'Connor war ein enger Mitarbeiter und Geschäftspartner von Franklin D. Roosevelt. Der 1892 geborene O'Connor schloss 1915 sein Jurastudium in Harvard ab und trat dann für ein Jahr in die New Yorker Anwaltskanzlei Cravath and Henderson ein, bevor er für drei Jahre bei Streeter & Holmes in Boston arbeitete. Im Jahr 1919 eröffnete Basil O'Connor in New York eine Anwaltskanzlei unter seinem eigenen Namen. Im Jahr 1925 wurde die Kanzlei Roosevelt and O'Connor gegründet, die bis zum Amtsantritt von FDR im Jahr 1933 bestand. Nach 1934 war O'Connor Seniorpartner bei O'Connor & Farber und wurde 1944 Nachfolger von Norman H. Davis als Vorsitzender des Amerikanischen Roten Kreuzes.

O'Connor war Direktor mehrerer Unternehmen: in den 1920er Jahren der New England Fuel Oil Corp. und in den 1940er Jahren der American Reserve Insurance Co. und der West Indies Sugar Corp. Von 1928 bis zu seinem Tod war er für die Verwaltung der Georgia Warm Springs Foundation verantwortlich.

Der New Deal von Roosevelt war für einige von FDRs Mitarbeitern, darunter Basil O'Connor, eine Goldgrube. Globe & Rutgers war eine Versicherungsgesellschaft, die mit staatlichen Mitteln rekapitalisiert wurde, und die Reorganisation erwies sich als reiche Honorarquelle für die Anwälte, die die Liquidation und Reorganisation bearbeiteten. Von diesen Anwälten verlangte Präsident Roosevelts frühere Kanzlei O'Connor & Farber das höchste Einzelhonorar, bis Jesse Jones von der Reconstruction Finance Corporation es reduzierte. Hier ist ein Brief, den Jesse Jones an Earle Bailie von J. & W. Seligman & Company über diese Gebühren schrieb:

6. Oktober 1933. Lieber Mr. Bailie:

Unser Vorstand ist nicht gewillt, in Aktien einer Versicherungsgesellschaft zu investieren oder diese zu beleihen, falls wir überhaupt das Recht dazu haben, wenn diese Gesellschaft die Zahlung von Anwaltskosten, sei es im Rahmen einer Reorganisation oder anderweitig, in Erwägung zieht, wie es im Fall der Globe & Rutgers vorgeschlagen wird, die nach unseren Informationen

Basil O'Connor	$200,000
Root, Clark, Buckner & Ballantine	165,000
Sullivan & Cromwell	95,000
Prentice & Townsend	50,000
Cravath, de Gersdorff, Swaine & Wood	37,500
Martin Conboy	35,000
Joseph V. McKee	25,000
Gebrüder Coudert	12,000

oder insgesamt 619.500 $. Selbst die vorgeschlagene Senkung auf insgesamt 426.000 $ wäre sehr viel mehr als das, was dieser Gesellschaft als angemessene Gebühren für eine Versicherungsgesellschaft erscheint, die mit staatlichen Mitteln rekapitalisiert wird.

Mit freundlichen Grüßen, JESSE J. JONES

Auf gerichtliche Anweisung erhielt die Firma von Herrn O'Connor 1934 100.000 Dollar und im folgenden Jahr weitere 35.000 Dollar.[160]

Schlussfolgerungen zu 120 Broadway

Es ist praktisch unmöglich, eine eindeutige Aussage über die Bedeutung von 120 Broadway zu treffen; die Erklärungen reichen von Verschwörung bis Zufall.

Was können wir mit direkten Beweisen und nicht mit Indizien beweisen?

Erstens wissen wir, dass die US-Hilfe für die bolschewistische Revolution ihren Ursprung im Goldenen Kreis der Wall Street im Jahr 1917 hatte und sich stark auf diese Adresse konzentrierte. Zweitens, als FDR 1921 in die Geschäftswelt eintrat, befand sich eines der beiden FDR-Büros an dieser Adresse, ebenso wie seine Anwaltspartnerschaft mit Basil O'Connor und die Georgia Warm Springs Foundation. Drittens befanden sich Bernard Baruch und sein Assistent Hugh Johnson, die später an der Planung und Verwaltung des National Industry Recovery Act beteiligt waren, im selben Gebäude. Die NRA war eine logische Fortsetzung der Handelsverbände der 1920er Jahre, und FDR spielte zusammen mit Herbert Hoover eine herausragende Rolle bei der Umsetzung von Handelsverbandsabkommen in den 1920er Jahren. Viertens gab es eine Verbindung zwischen General Electric und der bolschewistischen Revolution, zumindest beim Aufbau der frühen Sowjetunion. Die Geschäftsleitung von G.E. befand sich an dieser Adresse, ebenso wie die von Gerard Swope, dem Präsidenten von G.E., der den Swope-Plan verfasst hatte.

Schließlich gab es in der bizarren Butler-Affäre einige

---

[160] Jesse H. Jones, *Fünfzig Milliarden Dollar*, S. 209-210.

Verbindungen zu 120 Broadway. Zum Beispiel war dies die New Yorker Adresse von Du Pont, obwohl Remington Arms im Rockefeller-Hauptquartier, 25 Broadway, untergebracht war. Die meisten der Verschwörer hatten andere Adressen, aber alle innerhalb des goldenen Kreises.

Ein gemeinsamer geografischer Standort ist kein Beweis. 120 Broadway war zwar ein riesiges Gebäude, aber bei weitem nicht das größte in New York City. Aber wie lässt sich die Konzentration von so vielen Verbindungen zu so vielen wichtigen historischen Ereignissen an einer Adresse erklären? Man könnte argumentieren, dass sich Gleichgesinnte zusammenfinden. Andererseits ist es mehr als plausibel, dass diese Wall Streeters der von Frederick Howe aufgestellten Maxime folgten und es für bequemer oder vielleicht für ihre Zwecke effizienter hielten, an einer einzigen Adresse zu sein. Zu bedenken ist, dass es keine andere geografische Konzentration dieser Art gibt, und wenn wir die Personen und Firmen am 120 Broadway außer Acht lassen, gibt es keinen Grund für einen Zusammenhang zwischen diesen historischen Ereignissen und der Wall Street. Das ist übrigens auch ein hervorragender Grund, die Tatsache zu akzeptieren, dass wir über einen kleinen Teil der Bankengemeinschaft sprechen, einen Teil, der das Finanzzentrum einer freien Wirtschaft verraten hat.

Kapitel 12

FDR und die Unternehmenssozialisten

Bei der ersten Kabinettssitzung nach dem Amtsantritt des Präsidenten im Jahr 1933 brachten der Finanzier und Berater von Roosevelt, Bernard Baruch, und Baruchs Freund General Hugh Johnson, der Leiter der National Recovery Administration werden sollte, für jedes Kabinettsmitglied ein Exemplar eines Buches von Gentile, dem italienischen faschistischen Theoretiker, mit, das wir alle mit großer Aufmerksamkeit lasen.

Mrs. Frances Perkins, Arbeitsministerin unter FDR.

Es lohnt sich, an dieser Stelle an das Vorwort zu Kapitel 1 zu erinnern, in dem es heißt, dass Franklin D. Roosevelt insgeheim glaubte, die US-Regierung sei im Besitz einer Finanzelite. Diese Feststellung ist natürlich nicht sonderlich originell: Sie war im 19. In der Neuzeit wurde von so unterschiedlichen Autoren wie Robert Welch und William Domhoff behauptet, dass Amerika von einer Finanzelite mit Sitz in New York kontrolliert wird.

Die Sowjets, die nicht immer ganz ungenau sind, haben dieses Thema seit Jahrzehnten in ihrer Propaganda verwendet, und es war ein marxistisches Thema, bevor Lenin aufkam.[161]

---

[161] Es mag überflüssig sein, diese Literatur aufzuzählen, aber der Vollständigkeit halber und zum Nutzen des unbedarften Lesers seien hier einige Titel genannt: William Domhoff, Wer regiert Amerika? (Englewood Cliffs, N.J.: Prentice-Hall, 1967); Ferdinand Lundberg, The Rich and the Super Rich (New York: Lyle Stuart, 1968), und Gary Allen, None Dare Call It Conspiracy

Unter Roosevelt wurden die kuriosen keynesianischen Ideen - die moderne Version von John Laws' Betrugsspiel mit dem Papiergeld - in Washington eingeführt, und so wurde die Saat für unser heutiges wirtschaftliches Chaos in den frühen 1930er Jahren unter Roosevelt gelegt. Die heutige zweistellige Inflation, das bankrotte Sozialversicherungssystem, die stümperhafte Staatsbürokratie, die steigende Arbeitslosigkeit - all das und noch viel mehr kann auf Franklin Delano Roosevelt und seinen legislativen Wirbelwind zurückgeführt werden.

Doch während wir jetzt den Preis für diese unsolide und unverantwortliche Politik zahlen, ist die vorherrschende Fehlinformation so allgegenwärtig, dass sogar die Identität der Urheber von Roosevelts New Deal und ihre Gründe vergessen wurden. Während unsere Ökonomen ihre Tafeln mit bedeutungslosen statischen Gleichungen bedecken, haben die wahren Urheber des liberalen New Deal einen dynamischen Raubzug durch die Wirtschaft unternommen.

Während die Sozialingenieure mit dem blutigen Herzen den Kapitalismus als Ursache für das Elend in der Welt anprangern, ist ihnen nicht bewusst, dass ihre eigenen Sozialformeln zum Teil von eben diesen so genannten Kapitalisten stammen - und von ihnen im Stillen subventioniert werden. Der Tunnelblick unserer akademischen Welt ist kaum zu überbieten und wird nur noch von ihrer Gier nach einem Stück vom Kuchen übertroffen.

Wir stellen fest, dass die Einmischung des Staates in die Wirtschaft die Wurzel unserer gegenwärtigen Probleme ist; dass eine Wall-

---

(Seal Beach, Calif.: Concord Press, 1972). Wenn das schiere Gewicht des gedruckten Papiers irgendeinen Einfluss hat, hätte die Macht jeder Finanzelite längst zusammenbrechen müssen. Das Establishment scheint zwar eine beträchtliche Ausdauer zu haben, aber bei weitem nicht so viel Einfluss, wie viele glauben. Das wichtigste Standbein, das die Glaubwürdigkeit und damit die Macht der Elite aufrechterhält, ist die akademische Gemeinschaft. Diese Gruppe hat zum großen Teil Wahrheit und Integrität gegen einen Anteil an der politischen Macht und den finanziellen Möglichkeiten eingetauscht. Offenbar sind Akademiker käuflich - und man muss nicht übermäßig viel bezahlen!

Street-Klientel innerhalb dieser Regierungsstruktur einen erheblichen, wenn auch subtilen Einfluss hat, um eine für sie vorteilhafte Gesetzgebung zu erwirken; und dass ein Paradebeispiel für diese selbstsüchtige Gesetzgebung zur Errichtung eines gesetzlichen Monopols unter der Kontrolle des Großkapitals der New Deal von Roosevelt und insbesondere die National Recovery Administration war.

Der Name Franklin Delano Roosevelt sollte eigentlich mit der Wall Street in Verbindung gebracht werden, was jedoch selten der Fall ist. Sowohl Delano als auch Roosevelt sind prominente Namen in der Geschichte der amerikanischen Finanzinstitute.

Wer war Franklin Delano Roosevelt?

Roosevelts vorpolitische Karriere lässt sich nur als die eines Finanziers beschreiben. Sowohl seine Familie als auch seine Karriere vor 1928 und seiner Wahl zum Gouverneur von New York waren in der Geschäftswelt, genauer gesagt in der Finanzwelt, angesiedelt. Zwischen 1921 und 1928 war Roosevelt Direktor von 11 Unternehmen, die ihren Hauptsitz im goldenen Kreis der Wall Street hatten, und Präsident eines großen Handelsverbandes. Dem American Construction Council.

Darüber hinaus war Roosevelt nicht nur Präsident der United European Investors, Ltd, die gegründet wurde, um aus dem Elend der deutschen Hyperinflation finanziellen Nutzen zu ziehen, sondern er war auch einer der Organisatoren der American Investigation Corporation, eines mächtigen Finanzsyndikats. Die Roosevelts gründeten Ende des 18. Jahrhunderts das Finanzunternehmen Roosevelt & Son, und Delanos war mindestens seit Mitte des 19. Jahrhunderts im Finanzbereich tätig.

Die Roosevelts und Delanos mögen nicht den großen Reichtum der Morgans und Rockefellers erlangt haben, aber sie waren bekannte und respektierte Namen in den Hallen der internationalen Finanzwelt. Noch in den 1920er Jahren saß Onkel Frederic Delano im Federal Reserve Board, und George Emlen Roosevelt war Direktor der Guaranty Trust, dem Schreckgespenst der Straße, wenn es je eines gab.

Es ist auch zuverlässig belegt, dass Theodore Roosevelts Fortschrittspartei, der erste Schritt zum modernen Wohlfahrtsstaat, von den Interessen von J.P. Morgan finanziert wurde; folglich sollte es uns nicht überraschen, dass die Wall Street Roosevelt 1928, 1930 und 1932 unterstützte.

Kurz gesagt, wir haben gezeigt, dass Roosevelt ein "Wall Streeter" war, der von prominenten Wall-Street-Familien abstammte und von der Wall Street finanziell unterstützt wurde. Die von der Roosevelt-Regierung verfolgte Politik war genau die, die von der internationalen Finanzwelt gefordert wurde. Es sollte keine Neuigkeit sein, dass internationale Banker die Politik beeinflussen. Was in der Geschichte der Roosevelt-Ära anscheinend vernachlässigt wurde, ist, dass FDR nicht nur ihre Ziele widerspiegelte, sondern sogar eher dazu neigte, dies zu tun, als der so genannte reaktionäre Herbert Hoover. Tatsächlich verlor Hoover 1932, weil er, wie er selbst sagte, nicht bereit war, den Swope-Plan alias NRA zu akzeptieren, den er nicht zu Unrecht als "faschistische Maßnahme" bezeichnete.

Wir können nicht behaupten, dass Wall Streeter Roosevelt bei seinen Börsengängen immer ein höchst ethischer Promoter war. Die Käufer seiner Promotionen verloren Geld, und zwar viel Geld, wie die folgende kurze Tabelle auf der Grundlage der vorgelegten Daten zeigt:

Wie es den Anlegern mit FDR am Ruder erging

Mit FDR assoziiertes Unternehmen	Ausgabepreis der Aktie	Nachträgliche Preisentwicklung
United European Investors, Ltd.	10.000 Mark (etwa $13)	Das Unternehmen wird abgewickelt, den Aktionären werden 7,50 $ angeboten
Internationale Germanische Treuhandgesellschaft, Inc.	$170	1928 auf 257 $ gestiegen, 1930 bei 19 $ pro Aktie liquidiert

Der Verlust von Aktionärsgeldern kann jedoch ein Unfall oder Missmanagement sein. Viele ehrliche Financiers sind gestrauchelt. Die Zusammenarbeit mit Personen mit schlechtem Leumund wie Roberts und Gould bei United European Investors, Ltd. war jedoch kein Zufall.

FDRs Zusammenarbeit mit dem American Construction Council erinnert an Adam Smiths *obita dicta*, dass das Gesetz "... die Leute desselben Gewerbes nicht daran hindern kann, sich gelegentlich zu versammeln, aber es sollte nichts tun, um solche Versammlungen zu erleichtern, geschweige denn, um sie notwendig zu machen".[162] Warum nicht? Weil der American Construction Council die Interessen der Bauindustrie vertrat und nicht die der Verbraucher von Bauleistungen.

Das New Yorker Kautionsgeschäft war für FDR wie geschaffen. Als Vizepräsident der Fidelity & Deposit Company of Maryland wusste FDR genau, wie man in der Welt des politisierten Geschäfts agiert, wo Preis und Produktqualität auf dem Markt durch "Wen kennst du?" und "Was ist deine Politik?" ersetzt werden.

Die "United European Investors"-Geschäfte waren ein Versuch, aus dem Elend der deutschen Hyperinflation von 1921-23 Nutzen zu ziehen. Das Unternehmen operierte unter einer kanadischen Charta, zweifellos weil die kanadischen Registrierungsanforderungen zu jener Zeit milder waren. Die auffälligste Beobachtung betrifft FDRs Mitarbeiter bei der U.E.I., darunter John von Berenberg Gossler, ein HAPAG-Mitdirektor des deutschen Kanzlers Cuno, der für die Inflation verantwortlich war! Dann war da noch William Schall, FDRs New Yorker Mitarbeiter, der nur wenige Jahre zuvor mit deutscher Spionage in den Vereinigten Staaten zu tun gehabt hatte - am 120 Broadway. Gegen die Roberts-Gould-Gruppe der United European Investors wurde strafrechtlich ermittelt; FDR wusste, dass gegen sie ermittelt wurde, setzte aber seine Geschäftsbeziehungen

---

[162] *Adam Smith, An Inquiry Into the Nature and Causes of the Wealth of Nations* (London: George Routledge o.J.), S. 102.

fort.

Dann stellten wir fest, dass der Hintergrund des New Deal mit prominenten Finanziers gespickt war. Der Teil des New Deal, der der wirtschaftlichen Erholung diente, war eine Schöpfung der Wall Street - insbesondere von Bernard Baruch und Gerard Swope von General Electric - in Form des Swope-Plans. In Kapitel 5 haben wir also die Idee der Politisierung der Wirtschaft weiter vertieft und die These des Unternehmenssozialismus formuliert: dass die politische Art der Wirtschaftsführung für Großunternehmen attraktiver ist, weil sie die Strenge und die auferlegte Effizienz eines Marktsystems vermeidet. Außerdem ist das politische System durch die Kontrolle oder den Einfluss der Unternehmen auf die Regulierungsbehörden und die Polizeigewalt des Staates ein wirksames Mittel, um ein Monopol zu erlangen, und ein legales Monopol führt immer zu Reichtum. Folglich ist die Wall Street intensiv an der politischen Arena interessiert und unterstützt diejenigen politischen Kandidaten, die in der Lage sind, den Umfang der politischen Entscheidungsfindung unter welchem Etikett auch immer zu maximieren und das Ausmaß, in dem wirtschaftliche Entscheidungen in der Gesellschaft auf dem Markt getroffen werden, zu minimieren. Zusammengefasst.

Die Wall Street hat ein ureigenes Interesse an der Politik, weil sie durch die Politik die Gesellschaft dazu bringen kann, für die Wall Street zu arbeiten. Auf diese Weise kann sie auch die Strafen und Risiken des Marktes vermeiden.

Wir haben eine frühe Version dieser Idee untersucht: Clinton Roosevelts Plangesellschaft, die 1841 veröffentlicht wurde. Anschließend erörterten wir kurz Bernard Baruchs Wirtschaftsdiktatur von 1917 und seine erklärte Absicht, in Friedenszeiten den Weg der Planwirtschaft einzuschlagen, und verfolgten die Spur von Baruch und seinem wirtschaftlichen Assistenten Hugh Johnson bis zum Kern der National Recovery Administration. Anschließend wurde das Federal Reserve System als herausragendes Beispiel für ein privatrechtliches Monopol sowie die Rolle der Warburgs durch die International Acceptance Bank und die Art und Weise, in der die Bank die Gesellschaft dazu bringen konnte, für die Wall Street zu arbeiten, näher beleuchtet. In einem letzten Blick auf die Jahre vor FDRs New Deal haben wir die Tätigkeit des American Construction Council untersucht, eines Berufsverbandes, dessen Konzept auf Herbert Hoover zurückgeht, dessen Präsident jedoch FDR war. Zu den erklärten Zielen des Rates gehörten die Begrenzung der Produktion und die Regulierung der Industrie, ein Euphemismus für die Kontrolle der Industrie zur Maximierung ihrer eigenen Gewinne.

Dann untersuchten wir die finanziellen Beiträge der Wahlen von 1928, 1930 und 1932 mit der Begründung, dass solche Beiträge ein sehr genaues Maß für politische Neigungen sind. Im Jahr 1928 stammte ein außerordentlich hoher Prozentsatz der größeren Spenden, die über 25.000 Dollar lagen, aus dem goldenen Kreis der Wall Street. Solche großen Summen sind wichtig, weil ihre Spender mit großer Wahrscheinlichkeit nach der Wahl identifizierbar sind, wenn sie im Gegenzug für ihre früheren Subventionen Gefälligkeiten verlangen. Wir fanden heraus, dass nicht weniger als 78,83 % der Spenden über 1000 Dollar für die Al Smith for President-Kampagne aus einem Umkreis von einer Meile rund um den 120 Broadway kamen. In ähnlicher Weise stammten 51,4 %, eine geringere, aber immer noch signifikante Zahl, von Hoovers Spenden aus demselben Gebiet. Dann haben wir gezeigt, dass Herbert Hoover nach seiner Wahl von der Wall Street ein Ultimatum gestellt wurde: entweder er akzeptiere den Swope-Plan (die NRA) oder das Geld und der Einfluss der Wall Street würden an FDR gehen, der bereit war, diesen Plan zu unterstützen. Zu seiner ewigen Ehre weigerte sich Herbert Hoover, einen solchen Plan einzuführen, weil er mit Mussolinis faschistischem Staat gleichzusetzen war. FDR war nicht so pingelig.

Im Wahlkampf von FDR für das Amt des Gouverneurs von New York im Jahr 1930 haben wir einen großen Einfluss der Wall Street festgestellt. Über die County Trust Company flossen außerordentlich viele Gelder, und John J. Raskob von Du Pont und General Motors wurde zum Vorsitzenden des demokratischen Wahlkampfausschusses und zu einer Macht hinter den Kulissen bei der Wahl von FDR. Achtundsiebzig Prozent der "Early-Bird"-Beiträge für die Präsidentschaftskandidatur von FDR im Jahr 1932 kamen von der Wall Street.

Der Swope-Plan war ein Plan, der die amerikanische Industrie in Zwangsvereinigungen zwingen und von den Kartellgesetzen befreien sollte. Um die Bedenken der Gewerkschaften und anderer Gruppen zu zerstreuen, wurde der Plan mit einem massiven Wohlfahrtsprogramm geködert. Der Verwalter der National Recovery Administration, die aus dem Swope-Plan hervorging, war Baruchs Assistent. General Hugh Johnson. Zu den drei Musketieren, Johnsons Assistenten, gehörten Gerard Swope von General Electric, Walter Teagle von Standard Oil of New Jersey und Louis Kirstein von Filene's of Boston. Die Einhaltung der NRA-Kodizes war für alle Unternehmen mit mehr als 50 Beschäftigten obligatorisch. Der Swope-NRA-Plan wurde von Sozialisten wie Norman Thomas positiv aufgenommen, deren Haupteinwand nur darin bestand, dass sie, die orthodoxen Sozialisten, den Plan nicht durchführen sollten.

Zum Glück ist die NRA gescheitert. Das Großkapital versuchte, den kleinen Mann zu unterdrücken. Die Kodizes waren voller Missbräuche und Ungereimtheiten. Die NRA wurde vom Obersten Gerichtshof in der Entscheidung Schechter Poultry von 1935 aus ihrem Elend erlöst, obwohl ihr Scheitern lange vor der Entscheidung des Obersten Gerichtshofs offensichtlich war. Wegen des Versagens der NRB ist die so genannte Butler-Affäre von 1934 von besonderem Interesse. Laut der Aussage von General Smedley Butler vor dem Kongress, die von unabhängigen Zeugen bestätigt wurde, gab es einen Plan, einen Diktator im Weißen Haus zu installieren. Präsident Roosevelt sollte aus dem Amt gedrängt werden, und ein neuer Generalsekretär - General Butler wurde der Posten angeboten - sollte im Auftrag der Wall Street die Wirtschaft übernehmen. So weit hergeholt diese Anschuldigung auch erscheinen mag ( ), so können wir doch drei wichtige Tatsachen feststellen:

1.Die Aussagen von General Butler wurden von unabhängiger Seite bestätigt und in gewissem Maße von einem der Verschwörer widerwillig bestätigt.
2.Es gab ein Motiv für die Wall Street, ein solch verzweifeltes Glücksspiel zu initiieren: Der NRA-Swope-Vorschlag war am

Scheitern.

3.Die angebliche Identität der Männer hinter den Kulissen ist dieselbe wie bei der bolschewistischen Revolution und bei der politischen Förderung von FDR.

Leider, und zu seiner bleibenden Schande. Der Kongress unterdrückte den Kern der Butler-Aussage. Außerdem berichtete *die New York Times* zunächst fair über die Geschichte, vergrub und verzerrte dann aber ihre Berichterstattung, bis hin zu einer unvollständigen Indexierung. Es ist durchaus möglich, dass auf das Scheitern des Baruch-Swope-Johnson-NRA-Plans eine verdeckte, zwangsweise Übernahme der amerikanischen Industrie folgte. Dieses Ereignis verdient die größte Aufmerksamkeit, die unvoreingenommene Wissenschaftler ihm widmen können. Offensichtlich muss die ganze Geschichte erst noch ans Licht kommen.

Wie im ersten Band finden wir auch hier eine bemerkenswerte Konzentration von Personen, Firmen und Ereignissen an einer einzigen Adresse - 120 Broadway, New York City. Dies war die Büroadresse von FDR als Präsident der Fidelity & Deposit Company. Es war die Adresse von Bernard Baruch und von Gerard Swope. Die drei wichtigsten Förderer der National Recovery Administration - FDR, Baruch und Swope - waren in den 1920er Jahren unter derselben Adresse zu finden. Besonders beunruhigend ist, dass das ursprüngliche Treffen zur Butler-Affäre 1926 im Bankers Club stattfand, der sich ebenfalls am 120 Broadway befand.

Für diese bemerkenswerte Konzentration von Talenten und Ideen an einer einzigen Adresse gibt es noch keine Erklärung. Ganz offensichtlich handelt es sich um eine Beobachtung, für die früher oder später eine Erklärung gefunden werden muss. Wir fanden auch eine Konzentration von Direktoren der American International Corporation, dem Vehikel für die Beteiligung der Wall Street an der bolschewistischen Revolution, und große Spender für die Roosevelt-Kampagne .

Können wir diese Geschichte in einem größeren Zusammenhang betrachten? Die Ideen, die dem New Deal von Roosevelt zugrunde liegen, stammen nicht von der Wall Street, sondern gehen auf die Römerzeit zurück. Von 49 bis 44 v. Chr. hatte Julius Cäsar seine New-Deal-Projekte für öffentliche Arbeiten; 91 n. Chr. hatte Domitian sein Pendant zum American Construction Council, um die Überproduktion zu stoppen. Der endgültige Fall Roms spiegelte alle Elemente wider, die wir heute kennen: extravagante Staatsausgaben, rasante Inflation und eine erdrückende Besteuerung, alles gepaart mit totalitärer staatlicher Regulierung.[163]

Unter Woodrow Wilson errichtete die Wall Street ein zentrales Bankenmonopol, das Federal Reserve System. Die Bedeutung der International Acceptance Bank, die vom Finanzestablishment der Wall Street kontrolliert wurde, bestand darin, dass die Federal-Reserve-Banken die Polizeigewalt des Staates nutzten, um für sich selbst eine immerwährende Geldschöpfungsmaschine zu schaffen: die Fähigkeit, Geld mit einem Federstrich oder dem Drücken einer Computertaste zu erschaffen. Die Warburgs, Schlüsselfiguren der Internationalen Akzeptanzbank - einer Geldschöpfungsmaschine in Übersee - waren Berater der Roosevelt-Regierung und ihrer Geldpolitik. Gold wurde zu einem "barbarischen Relikt" erklärt und machte den Weg frei für wertloses Papiergeld in den Vereinigten Staaten. Bei Redaktionsschluss 1975 befindet sich der nicht konvertierbare Fiat-Dollar offensichtlich auf dem Weg zur endgültigen Abwertung.

Hat die Wall Street das Ergebnis der Abschaffung des Goldes als Sicherheit für die Währung erkannt? Natürlich hat sie das! Das bezeugt Paul Warburg vor einem Ausschuss des Kongresses: Die Abschaffung des Goldstandards bedeutet wild schwankende Devisen und damit die Zerstörung des freien Zuflusses von ausländischem Kapital und Geschäft. Schwache Länder werden ihre Schulden zurückzahlen - oder, um den höflicheren Ausdruck zu verwenden, "ihre Schulden finanzieren" -, aber es wird keine allgemeine Demonetisierung von Gold geben. Das Gold wird am

---

[163] H. J. Haskell, *The New Deal in Old Rome: How Government in the Ancient World Tried to Deal with Modern Problems* (New York: Knopf, 1947), S. 239-40.

Ende des Krieges nicht weniger, sondern mehr wert sein.[164]

Die unvermeidliche Schlussfolgerung, die uns durch die Beweise aufgezwungen wird, ist, dass es in der Tat eine Finanzelite gibt, auf die Franklin D. Roosevelt hingewiesen hat, und dass das Ziel dieser Elite der monopolistische Erwerb von Reichtum ist. Wir haben diese Elite als Verfechter des Unternehmenssozialismus bezeichnet. Sie lebt vom politischen Prozess und würde verschwinden, wenn sie den Aktivitäten des freien Marktes ausgesetzt wäre. Das große Paradoxon besteht darin, dass die einflussreiche sozialistische Weltbewegung, die sich selbst als Feind dieser Elite sieht, in Wirklichkeit genau die Politisierung der Wirtschaftstätigkeit hervorbringt, die das Monopol an der Macht hält, und dass ihr großer Held, Franklin D. Roosevelt, ihr selbsterklärtes Instrument war.

---

[164] Senat der Vereinigten Staaten, Anhörungen, Munitionsindustrie, Teil 25, a.a.O., S. 8105.

Anhang A

Der Swope-Plan

1.Alle Industrie- und Handelsunternehmen (einschließlich Tochtergesellschaften) mit 50 oder mehr Beschäftigten, die eine zwischenstaatliche Tätigkeit ausüben, können einen Berufsverband bilden, der unter der Aufsicht einer später genannten Bundesbehörde steht.
2.Diese Handelsverbände können die Handelspraktiken, die Geschäftsethik, die Methoden der Standardbuchhaltung und der Kostenpraxis, die Standardformulare für die Bilanz und die Gewinn- und Verlustrechnung usw. darlegen und Informationen über das Volumen der getätigten Geschäfte, die Warenbestände, die Vereinfachung und Standardisierung der Produkte, die Stabilisierung der Preise und alle Angelegenheiten, die sich von Zeit zu Zeit im Zusammenhang mit dem Wachstum und der Entwicklung von Industrie und Handel ergeben, sammeln und verbreiten, um die Stabilisierung der Beschäftigung zu fördern und der Öffentlichkeit den besten Dienst zu erweisen. Ein Großteil dieser Art von Informations- und Datenaustausch wird bereits von den bestehenden Wirtschaftsverbänden durchgeführt. Es ist noch viel mehr wertvolle Arbeit in dieser Richtung möglich.
3.Das öffentliche Interesse wird durch die Beaufsichtigung von Unternehmen und Handelsverbänden durch die Federal Trade Commission oder durch eine Dienststelle des Handelsministeriums oder durch ein eigens eingerichtetes Bundesaufsichtsorgan geschützt.
4.Alle Unternehmen, die in den Geltungsbereich dieses Plans fallen, sind verpflichtet, einheitliche Buchführungs- und Kostensysteme sowie standardisierte Formen der Bilanz und der Gewinn- und Verlustrechnung einzuführen. Diese Systeme und Formulare können für die verschiedenen Branchen unterschiedlich sein, folgen jedoch einem einheitlichen Plan für

jede Branche, der vom Berufsverband angenommen und von der Bundesaufsichtsbehörde genehmigt wird.

5.Alle Gesellschaften mit 25 oder mehr Gesellschaftern, die in mehr als einem Staat ansässig sind, haben ihren Gesellschaftern und der Aufsichtsbehörde mindestens einmal im Vierteljahr eine Geschäfts- und Ertragsübersicht in der vorgeschriebenen Form zu übermitteln. Mindestens einmal im Jahr übermitteln sie den Gesellschaftern und der Aufsichtsbehörde unter eine vollständige Bilanz und Gewinn- und Verlustrechnung in der vorgeschriebenen Form. Auf diese Weise werden die Eigentümer so detailliert über die Geschäftslage informiert, dass keine Kritik an der Unregelmäßigkeit oder Unregelmäßigkeit der Abrechnungen oder der Darstellungsweise möglich ist.

6.Das Bundesaufsichtsorgan arbeitet mit dem Finanzamt und den Berufsverbänden zusammen, um für jeden Wirtschaftszweig einheitliche Formen der Bilanz und der Gewinn- und Verlustrechnung zu entwickeln, die dem Charakter des Unternehmens entsprechen, um die Methoden der Darstellung von Vermögenswerten und Erträgen mit den für die Bundessteuer berechneten Wert- und Ertragsgrundlagen in Einklang zu bringen.

7.Alle Gesellschaften der hier beschriebenen Art können die Bestimmungen dieses Plans sofort übernehmen, sind jedoch verpflichtet, dies innerhalb von 3 Jahren zu tun, es sei denn, die Frist wird durch das Bundesaufsichtsorgan verlängert. Ähnliche Gesellschaften, die nach dem Inkrafttreten des Plans gegründet werden, können sofort beitreten, müssen aber vor Ablauf von 3 Jahren nach ihrer Gründung beitreten, es sei denn, die Frist wird von der Bundesaufsichtsbehörde verlängert.

8.Zum Schutz der Arbeitnehmer werden die folgenden Pläne von allen diesen Unternehmen übernommen:

A. **Ein ARBEITNEHMERAUSGLEICHSGESETZ**, das Teil der im Rahmen dieses Plans erforderlichen Gesetzgebung ist, soll nach sorgfältiger Prüfung nach den besten Merkmalen der Gesetze gestaltet werden, die von den einzelnen Staaten erlassen worden sind.

B. **LEBENS- UND INVALIDITÄTSVERSICHERUNG.** Alle Arbeitnehmer der in diesen Plan einbezogenen

Unternehmen können nach zwei Jahren Betriebszugehörigkeit und vor Ablauf von fünf Jahren Betriebszugehörigkeit eine Lebens- und Berufsunfähigkeitsversicherung abschließen.

1) Die Form der Police wird von dem Verband, dem das Unternehmen angehört, festgelegt und von der Bundesaufsichtsbehörde genehmigt. Die Police ist Eigentum des Arbeitnehmers und kann von ihm aufbewahrt und in vollem Umfang aufrechterhalten werden, wenn er sein Arbeitsverhältnis wechselt oder aus anderen Gründen aus dem Dienst ausscheidet (siehe).

2) Der Nennwert einer Police entspricht in etwa einem Jahresgehalt, jedoch nicht mehr als 5.000 $, wobei der Arbeitnehmer auf Wunsch die Versicherungssumme auf eigene Kosten erhöhen kann, sofern der Verwaltungsrat dies genehmigt (siehe unten).

3) Die Kosten dieser Lebens- und Invaliditätsversicherung werden zur Hälfte vom Arbeitnehmer und zur Hälfte vom Unternehmen, für das er arbeitet, getragen, mit folgender Ausnahme: Die Kosten des Unternehmens werden auf der Grundlage der Prämien für Arbeitnehmer unter 35 Jahren auf der Grundlage des tatsächlichen Alters und für alle Arbeitnehmer ab 35 Jahren auf der Grundlage des Alters von 35 Jahren ermittelt und entsprechen einem Nennwert von etwa einem halben Jahresgehalt, sind jedoch auf eine Höchstprämie von 2.500 $ für die Versicherung begrenzt. Ein Angestellter, der eine Versicherung im Alter von 35 Jahren oder darüber abschließt, zahlt die Prämie, die über den Betrag hinausgeht, der sich aus dem Alter von 35 Jahren ergibt. Damit entfällt die Notwendigkeit, die Einstellung von Arbeitnehmern oder ihre Versetzung von einem Unternehmen zu einem anderen aufgrund ihres fortgeschrittenen Alters zu beschränken, da dem Unternehmen keine unangemessen hohen Prämien aufgebürdet werden.

4) Die Lebens- und Berufsunfähigkeitsversicherung kann von einer vom Berufsverband ausgewählten und vom Bundesaufsichtsamt zugelassenen Lebensversicherungsgesellschaft oder von einer vom Berufsverband organisierten und vom Bundesaufsichtsamt

zugelassenen Gesellschaft durchgeführt werden, oder es kann eine einzige Gesellschaft gegründet werden, die alle Verbände bedient.

5) Die Verwaltung des Versicherungsplans für jedes Unternehmen steht unter der Leitung eines Verwaltungsrats, der sich aus Vertretern zusammensetzt, von denen die Hälfte von den Arbeitnehmern gewählt wird. Die Befugnisse und Pflichten des Verwaltungsrats für jedes Unternehmen bestehen darin, allgemeine Regeln für die Anspruchsberechtigung der Arbeitnehmer usw. aufzustellen, die jedoch mit dem allgemeinen Plan übereinstimmen müssen, der vom allgemeinen Verwaltungsrat der Berufsgenossenschaft, der das Unternehmen angehört, festgelegt und von der Bundesaufsichtsbehörde genehmigt wurde.

6) Die Bestimmungen über die Fortführung des Versicherungsvertrags nach dem Ausscheiden eines Arbeitnehmers aus einem Unternehmen und seinem Wechsel zu einem anderen Unternehmen desselben Verbands oder zu einem Unternehmen eines anderen Berufsverbands; die Fortführung des Versicherungsvertrags nach dem Eintritt in den Ruhestand; die Bestimmungen über die Begünstigten; die vollständige oder teilweise Erwerbsunfähigkeit; die Art der Zahlung der Prämien durch Lohnabzug oder auf andere Weise, wöchentlich, monatlich oder jährlich, sind in dem von der Berufsgenossenschaft mit Genehmigung des Bundesaufsichtsorgans aufgestellten Plan zu verankern.

7) Wenn ein Arbeitnehmer aus einem Unternehmen ausscheidet, um zu einem Unternehmen zu wechseln, das nicht Mitglied der Berufsgenossenschaft ist, wenn er sich selbständig macht oder wenn er sich aus einer industriellen oder gewerblichen Tätigkeit zurückzieht, kann er wählen, ob er den Teil des Vertrages, für den er die Prämien bezahlt hat, ganz oder teilweise durch die weitere Zahlung der anteiligen vollen Prämienkosten behalten will, oder ob er einen ausgezahlten Vertrag erhalten oder den Rückkaufswert für den Teil, für den er die Prämien bezahlt hat, ausgezahlt bekommen will. Der Rückkaufswert des von der Gesellschaft bezahlten Teils der Police wird an die Gesellschaft gezahlt, die die Prämien bezahlt hat.

C. **PENSIONEN**. Alle Arbeitnehmer der an diesem Plan beteiligten Unternehmen werden durch Altersversorgungspläne abgesichert, die von den Berufsverbänden beschlossen und von der Bundesaufsichtsbehörde genehmigt werden. Die wichtigsten Bestimmungen lauten wie folgt:

1) Alle Arbeitnehmer können nach zwei Jahren Betriebszugehörigkeit, die in den Anwendungsbereich dieses Plans fallen, und vor Ablauf von fünf Jahren Betriebszugehörigkeit in den Altersrentenplan aufgenommen werden.

2) Alle Arbeitnehmer können nach zwei Dienstjahren und müssen nach fünf Dienstjahren mindestens ein Prozent ihres Einkommens, höchstens jedoch 50 Dollar pro Jahr, für den Pensionsfonds zurücklegen. Der Arbeitnehmer kann, wenn er dies wünscht, mit Genehmigung des Verwaltungsrats einen höheren Betrag zurücklegen.

3) Das Unternehmen ist verpflichtet, einen Betrag in Höhe des oben genannten Mindestbetrags zurückzustellen, d. h. ein Prozent des Einkommens der Arbeitnehmer, jedoch nicht mehr als 50 US-Dollar pro Jahr und Arbeitnehmer.

4) Der oben genannte Mindestprozentsatz gilt für alle Arbeitnehmer, die bei Beginn der Zahlungen weniger als 35 Jahre alt sind, und der Mindestprozentsatz für diese Arbeitnehmer bleibt auch danach gleich. Der Prozentsatz für Arbeitnehmer, die im Alter von 35 Jahren oder darüber in den Rentenplan eintreten, wird so festgelegt, dass sie im Alter von 70 Jahren die gleiche Rente erhalten, als hätten sie mit 35 Jahren mit der Ein-Prozent-Zahlung begonnen. Diese Bestimmungen ermöglichen es den Arbeitnehmern, in jedem Alter von einem Unternehmen zu einem anderen innerhalb desselben Verbandes oder zu einem anderen Verband zu wechseln und dabei eine Altersrente zu erhalten, die nicht unter dem Mindestsatz eines Arbeitnehmers liegt, der mit 35 Jahren in den Rentenplan eingetreten ist.

5) Die vom Arbeitnehmer und vom Unternehmen zurückgestellten Beträge, die bis zum Renteneintritt im Alter von 70 Jahren halbjährlich mit fünf Prozent verzinst werden, würden für einen typischen Durchschnittsarbeitnehmer eine Rente von

etwa der Hälfte des Gehalts ergeben.

6)   Die Verwaltung des Pensionsplans für jedes Unternehmen wird von einem Verwaltungsrat geleitet, der sich zur Hälfte aus Vertretern zusammensetzt, die von der Geschäftsleitung und zur Hälfte von den Arbeitnehmern gewählt werden. Die Befugnisse und Aufgaben des Verwaltungsrats für jedes Unternehmen bestehen darin, allgemeine Regeln für die Anspruchsberechtigung der Arbeitnehmer, die Bedingungen für den Eintritt in den Ruhestand usw. zu formulieren, die jedoch mit dem allgemeinen Plan übereinstimmen müssen, der vom Verwaltungsrat des Berufsverbands, dem das Unternehmen angehört, festgelegt und von der Bundesaufsichtsbehörde genehmigt wurde.

7)   Die von den Arbeitnehmern und den Unternehmen eingezogenen Beträge werden in den von der Vereinigung eingerichteten Pensionsfonds eingelegt, dessen Verwaltung dem nachstehend genannten Verwaltungsrat untersteht. Auf keinen Fall dürfen diese Mittel der Kontrolle eines einzelnen Unternehmens unterstellt werden.

8)   Die Pensionskasse legt alle Mittel an und stellt sie den einzelnen Arbeitnehmern zur Verfügung, einschließlich der von der Kasse erwirtschafteten Erträge. Wechselt ein Arbeitnehmer von einem Unternehmen zu einem anderen Unternehmen desselben Verbandes, so werden die auf seinem Guthaben angesammelten Mittel mit einem ordnungsgemäßen Übertragungsnachweis auf seinem Guthaben fortgeführt. Wechselt ein Arbeitnehmer zu einem Unternehmen eines anderen Verbandes, so werden die angesammelten Guthaben auf die Pensionskasse des Verbandes, zu dem er wechselt, übertragen. Wechselt ein Arbeitnehmer in ein Unternehmen, das nicht unter diese Bestimmungen fällt oder das nicht Mitglied einer Berufsgenossenschaft ist, macht er sich selbständig oder scheidet aus einer gewerblichen oder kaufmännischen Tätigkeit aus, so erhält er den Betrag seiner Zahlungen zuzüglich der durchschnittlichen Verzinsung der Mittel . Stirbt ein Arbeitnehmer vor Erreichen des Rentenalters, so erhält der Begünstigte den Betrag seiner Zahlungen zuzüglich der von den Fonds erwirtschafteten durchschnittlichen Zinsen. Erreicht ein Arbeitnehmer das Rentenalter, so wird ihm der gesamte angesammelte Betrag, einschließlich seiner eigenen Zahlungen

und der des Unternehmens, zuzüglich der aufgelaufenen Zinsen, in Form einer Rente ausgezahlt. Wechselt ein Arbeitnehmer zu einem Unternehmen, das nicht unter diese Bestimmungen fällt oder das nicht Mitglied einer Berufsgenossenschaft ist, macht er sich selbständig oder scheidet aus einer gewerblichen oder kaufmännischen Tätigkeit aus, so kann er wählen, ob der Betrag seines Guthabens (d. h. seine eigenen Zahlungen und die des Unternehmens sowie die aufgelaufenen Zinsen) bei der Pensionskasse verbleiben soll, um übertragen zu werden, wenn er wieder bei einem Unternehmen beschäftigt wird, das unter die Bestimmungen dieses Plans fällt. Kehrt er nicht in die Dienste eines Unternehmens zurück, das unter diese Bestimmungen fällt, kann er jederzeit den Betrag seiner eigenen Zahlungen zuzüglich der Zinsen zum Durchschnittssatz, den die Fonds bis zu diesem Zeitpunkt erwirtschaftet haben, entnehmen. Die Beiträge des Unternehmens und die aufgelaufenen Zinsen, die Arbeitnehmern gutgeschrieben werden, die sterben oder aus den oben genannten Gründen ihre eigenen Beiträge und Zinsen erhalten oder abheben, sind an den oder die Arbeitgeber zurückzuzahlen, die die Beiträge geleistet haben.

9)   Die Regeln für die Rentenzahlungen bei Eintritt in den Ruhestand und alle anderen Regeln für deren Fortbestand werden von der Berufsgenossenschaft aufgestellt, vom Bundesaufsichtsamt genehmigt und vom Verwaltungsrat und den Verwaltungsräten der Mitgliedsunternehmen beachtet.

D. **ARBEITSLOSENVERSICHERUNG.**   Alle Arbeitnehmer, die im Akkord, stundenweise, täglich, wöchentlich oder monatlich arbeiten und deren normaler Lohn 5.000 Dollar pro Jahr oder weniger beträgt (ca. 96,15 Dollar pro Woche), sind in der Arbeitslosenversicherung versichert.

1)Alle diese Arbeitnehmer können nach zweijähriger Betriebszugehörigkeit zu einem Unternehmen, das unter die Bestimmungen dieses Plans fällt, und nach fünfjähriger Betriebszugehörigkeit einen Mindestbetrag von einem Prozent des Arbeitsentgelts, jedoch nicht mehr als 50 Dollar pro Jahr, für eine Arbeitslosenversicherung zurücklegen.

2)Das Unternehmen ist verpflichtet, einen Betrag zurückzustellen, der dem von den Arbeitnehmern zurückgestellten Betrag entspricht, d.h. ein Prozent des Verdienstes jedes Arbeitnehmers, jedoch nicht mehr als 50 Dollar pro Jahr für jeden Arbeitnehmer.

3)Wenn ein Unternehmen die Beschäftigung für mindestens 50 Prozent des normalen Lohns, der diesen Arbeitnehmern jedes Jahr gezahlt wird, reguliert und garantiert, muss die Unternehmensveranlagung für Arbeitnehmer, die unter diese Garantie fallen, nicht vorgenommen werden, aber die Arbeitnehmer zahlen mindestens ein Prozent des Verdienstes, aber nicht mehr als 50 Dollar pro Jahr, in einen speziellen Fonds zu ihren Gunsten ein.

Scheidet ein solcher Arbeitnehmer aus dem Unternehmen aus, stirbt er oder geht er in den Ruhestand, so wird ihm oder seinen Rechtsnachfolgern der in der Sonderkasse befindliche Betrag zuzüglich einer durchschnittlichen Verzinsung der Sonderkasse ausgezahlt oder zu seiner Rente hinzugerechnet.

4)Wenn ein Unternehmen seine Arbeit so plant, dass es in der Lage ist, die Arbeitslosigkeit zu verringern, und wenn das Guthaben dieses Unternehmens im normalen Arbeitslosenfonds 5 % des normalen Jahresverdienstes der versicherten Arbeitnehmer erreicht, aber nicht unterschreitet, kann das Unternehmen die Zahlungen an den Fonds einstellen. Die Zahlungen an die Arbeitnehmer werden fortgesetzt.

Das Unternehmen nimmt die Zahlungen wieder auf, wenn sein Guthaben in der normalen Arbeitslosenkasse unter 5 % des normalen Jahresverdienstes der versicherten Arbeitnehmer fällt.

5)Wenn die wöchentlichen Zahlungen aus dem Fonds für Leistungen bei Arbeitslosigkeit 2 % oder mehr des durchschnittlichen Wochenverdienstes der teilnehmenden Arbeitnehmer betragen, erklärt das Unternehmen den Notstand bei Arbeitslosigkeit, und die normalen Zahlungen durch die Arbeitnehmer und das Unternehmen werden eingestellt. Danach müssen alle Arbeitnehmer des Unternehmens (einschließlich der höchsten Führungskräfte), die 50 % oder mehr ihres durchschnittlichen Vollzeitverdienstes erhalten, 1 % ihres laufenden Verdienstes an den Arbeitslosenfonds zahlen. Das Unternehmen zahlt einen gleich hohen Betrag in den Fonds ein. Der Arbeitslosennotstand dauert so lange an, bis die normalen Bedingungen wiederhergestellt sind, was vom Verwaltungsrat des jeweiligen Unternehmens festgelegt wird. Daraufhin werden die normalen Zahlungen von wieder aufgenommen.

6)Die wichtigsten Bestimmungen für die Verteilung der Mittel folgen diesen Grundsätzen, es sei denn, der Verwaltungsrat ändert sie wie in Abschnitt D, Absatz 7 beschrieben. Ein bestimmter kleiner Prozentsatz der normalen Zahlungen der Arbeitnehmer und des Unternehmens kann als verfügbar für die Unterstützung bedürftiger teilnehmender Arbeitnehmer angesehen werden. Ein größerer Prozentsatz dieser normalen Zahlungen kann als verfügbar für Darlehen an teilnehmende Arbeitnehmer angesehen werden, deren Betrag 200 $ pro Person nicht übersteigt, mit oder ohne Zinsen, wie vom Verwaltungsrat festgelegt. Der Rest der Mittel steht für die Zahlung von Arbeitslosengeld zur Verfügung. Das Arbeitslosengeld beginnt nach den ersten zwei Wochen der Arbeitslosigkeit und beträgt etwa 50 % des durchschnittlichen Wochen- oder Monatsverdienstes des teilnehmenden Arbeitnehmers bei Vollzeitbeschäftigung, jedoch in keinem Fall mehr als 20 Dollar pro Woche. Diese Zahlungen an einzelne Arbeitnehmer dürfen nicht länger als zehn Wochen in zwölf aufeinanderfolgenden Monaten erfolgen, es sei denn, sie werden vom Vorstand verlängert. Arbeitet ein teilnehmender Arbeitnehmer aufgrund von Arbeitsmangel in Teilzeit und erhält weniger als 50 % seines durchschnittlichen Wochen- oder Monatsverdienstes bei Vollzeitbeschäftigung, so hat er Anspruch auf Zahlungen aus dem Fonds in Höhe der Differenz zwischen dem Betrag, den er als Lohn von dem Unternehmen erhält, und dem Höchstbetrag, auf den er gemäß den obigen Ausführungen Anspruch hat.

7)Die Verwahrung und Anlage der Mittel sowie die Verwaltung der Arbeitslosenversicherung für jedes Unternehmen werden von einem Verwaltungsrat geleitet, der sich zur Hälfte aus Vertretern zusammensetzt, die von der Geschäftsleitung und zur Hälfte von den Arbeitnehmern gewählt werden. Der Verwaltungsrat hat die Befugnis und die Pflicht, allgemeine

Regeln aufzustellen, die sich auf die Anspruchsberechtigung der Arbeitnehmer, die Wartezeit vor der Auszahlung der Leistungen, die Höhe der Leistungen und die Dauer ihrer Gewährung in einem Jahr, die Gewährung von Darlehen bei Arbeitslosigkeit oder Bedürftigkeit, die Bereitstellung eines Teils der Mittel für die Behebung von Bedürftigkeit aus anderen Gründen als Arbeitslosigkeit usw. beziehen; diese Regeln müssen jedoch mit dem allgemeinen Plan übereinstimmen, der vom allgemeinen Verwaltungsrat der Berufsgenossenschaft, der das Unternehmen angehört, aufgestellt und von der Bundesaufsichtsbehörde genehmigt wurde.

8)Scheidet ein Arbeitnehmer aus dem Unternehmen aus und geht zu einem anderen Unternehmen, das unter die Bestimmungen dieses Plans fällt, so wird der anteilige Restbetrag seiner normalen Beiträge, zuzüglich einer Verzinsung zum Durchschnittssatz der Fonds, auf dieses Unternehmen übertragen und ihm gutgeschrieben. Scheidet er aus anderen Gründen aus, stirbt er oder geht er in den Ruhestand, so wird ihm oder seinem Begünstigten der anteilige Restbetrag seiner normalen Zahlung, zuzüglich der von den Fonds erwirtschafteten durchschnittlichen Zinsen, ausgezahlt oder seiner Rente hinzugefügt. Wird das Guthaben eines solchen Arbeitnehmers auf ein anderes Unternehmen übertragen oder dem Arbeitnehmer oder seinem Begünstigten nach dieser Bestimmung ausgezahlt, so ist ein Betrag in gleicher Höhe an das kooperierende Unternehmen zu zahlen.

ALLGEMEINE VERWALTUNG. Jeder Berufsverband bildet einen Verwaltungsrat, der aus neun Mitgliedern besteht, von denen drei vom Verband gewählt oder ernannt werden, drei von den Arbeitnehmern der Mitgliedsunternehmen gewählt werden und drei als Vertreter der Öffentlichkeit vom Bundesaufsichtsorgan ernannt werden. Die Mitglieder des Verwaltungsrats, mit Ausnahme der Arbeitnehmervertreter, sind unentgeltlich tätig. Die Arbeitnehmervertreter erhalten für die Zeit, die sie für die Arbeit im Verwaltungsrat aufwenden, ihr reguläres Gehalt, und alle Mitglieder erhalten Reisekosten, die alle von der Berufsgenossenschaft getragen werden. Die Befugnisse und Pflichten des Verwaltungsrats bestehen darin, die von der Berufsgenossenschaft beschlossenen und von der Bundesaufsichtsbehörde genehmigten Lebens- und Invaliditätsversicherungs-, Renten- und Arbeitslosenversicherungspläne auszulegen, die Verwaltungsräte der einzelnen Unternehmen zu beaufsichtigen, eine Rententreuhandgesellschaft für die Verwahrung, Anlage und Auszahlung der Rentenfonds zu gründen und zu leiten sowie allgemein alle Tätigkeiten im Zusammenhang mit den Lebens- und Invaliditätsversicherungs-, Renten- und Arbeitslosenversicherungsplänen zu überwachen und zu leiten.

Anhang B

Träger von Plänen, die für die Wirtschaftsplanung in den Vereinigten Staaten im April 1932 vorgelegt wurden.[165]

American Engineering Council, New York.

American Federation of Labor, Washington.

Assoziierte Generalunternehmer, Washington.

Charles A. Beard, New Milford, Conn.

Ralph Borsodi, Autor und Wirtschaftswissenschaftler. New York.

Handelskammer der Vereinigten Staaten, Washington.

Stuart Chase, Autor und Wirtschaftswissenschaftler. Labor Bureau, New York.

Wallace B. Donham, Dekan, Harvard School of Business.

Fraternal Order of Eagles (Ludlow bill).

Jay Franklin, Autor, Das Forum.

Guy Greer, Wirtschaftswissenschaftler, The Outlook.

Otto Kahn, Bankier. New York.

Senator Robert M. La Follette, U.S. Senat.

Lewis L. Lorwin, Wirtschaftswissenschaftler, Brookings Institute,

---

[165] Liste zusammengestellt vom U.S. Dept. of Commerce.

Washington.

Paul M. Mazur, Investmentbanker. New York.

McGraw-Hill Publishing Co., New York.

New England Council, Boston.

Progressive Konferenz (La Follette-Gesetz).

P. Redmond, Wirtschaftswissenschaftler, Schenectady, N.Y.

Sumner Slichter, Wirtschaftswissenschaftler und Autor, Madison Wis.

George Soule, Redakteur, The New Republic.

C. R. Stevenson, von Stevenson, Jordan und Harrison, New York.

Gerard Swope, Präsident, General Electric Co.

Regionalplan von Wisconsin, Staatliche Legislative, Madison, Wisconsin.

National Civic Federation, New York.

Ausgewählte Bibliographie

Unveröffentlichte Quellen

Das Archiv von Franklin D. Roosevelt in Hyde Park, New York

Veröffentlichte Quellen

Archer, Jules. *The Plot to Seize the White House*, (New York: Hawthorn Books, 1973)

Baruch, Bernard M., Baruch, *The Public Years*, (New York: Holt, Rinehart and Winston, 1960)

Bennett, Edward W., *Germany and the Diplomacy of the Financial Crisis*, 1931, (Cambridge: Harvard University Press, 1962)

Bremer, Howard, *Franklin Delano Roosevelt*, 1882-1945, (New York; Oceana Publications, Inc., 1971),

Burton, David H., *Theodore Roosevelt*, (New York: Twayne Publishers, Inc., 1972)

Davis, Kenneth S., *FDR, The Beckoning of Destiny 1882-1928, A History*, (New York: G. P. Putnam's Sons, 1971)

Dilling, Elizabeth, *The Roosevelt Red Record and Its Background*, (Illinois: by the Author, 1936)

Farley, James A., *Behind the Ballots, The Personal History of a Politician*, (New York; Harcourt, Brace and Company, 1938)

Filene, Edward A., *Successful Living in this Machine Age*, (New York: Simon and Schuster, 1932)

Filene, Edward A., The Way Out, A Forecast of Coming Changes in American Business and Industry, (New York: Doubleday, Page & Company, 1924)

Flynn, John T., *Der Mythos Roosevelt*, (New York: The Devin-Adair Company, 1948)

Freedman, Max, *Roosevelt and Frankfurter*, Their Correspondence-1928-1945, (Boston, Toronto: Little, Brown and Company, 1967)

Freidel, Frank, *Franklin D. Roosevelt, The Ordeal*, (Boston: Little, Brown and Company, 1952)

Hanfstaengl, Ernst, *Unerhörter Zeuge*, (New York: J.B. Lippincott Company, 1957)

Haskell, H.J., The New Deal in Old Rome, How Government in the Ancient World Tried to Deal with Modern Problems (New York: Alfred A. Knopf, 1947.)

Hoover, Herbert C., *Memoirs. The Great Depression, 1929-1941*, (New York: Macmillan Company, 1952), Bd. 3.

Howe, Frederic C., *Die Bekenntnisse eines Monopolisten*, (Chicago; The Public Publishing Company, 1906)

Hughes, T.W., *Vierzig Jahre Roosevelt*, (1944...T.W. Hughes)

Ickes, Harold L., Administrator, *National Planning Board Federal Emergency Administration of Public Works*, (Washington, D.C. Government Printing Office, 1934). Abschlussbericht 1933-34.

Johnson, Hugh S., *The Blue Eagle from Egg to Earth*, (New York: Doubleday, Doran & Company, Inc., 1935)

Josephson, Emanuel M., *Roosevelt's Communist Manifesto*. Mit einem Nachdruck von *Science of Government Founded on Natural Law*, von Clinton Roosevelt, (New York: Chedney Press, 1955)

Kahn, Otto H., *Von vielen Dingen*, (New York: Boni & Liveright, 1926)

Kolko, Gabriel, The Triumph of Conservatism, A Reinterpretation of American History, (London: Collier-Macmillan Limited, 1963)

Kuczynski, Robert P., *Bankers' Profits from German Loans*, (Washington, D.C.: The Brookings Institution, 1932)

Laidler, Harry W., *Kontrollkonzentration in der amerikanischen Industrie*, (New York: Thomas Y. Crowell Company, 1931)

Lane, Rose Wilder, *The Making of Herbert Hoover*, (New York: The Century Co., 1920)

Leuchtenburg, William E., *Franklin D. Roosevelt and the New Deal 1932-1940*, (New York, Evanston, and London: Harper & Row, 1963)

Moley, Raymond, *Der erste New Deal* (New York: Harcourt Brace & World, Inc., n.d.)

Nixon, Edgar B., Herausgeber, *Franklin D. Roosevelt and Foreign Affairs*, (Cambridge: The Belknap Press of Harvard University Press, 1969), Band I: Januar 1933-Februar 1934. Franklin D. Roosevelt Library. Hyde Park, New York.

Overacker, Louise, *Money in Elections*, (New York: The Macmillan Company, 1932)

Pecora, Ferdinand, *Wall Street Under Oath, The Story of our Modern Money Changers*, (New York: Augustus M. Kelley Publishers, 1968)

Peel, Roy V., und Donnelly, Thomas C., *The 1928 Campaign An Analysis*, (New York: Richard R. Smith, Inc., 1931)

Roos, Charles Frederick, *NRA Economic Planning*, (Bloomington, Indiana: The Principia Press, Inc., 1937)

Roosevelt, Elliott und Brough, James, *An Untold Story, The*

Roosevelts of Hyde Park, (New York: G.P. Putnam's Sons, 1973)

Roosevelt, Franklin D., *The Public Papers and Addresses of Franklin D. Roosevelt,* (New York: Random House, 1938), Band Eins.

Roosevelt, Franklin D., *The Public Papers and Addresses of Franklin D. Roosevelt,* (New York: Random House, 1938), Bd. 4.

Schlesinger, Arthur M., Jr., *The Age of Roosevelt, The Crisis of the Old Order 1919- 1933,* (Boston: Houghton Mifflin Company, 1957)

Seldes, George, *One Thousand Americans,* (New York: Boni & Gaer, 1947).

Spivak, John L. *A Man in His Time,* (New York: Horizon Press, 1967)

Stiles, Leia, *Der Mann hinter Roosevelt, Die Geschichte von Louis McHenry Howe,* (New York: The World Publishing Company, 1954)

Kongress der Vereinigten Staaten, Repräsentantenhaus. Sonderausschuss für unamerikanische Aktivitäten. *Untersuchung von Nazi-Propaganda-Aktivitäten und Untersuchung von bestimmten anderen Propaganda-Aktivitäten.* Dec 29, 1934. (73rd Congress, 2nd Session. Hearings No. 73-D. C.-6). (Washington, Government Printing Office; 1935)

Kongress der Vereinigten Staaten, Senat. Sonderausschuss zur Untersuchung von Lobbying-Aktivitäten. *Liste der Beiträge.* Bericht gemäß S. Res. 165 und S. Res. 184. (74th Congress, 2d session). Washington, Government Printing Office, 1936)

Kongress der Vereinigten Staaten. Senat. Hearings before a subcommittee of the committee on military affairs. *Wissenschaftliche und technische Mobilisierung.* March 30, 1943. (78th Congress, 1st Session. S. 702). Teil 1 (Washington, Government Printing Office, 1943).

Kongress der Vereinigten Staaten. House of Representatives. Special Committee on Un-American Activities (1934) *Investigation of Nazi and other propaganda,* (74th Congress, 1st session. Report No. 153)

(Washington, Government Printing Office)

Kongress der Vereinigten Staaten. Senat, Anhörungen vor dem Finanzausschuss. *Nationale industrielle Erholung.* S. 1712 und H.R. 5755, 22., 26., 29., 31. Mai und 1. Juni 1933. (73. Kongress, 1. Sitzung) (Washington, Government Printing Office, 1933)

Kongress der Vereinigten Staaten. Senat. Sonderausschuss zur Untersuchung der Ausgaben für den Präsidentschaftswahlkampf. *Ausgaben für den Präsidentschaftswahlkampf.* Bericht gemäß S. Res. 234, 25. Februar (Kalendertag, 28. Februar), 1929. (70th Congress, 2nd Session. Senate Rept. 2024). (Washington, Regierungsdruckerei, 1929)

Warren, Harris, Gaylord, *Herbert Hoover and the Great Depression,* (New York: Oxford University Press, 1959)

Wolfskill, George, The Revolt of the Conservatives, A History of The American Liberty League 1934-1940, (Boston: Houghton Mifflin Company, 1962)

Andere Titel

OMNIA VERITAS.
OMNIA VERITAS LTD PRÄSENTIERT:
VERBOTENE GESCHICHTE
IV
DER HOLOCAUST, EIN
NEUES GLAUBENSDOGMA
FÜR DIE MENSCHHEIT
VON
VICTORIA FORNER
Noch nie in der Geschichte
der Menschheit gab es
Umstände wie den, den wir
nun untersuchen werden...
VERBOTENE GESCHICHTE
IV
DER HOLOCAUST, EIN NEUES
GLAUBENSDOGMA FÜR DIE MENSCHHEIT
EINE HISTORISCHE TATSACHE, DIE ZU EINEM GLAUBENSDOGMA GEWORDEN IST...

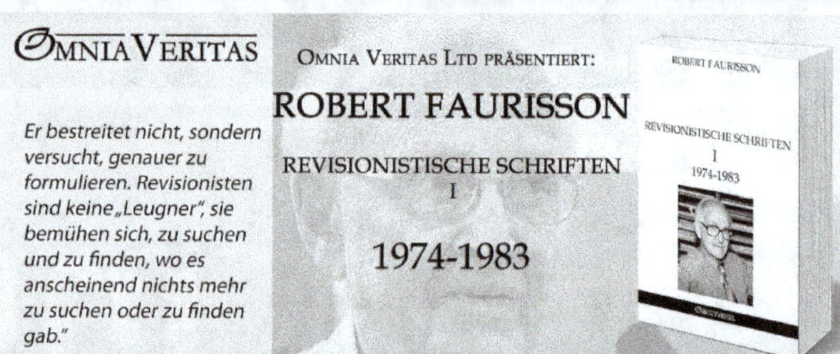
OMNIA VERITAS
OMNIA VERITAS LTD PRÄSENTIERT:
ROBERT FAURISSON
REVISIONISTISCHE SCHRIFTEN
I
1974-1983
Er bestreitet nicht, sondern
versucht, genauer zu
formulieren. Revisionisten
sind keine „Leugner", sie
bemühen sich, zu suchen
und zu finden, wo es
anscheinend nichts mehr
zu suchen oder zu finden
gab."
ROBERT FAURISSON
REVISIONISTISCHE SCHRIFTEN
I
1974-1983
Revisionismus ist eine Frage der Methode, nicht der Ideologie

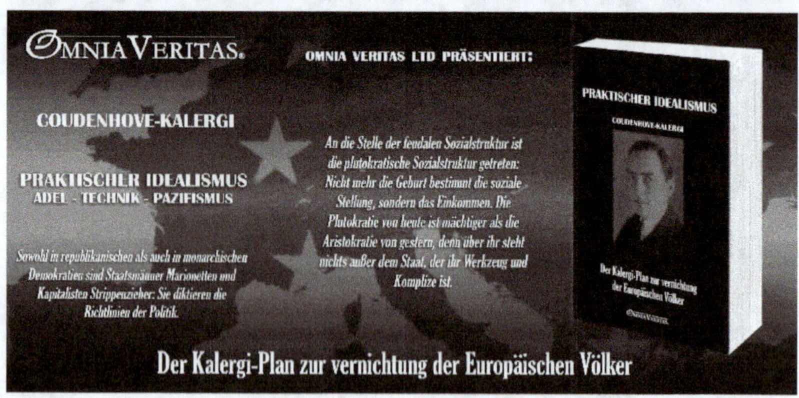
OMNIA VERITAS.
OMNIA VERITAS LTD PRÄSENTIERT:
COUDENHOVE-KALERGI
PRAKTISCHER IDEALISMUS
ADEL - TECHNIK - PAZIFISMUS
Sowohl in republikanischen als auch in monarchischen
Demokratien sind Staatsmänner Marionetten und
Kapitalisten Strippenzieher: Sie diktieren die
Richtlinien der Politik.
An die Stelle der feudalen Sozialstruktur ist
die plutokratische Sozialstruktur getreten:
Nicht mehr die Geburt bestimmt die soziale
Stellung, sondern das Einkommen. Die
Plutokratie von heute ist mächtiger als die
Aristokratie von gestern, denn über ihr steht
nichts außer dem Staat, der ihr Werkzeug und
Komplize ist.
PRAKTISCHER IDEALISMUS
COUDENHOVE-KALERGI
Der Kalergi-Plan zur vernichtung
der Europäischen Völker
Der Kalergi-Plan zur vernichtung der Europäischen Völker

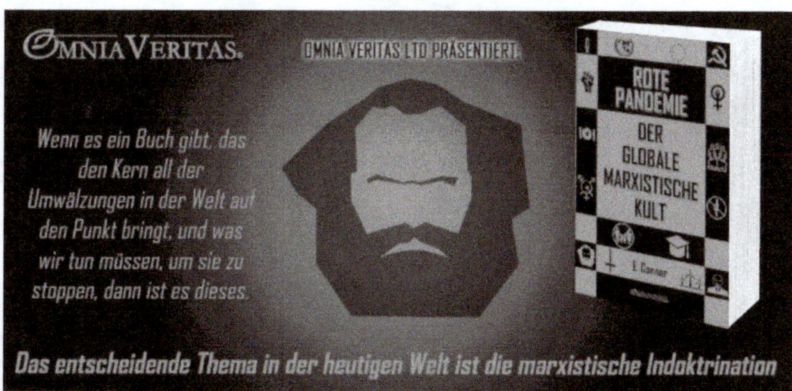
OMNIA VERITAS.
OMNIA VERITAS LTD PRÄSENTIERT:
Wenn es ein Buch gibt, das den Kern all der Umwälzungen in der Welt auf den Punkt bringt, und was wir tun müssen, um sie zu stoppen, dann ist es dieses.
ROTE PANDEMIE
DER GLOBALE MARXISTISCHE KULT
E. Conner
Das entscheidende Thema in der heutigen Welt ist die marxistische Indoktrination

OMNIA VERITAS.
OMNIA VERITAS LTD PRÄSENTIERT:
IMPERIUM
PHILOSOPHIE DER GESCHICHTE UND POLITIK
VON
FRANCIS PARKER YOCKEY
Das Wort Europa ändert seine Bedeutung: Von nun an steht es für die westliche Zivilisation, die organische Einheit, die die nationalen Ideen Spaniens, Italiens, Frankreichs, Englands und Deutschlands hervorgebracht hat.
FRANCIS PARKER YOCKEY
IMPERIUM
PHILOSOPHIE DER GESCHICHTE UND POLITIK
Dieses Buch ist anders als alle anderen

OMNIA VERITAS.
OMNIA VERITAS LTD PRÄSENTIERT:
Der Staat Israel ist nichts weiter als das Symbol eines uralten Traums, der sich hier in den Vereinigten Staaten tatsächlich erfüllt hat: das neue Jerusalem ...
DAS NEUE JERUSALEM
Zionistische Macht in Amerika
Michael Collins Piper
Diejenigen, die allein mit der Kraft ihrer Finanzmacht regieren...

OMNIA VERITAS
OMNIA VERITAS LTD PRÄSENTIERT:
Die Kräfte der Neuen Weltordnung haben sich um das internationale Imperium der Rothschild-Dynastie geschart, dessen Tentakel sich nun bis in die höchsten Ebenen des amerikanischen Systems erstrecken ...
DAS ROTHSCHILD-IMPERIUM
Das neue Babylon der Herrschenden
Michael Collins Piper
Die Welt zu erobern ist das Endziel

OMNIA VERITAS
OMNIA VERITAS LTD PRÄSENTIERT:
Die israelische Atombombe treibt die Zivilisation in Richtung eines globalen Armageddon, und die Fortsetzung dieses unkontrollierten Rüstungsprogramms hat die Welt als Geisel genommen ...
DER GOLEM
eine Welt in Geiselhaft
Michael Collins Piper
Die Befürworter Israels haben die internationale Politik der USA gekapert

OMNIA VERITAS
www.omnia-veritas.com